"十四五"职业教育河南省规划教材

职业教育·道路运输类专业教材

CONSTRUCTION SURVEY TECHNOLOGY FOR HIGHWAY ENGINEERING

公路工程施工测量技术

第2版

潘 威 主编

人民交通出版社

北京

内 容 提 要

本书是"十四五"职业教育河南省规划教材。本书的编写立足于"理论够用、技能实用"的原则,根据测量员岗位要求,注重理论知识与实操技能的结合。全书共分7个项目、42个工作任务、10项工程案例、13项技能训练。主要内容包括:测量认知、高程测量与放样、地面点定位、GNSS测量原理及应用、地形图测绘、测量误差和道路测量。

本书可作为高职院校道路与桥梁工程技术专业、道路养护与管理专业等相关专业教材,也可作为行业企业技能岗位培训用书。

图书在版编目(CIP)数据

公路工程施工测量技术 / 潘威主编 . — 2 版 . — 北京 : 人民交通出版社股份有限公司,2025.1

ISBN 978-7-114-18768-1

Ⅰ . ①公… Ⅱ . ①潘… Ⅲ . ①道路工程—施工测量—高等职业教育—教材 Ⅳ . ①U415.1

中国国家版本馆 CIP 数据核字(2023)第 080893 号

Gonglu Gongcheng Shigong Celiang Jishu

书　　名:**公路工程施工测量技术(第2版)**
著 作 者:潘　威
责任编辑:陈虹宇
责任校对:卢　弦
责任印制:张　凯
出版发行:人民交通出版社
地　　址:(100011)北京市朝阳区安定门外外馆斜街3号
网　　址:http://www.ccpcl.com.cn
销售电话:(010)85285911
总 经 销:人民交通出版社发行部
经　　销:各地新华书店
印　　刷:北京市密东印刷有限公司
开　　本:787×1092　1/16
印　　张:16.5
字　　数:402千
版　　次:2014年6月　第1版
　　　　　2025年1月　第2版
印　　次:2025年1月　第1次印刷　共7次印刷
书　　号:ISBN 978-7-114-18768-1
定　　价:49.00元

第2版 前·言
Preface

本书是"十四五"职业教育河南省规划教材。第一版于2014年6月出版,此次再版,对全书的内容和结构进行了调整,注重"岗课赛证"融通、思政元素融入,突出理论易懂性、技能实用性、叙述趣味性和可读性。同时,重点吸纳了具有建设生产实用价值的现代测量技术和方法,并与职业技能等级考试内容衔接。

本书从培养高职高专学生的三个目标(知识目标、技能目标、素质目标)入手,按照"项目程序化、知识点案例化"组织教学,旨在缩短课堂学习和工作岗位的距离,让学生内心逐渐适应从课堂到工作的转变,实现专业设置与产业需求、课程内容与职业标准、教学过程与生产过程"三对接"。

1.知识目标

掌握常规测量仪器的操作方法,高程、角度、距离、坐标等的测量和数据的处理,高程控制测量和平面控制测量的实施,误差控制,道路平、纵、横测量方法,并与其他专业知识衔接应用。

2.技能目标

(1)能描述地面点位的确定要素、测量工作的程序与基本原则。

(2)掌握水准仪、光学经纬仪、全站仪、钢尺、GNSS、罗盘仪等测绘仪器的操作方法。

(3)能进行水准测量、角度测量、距离测量及直线定向等各项基本测量工作以及对测量数据的误差进行分析和处理。

(4)能使用全站仪或GNSS完成导线测量并进行成果处理。

(5)能使用全站仪或GNSS进行地形测量。

(6)能使用传统测量仪器、全站仪或GNSS进行道路中线测量、纵断面测量、横断面测量,能绘制纵、横断面图。

（7）能承担施工一线的公路、桥梁、隧道的施工测量放样等工作任务。

3.素质目标

培养学生强烈的社会责任感、民族自豪感和文化自信，培养学生诚实、守信的职业素养，吃苦耐劳的工作精神，善于沟通和合作的工作能力，实事求是、踏实肯干、任劳任怨的工作态度，不断追求知识、独立思考、勇于自谋职业和自主创业的勇气。

本次再版由河南交通职业技术学院潘威担任主编，河南交通职业技术学院夏连学担任主审。本书项目1由内蒙古交通职业技术学院常志航编写；项目2的任务1~7由河南交通职业技术学院潘威编写；项目2的任务8~10由河南交通职业技术学院朱铁增编写；项目3的任务1~8由河南交通投资集团有限公司商丘分公司朱艳编写；项目3的任务9~13和项目4的任务1由河南交通职业技术学院支刚编写；项目4的任务2~4和项目5的任务1、2由河南交通职业技术学院张恩朝编写；项目5的任务3、4和项目7的任务1~3由郑州交通基本建设质量检测站杨建强编写；项目6由河南交通职业技术学院薛珊编写；项目7的任务4~6由郑州交通技师学院艾志杰编写。

由于编者水平有限，书中难免存在疏漏，热忱希望广大读者给予批评指正。

编　者

2024年6月

教材配套数字资源索引

序号	资源位置	资源名称	资源类型	页码
1	项目1	测量认知	微课	001
2		测量工作的基本原则	动画	003
3	项目2	水准面及大地水准面	动画	005
4		水准测量原理	微课	006
5		水准测量记录及误差校核	动画	008
6		水准仪构造及操作	微课	009
7		水准仪构造模拟	动画	009
8		水准仪的轴系	动画	009
9		微倾式水准仪实操	微课	013
10		视差现象及消除	动画	014
11		三、四等水准测量步骤	动画	016
12		三、四等高程控制测量	微课	017
13		单向三角高程测量	动画	027
14		高程放样原理	动画	028
15		高程放样演示	动画	028
16		水准仪的检验与校正	微课	060
17	项目3	地面点定位	微课	069
18		高斯投影原理	动画	071
19		高斯平面坐标	动画	073
20		光学经纬仪测角原理	动画	074
21		角度测量原理之经纬仪操作	微课	075
22		经纬仪构造模拟	动画	075
23		分微尺测微器的读数方法	动画	077
24		经纬仪实操	微课	077
25		测回法观测水平角和竖直角	微课	079
26		测回法测角过程	动画	079
27		经纬仪的轴系	动画	087
28		经纬仪的检验与校正	微课	088
29		全站仪的基本功能	动画	113
30		绝对编码度盘测角	动画	115
31		绝对编码度盘介绍	动画	115

续上表

序号	资源位置	资源名称	资源类型	页码
32	项目3	全站仪测站设置过程模拟	动画	118
33		利用内存数据设置后视点	动画	122
34		直接键入设置放样角	动画	122
35		直接键入后视点坐标数据	动画	122
36		全站仪放样模拟	动画	122
37		全站仪的检验	微课	124
38	项目4	GNSS测量	微课	151
39		RTK基准站构成	微课	163
40		RTK基准站架设	微课	165
41		CORS网络及测量原理	动画	169
42		RTK数据采集	微课	171
43		RTK数据导出	微课	171
44		GNSS模拟训练	微课	174
45	项目5	地形图基本知识	微课	177
46	项目6	测量误差	微课	214
47	项目7	圆曲线的主点测设	微课	234
48		道路纵断面测量	微课	244
49		纵断面测量模拟	动画	247
50		道路横断面测量	微课	249
51		横断面测量模拟	动画	250

资源使用说明：

1. 扫描封面二维码,注意每个码只可激活一次;

2. 长按弹出界面的二维码关注"交通教育出版"微信公众号并自动绑定资源;

3. 公众号弹出"购买成功"通知,点击"查看详情",进入后即可查看资源;

4. 也可进入"交通教育出版"微信公众号,点击下方菜单"用户服务—图书增值",选择已绑定的教材进行观看。

目·录
Contents

项目 1
ITEM ONE

测量认知

学习目标

掌握测量的概念；理解测量的任务。

相关知识

测量认知

一、测量学的概念、工作任务与分类

广义上的测量，是指利用测量工具对客观对象实施一系列的观测，以得到描述客观对象属性的量的过程。测量学是一门研究地球的形状、大小和地球表面各种物体的几何形状及空间位置的科学。测量工作的任务大致可分为两部分：一是"测绘"，是将地球表面的地物、地貌及行政和权属界线等测绘成图，供工程建设的规划设计和行政管理部门使用；二是"测设"（又称放样），是将工程构筑物的平面位置、高程按照设计位置及土地利用规划的界址划分在实地标定出来，作为施工和定界的依据。

测量学按照研究的范围、对象及技术手段的不同，可分为许多学科，下面介绍几门重点学科。

（1）普通测量学：是在不考虑地球曲率影响的情况下，研究地球自然表面局部区域的地形，确定地面点位的基础理论、基本技术方法与应用的学科，是测量学的基础部分。其内容是将地表的地物、地貌及人工建（构）筑物等测绘成地形图，为各建设部门直接提供数据和资料。

（2）大地测量学：是研究地球的大小、形状、重力场以及建立国家大地控制网的学科。现代大地测量学已进入以空间大地测量为主的领域,可提供高精度、高分辨率、实时、动态的定量空间信息,是研究地壳运动与形变、地球动力学、海平面变化、地质灾害预测等的重要手段之一。

(3)摄影测量学:是利用摄影或遥感技术获取被测物体的影像或数字信息,经过分析、处理后确定物体的形状、大小和空间位置,并判断其性质的学科。按获取影像方式的不同,摄影测量学又分水下、地面、航空摄影测量学和航天遥感等。空间、数字和全息影像技术的发展可便于人们获取数字图件、建立各种数据库等,其已成为测量学的关键技术。

(4)工程测量学:是研究各类工程在规划、勘测设计、施工、竣工验收和运营管理等各阶段的测量理论、技术和方法的学科。其主要内容包括控制测量、地形测量、施工测量、安装测量、竣工测量、变形观测等。工程测量的工具包括常规测量仪器,如水准仪、经纬仪、全站仪、全球导航卫星系统(Global Navigation Satellite System,GNSS)等。观测对象是地面点,其属性是点的坐标或空间位置。观测过程是工作实施过程,如测绘过程或者测设过程。

二、公路工程测量的作用与任务

公路工程测量在公路工程建设中具有非常重要的作用,从公路与桥梁的勘测设计阶段,到施工放样、竣工验收、变形观测、维修养护等阶段无不需要用到测量技术。例如,要在某地区修建一条公路,在公路建设之前,为了选择一条经济合理的路线,必须进行路线勘测。在该区域进行平面控制测量和高程控制测量,并在此基础上进行大比例尺地形图测绘,以及路线中线测量、纵断面测量和横断面测量等,为道路设计提供基础的设计依据。在施工阶段,需要利用测量手段将设计成果标定在地面上,以便进行施工。

当路线跨越河流时,需要建设桥梁。在建设桥梁之前,应测绘桥址处河流及两岸的地形图,测量河床断面、水位、流速、流量和桥梁轴线长度,以便设计桥台和桥墩的位置,最后将设计位置测设到实地。当路线跨越高山时,为了降低其坡度,减小路线长度,需要修建隧道。在修建隧道之前,应测绘隧址处大比例尺地形图,测定隧道轴线、洞口、竖井或斜井等的位置,为隧道设计提供必要的数据资料。在隧道的施工过程中,还需不断地进行贯通测量,以确保隧道构筑物的平面位置和高程正确贯通。

当工程完工后,还应进行工程竣工验收测量,为工程竣工后的使用、养护、维修、加固等提供必要的资料。在构筑物的运营管理阶段,要定期进行变形观测,以确保其安全使用。

综上所述,公路、桥梁、隧道在勘测、设计、施工、竣工、养护和管理等各个阶段都离不开测量技术。

三、测量技术的发展前景

我国的测量技术有着悠久的发展历史,早在几千年前,我们的先辈就开始创造和使用测量工具进行测量。例子不胜枚举,如战国时发明的司南、东汉张衡发明的浑天仪,以及具有相当精度的地图。中华人民共和国成立后,我国的测绘事业飞速发展,成立了国家和地方测绘管理机构,建立了全国大地控制网,统一了全国大地坐标和高程系统,测绘了国家基本地形图,并在许多高校开设了测量课程,培养了大批测绘人才。随着科学技术的迅猛发展,卫星大地测量技术、遥感技术、地理信息技术、无人机测绘技术如雨后春笋般蓬勃生长,测量仪器日趋自动化,测量外业和内业智能化程度越来越高。目前,我国的北斗导航卫星系统在轨卫星已达到60颗。北斗导航卫星系统是中国着眼于国家安全和经济社会发展需要,自主建设运行的全球卫星导航系统,是为全球用户提供全天候、全天时、高精度的定位、导航和授时服务的国家重要时空基础设施。到2035年,我国将建设完善更加泛在、更加融合、更加智能的综合时空体系。

工作任务2 测量工作的基本内容和基本原则

🎯 学习目标

掌握测量工作的基本内容;理解测量工作的基本原则。

🌐 相关知识

一、测量工作的基本内容

测量工作的实质是确定地面点的空间位置,点的空间位置以平面坐标(x,y)和高程H来表示。传统测量工作不是直接测量出地面各待测点的平面坐标和高程,而是先测出它们之间的水平角β、水平距离D以及各点之间的高差,再根据起始控制点的坐标、方向和高程,推算出各待测点平面坐标和高程,以确定其点位。水平角、水平距离和高差称为确定点位的基本要素,各种测量工作都是围绕角度、距离和高程而进行的,所以把角度测量、距离测量和高程测量称为三大基本测量工作。

二、测量工作的基本原则

地球表面形态是复杂多样的,在实际测量工作中,一般将其分为两大类:一是地球表面自然形成的高低起伏变化,如山岭、溪谷、平原、盆地、江河、海洋等,称为地貌;二是地球表面人工建造的固定附着物,如房屋、道路、桥梁、界址等,称为地物。地貌和地物统称为地形。

在测绘地形图时,要想在某一个测站上用仪器测绘该测区内所有的地貌和地物是不可能的。同理,在对某一施工区域内的建筑物进行施工时,放样工作也不可能在一个测站上完成。因此,进行某一测区的测量工作时,首先要用较严密的方法和较精密的仪器,测量分布在整个测区内的控制点的点位,以此作为测绘或施工放样的框架和依据,以确保测区的整体精度。测定测区内控制点位置的测量称为控制测量。然后利用每个控制点,施测其周围的局部地形碎部或放样施工点位,称为碎部测量。

测量工作应遵循以下基本原则:

(1)在测量布局上要"从整体到局部"。

(2)在测量程序上要"先控制后碎部"。

测量工作的
基本原则

(3)在测量精度上要"由高级到低级"。

(4)在测量过程和计算上要"步步有校核"。

1-1 测量工作的基本原则是什么?

1-2 地面点的空间位置是用什么来表示的?

1-3 确定地面点空间位置的三要素是什么?

项目1 课后思考题答案

项目 2
ITEM TWO
高程测量与放样

高程是指地面点沿铅垂线方向到测量基准面的铅垂距离。要确定地面点的空间位置,必须测定地面点的高程。高程测量按使用仪器和施测方法不同分为水准测量、三角高程测量、气压高程测量和 GNSS 定位测量等。在工程实践中一般采用水准测量。水准测量是根据已知高程点的高程,采用水准仪、水准尺等测量工具,测量已知高程点和未知高程点两点间的高差,并依此推算未知高程点的高程。水准测量是高程测量中最常用的方法。

与高程测量相反,高程放样则是根据已知水准点的高程,将图纸上设计的建(构)筑物某点的高程在实地标定出来,作为施工中掌握高程的依据。

工作任务1 　地面点高程系统

学习目标

理解测量的基准面;掌握高程和高差的概念;掌握高差的计算方法。

水准面及大地
水准面

相关知识

设想海水向陆地延伸,把地球包围起来,形成一个封闭的曲面,这个封闭的曲面称为水准面。水准面有无数多个,我们把通过平均海水面的水准面,称为大地水准面。地面某点到大地水准面的铅垂距离,称为该点的绝对高程(简称高程)或海拔。地面点的高程是表示地面点空间位置的参数之一,它与地面点的平面坐标共同确定地面点的空间位置。如图 2-1 中 A、B 两点的高程分别为 H_A、H_B。

建立国家高程系统的方法通常是在海边设立验潮站,经过长期观测推算出平均海水面的高度,并以此为基准在陆地上设置稳定的国家水准原点。我国曾采用青岛验潮站 1950—1956 年的观测资料推算出黄海的平均海水面作为国家高程基准面,称为"1956 黄海高程系",并在青岛观象山的一个山洞里建立了国家水准原点,其高程为72.289m。1987年,我国启用了"1985国家高程基准",根据1952—1979年青岛大港验潮站的观测资料计算的平均海水面,推算出国家水准原点的高程为72.260m。

有时在局部地区进行高程测量时,可以假定一个大地水准面作为高程的起算面。地面点沿铅垂线方向到假定的大地水准面的距离称为假定高程或相对高程。在图2-1中,A、B两点的相对高程分别为H'_A、H'_B。

地面两点之间高程的差称为两点间的高差:

$$h_{AB} = H_B - H_A = H'_B - H'_A \tag{2-1}$$

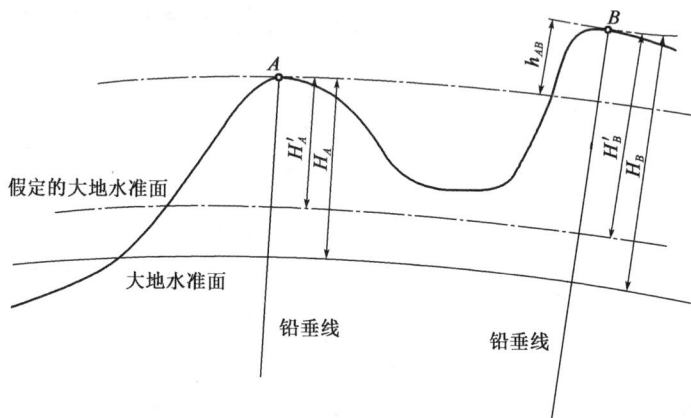

图2-1　地面点的高程系统

工作任务2　水准测量原理

学习目标

掌握水准测量的原理;理解用高差法和视线高法测量高程的方法。

相关知识

水准测量原理

水准测量的原理是利用水准仪提供的水平视线,读取竖立在两测点水准尺的读数,计算两点间高差,由已知点的高程,推算未知点的高程。测定地面待测点高程的方法有两种:高差法和视线高法。

一、高差法

如图2-2所示,若有一个已知高程的A点,其高程为H_A,欲测定B点的高程H_B。

在A、B两点上分别竖立水准尺,在A、B两点之间安置水准仪,使仪器到A、B两点之间的距离大致相等。水准仪水平视线在A、B两点水准尺上对应的读数分别为a、b,则B点相对于A

点的高差 h_{AB} 为

$$h_{AB} = a - b \tag{2-2}$$

则 B 点的高程为

$$H_B = H_A + h_{AB} \tag{2-3}$$

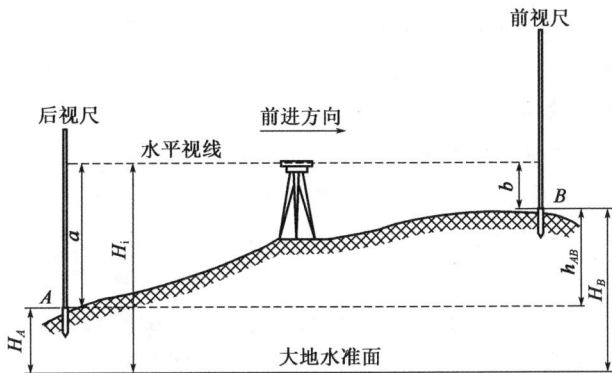

图 2-2 水准测量原理

在实际工作中，A 点为已知高程点，B 点为待测高程点，测量的前进方向为从 A 点到 B 点，通常称 A 点为后视点，其水准尺读数 a 为后视读数；称 B 点为前视点，其水准尺读数 b 为前视读数。两点间的高差等于"后视读数减去前视读数"。

高差 h_{AB} 有正负之分。由式（2-2）知，如果后视读数大于前视读数，则 $h_{AB} > 0$，高差为正，说明 B 点高于 A 点；如果后视读数小于前视读数，则 $h_{AB} < 0$，高差为负，说明 B 点低于 A 点。为了避免计算中发生正负符号的错误，在书写高差 h_{AB} 的符号时必须注意 h 的下标。例如，h_{AB} 表示 B 点相对于 A 点的高差，h_{BA} 表示 A 点相对于 B 点的高差。

二、视线高法

B 点的高程也可用水准仪的视线高程 H_i 计算，其观测方法与高差法完全相同，如图 2-2 所示。计算时，先求出视线高程，即

$$H_i = H_A + a \tag{2-4}$$

则 B 点高程为

$$H_B = H_i - b \tag{2-5}$$

当安置一次仪器，需要同时测出若干个前视点 $B_1, B_2, \cdots, B_n$ 的高程时，使用视线高法是比较方便的。在工程放样测量中，视线高法被广泛应用。例如，设水准仪在 $B_1, B_2, \cdots, B_n$ 点上的水准尺读数分别为 $b_1, b_2, \cdots, b_n$，则 $B_1, B_2, \cdots, B_n$ 各点的高程分别为

$$\begin{cases} H_{B_1} = H_i - b_1 \\ H_{B_2} = H_i - b_2 \\ \cdots \\ H_{B_n} = H_i - b_n \end{cases}$$

🐢 **知识拓展**

连续水准测量

水准测量对应的工作任务是:在勘测设计阶段,沿路线走向布设高程控制点即水准点,进行高程控制测量,为后续平、纵、横设计提供基础设计资料;在施工阶段,复测设计单位提供的水准点,为后续施工高程放样提供基础资料。在实际工作中,当待测点距已知水准点较远或两点之间高差较大时,通常安置一次仪器不能测得两点之间的高差,此时需要加设若干个传递高程的临时立尺点,这些临时立尺点称为转点(简写为TP或ZD),依次连续安置水准仪测定相邻各转点间的高差,最后取各测站高差的代数和,可得起、终点间的高差,这种方法称为连续水准测量。

如图2-3中的A、B点,连续在每两点间安置水准仪,并在各点上竖立水准尺,每安置一次仪器称为一个测站。这样可依次测出相邻点间的高差分别如下:

$$\begin{cases} h_1 = a_1 - b_1 \\ h_2 = a_2 - b_2 \\ \cdots \\ h_n = a_n - b_n \end{cases}$$

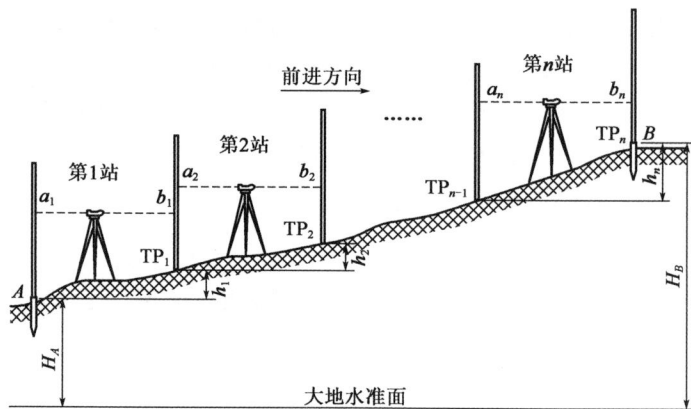

水准测量记录
及误差校核

图2-3　连续水准测量原理

A、B两点间的高差计算的一般公式为

$$h_{AB} = h_1 + h_2 + \cdots + h_n = (a_1 + a_2 + \cdots + a_n) - (b_1 + b_2 + \cdots + b_n)$$
$$= \sum_{i=1}^{n} h_i = \sum_{i=1}^{n} a_i - \sum_{i=1}^{n} b_i \tag{2-6}$$

即A、B两点间的高差等于各测站高差的代数和,也等于各测站后视读数之和减去前视读数之和。式(2-6)可用来检核高差计算的正确性。

从而可得

$$H_B = H_A + h_{AB} \tag{2-7}$$

工作任务3 水准仪的构造和操作

学习目标

了解水准仪的构造；掌握水准仪的操作方法。

水准仪构造及操作

相关知识

水准测量所需要的仪器为水准仪、水准尺和尺垫。

水准仪的种类和型号很多，主要有微倾式水准仪和自动安平水准仪。国产的水准仪有DS_{05}、DS_1、DS_3、DS_{10}等不同精度的仪器，其中"D"和"S"分别为"大地测量"和"水准仪"的汉语拼音的第一个字母，而下标"05""1""3""10"等（其中"05"表示0.5）表示该类仪器的精度，即每千米往返测得高差中数的中误差（以毫米计）。

一、水准仪的构造

下面以微倾式水准仪为例进行构造介绍。

水准仪构造模拟

工程测量一般使用DS_3型微倾式水准仪，如图2-4所示。"微倾式"是指仪器上设有微倾装置，转动微倾螺旋可调节符合水准管连同望远镜一起在竖直面内作微小仰俯转动，直至符合水准管气泡精确居中，从而使望远镜视线精确水平。

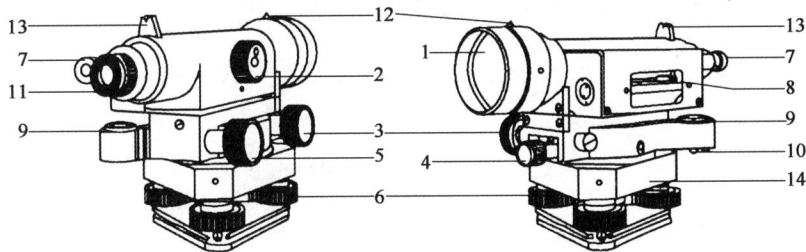

图2-4 DS_3型微倾式水准仪

1-物镜；2-物镜对光螺旋；3-水平微动螺旋；4-水平制动螺旋；5-微倾螺旋；6-脚螺旋；7-水准管气泡观察窗；8-水准管；9-圆水准器；10-圆水准器校正螺钉；11-目镜；12-准星；13-照门；14-基座

水准仪的轴系

微倾式水准仪主要由望远镜、水准器和基座三个部分组成。

（一）望远镜

望远镜是用来观测远处目标，并进行水准尺读数的主要部件。它不但要有成像和扩大视角的作用，还必须能够精确地照准目标。为此，它除了装有物镜和目镜以外，在物镜成像面上还装有十字丝分划板、物镜调焦透镜、物镜对光螺旋、目镜对光螺旋。根据目镜端观察到的物体成像情况，望远镜可分为正像望远镜和倒像望远镜。图2-5为倒像望远镜的结构图。

图2-5 倒像望远镜的结构图

望远镜各部件的作用如下。

物镜:使瞄准的物体成像。

物镜对光螺旋和对光凹透镜:当目标处在不同距离时,可调节物镜对光螺旋,带动对光凹透镜沿视线方向前后移动,使成像始终落在十字丝分划板上。

十字丝分划板:用来精确照准目标和成像。当十字丝的交点瞄准目标上某一点时,该目标点即在十字丝交点与物镜光心的连线上,这条线称为视准轴,通常用CC来表示。十字丝的上、下两条较短的横丝称为上丝和下丝,统称为视距丝。视距丝用来测定水准仪至水准尺的距离。

目镜对光螺旋和目镜:调节目镜对光螺旋可使十字丝清晰,十字丝和物像同时被目镜放大为虚像。

🌐 知识拓展

望远镜的成像原理

望远镜的成像原理如图2-6所示,设远处目标AB经物镜折射后成一倒立的小实像ab,通过目镜放大成虚像$a'b'$。

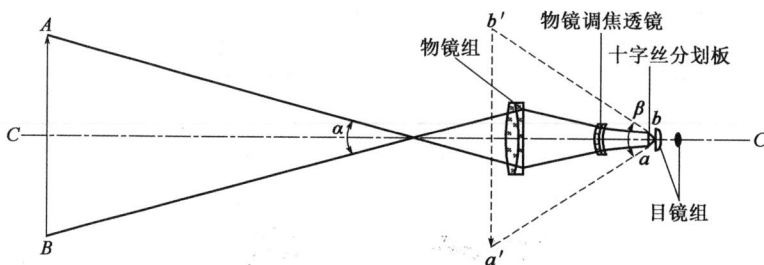

图2-6 望远镜的成像原理

(二)水准器

水准器用于置平仪器,有管水准器和圆水准器两种。

管水准器又称水准管,用于精确整平仪器。其内壁被磨成曲率半径为R的圆弧面,如图2-7所示。管内注满酒精和乙醚的混合液,经过加热、封闭、冷却后,管内形成一个气泡,称为水准管气泡。水准管内表面的中点 O 称为水准管的零点,过零点作圆弧的切线 LL 称为水准管轴。当气泡中点位于零点时,称为气泡居中,此时水准管轴水平。

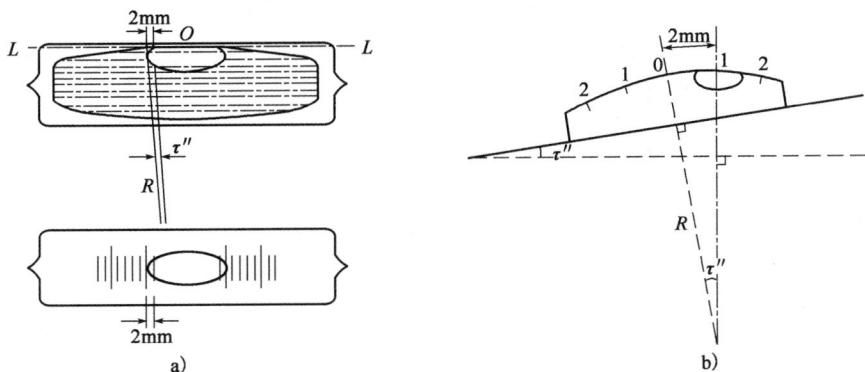

图2-7　管水准器

水准管的外表面关于零点对称,向两侧分别刻有间隔 2mm 的分划线,定义 2mm 弧长所对的圆心角为水准管的分划值,用 τ'' 表示:

$$\tau'' = \frac{2}{R}\rho'' \tag{2-8}$$

式中:ρ''——弧秒值,$\rho''=206265''$;

R——水准管圆弧半径,mm。

水准管的圆弧半径越大,分划值越小,灵敏度(即整平仪器的精度)也越高。DS$_3$ 型微倾式水准仪水准管分划值为 $20''/2mm$。

为了提高水准管气泡的居中精度且便于观测,在水准管的上方安装了一组符合棱镜,如图 2-8 所示,可使水准管气泡两端的半个气泡影像借反射作用把两端气泡影像传递到望远镜旁的观察窗内,旋转微倾螺旋,当两端气泡影像符合一致时,表明气泡居中。

微倾螺旋

气泡不居中　　　气泡居中

a)　　　　　　　　b)　　　　c)

图2-8　管水准器与符合棱镜

圆水准器又称水准盒,由玻璃圆柱管制成,用于粗略整平仪器,如图 2-9 所示。其顶面内壁被磨成半径为 R 的球面,中央刻有小圆圈,其圆心 O 是圆水准器的零点,过零点的球面法线 $L'L'$ 称为圆水准器轴。当圆水准器气泡居中时,圆水准器轴处于竖直位置;当气泡不居中、气

图2-9　圆水准器

泡偏移零点2mm时,轴线所倾斜的角度值,称为圆水准器的分划值,一般为8′~10′。

制造水准仪时,使圆水准器轴平行于仪器竖轴,旋转基座上的三个脚螺旋使圆水准器气泡居中时,圆水准器轴处于竖直位置,从而使仪器竖轴也处于竖直位置。

(三)基座

基座的作用是使支承仪器的上部与三脚架连接。基座主要由轴座、脚螺旋、三角形压板和底板构成。转动脚螺旋调节圆水准器使仪器大致水平。

二、水准尺和尺垫

(一)水准尺

水准尺是配合水准仪进行水准测量的标尺,根据构造可分为直尺、折尺和塔尺,长度2~5m不等,如图2-10a)所示。其中,直尺又分为单面分划和双面分划两种。工程测量中常用的水准尺有双面水准尺和塔尺两种。

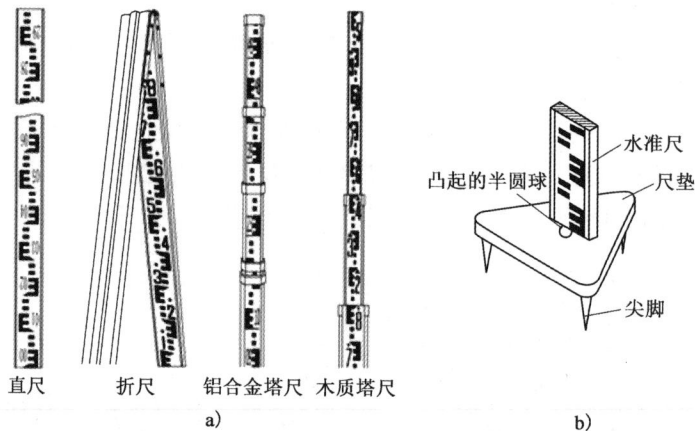

图2-10　水准尺与尺垫

双面水准尺又称板尺,多用于三、四等水准测量,且两根尺组成一对使用,称为派对尺。尺的两面均有刻划,一面为黑白相间,称为黑面尺(也称主尺);另一面为红白相间,称为红面尺(也称副尺)。两面的最小分划均为1cm,并在1dm处有注记。两根尺的黑面均从0m开始标注;而红面,一根从4.687m开始标注,另一根从4.787m开始标注。其目的是检核水准测量作业时读数的正确性(同一把尺红、黑面读数之差应为某一常数),以提高水准测量的精度。

塔尺多用于图根水准测量,用两节或三节套接在一起,方便携带。尺的底部为零点,尺上黑白格相间,最小分划为1cm或0.5cm,在每1m和1dm处均有注记。

（二）尺垫

进行水准测量时，在需要设置转点的地面上放一块尺垫，以支承水准尺和传递高程，防止在松软地面施测时，水准尺下沉。如图2-10b)所示，尺垫一般由三角形的铸铁块制成，中央有凸起的半圆球，水准尺立在半圆球的顶点，下面有三个尖脚可踩入土中。

三、水准仪的操作

水准仪的操作方法以微倾式水准仪为例进行介绍。

微倾式水准仪实操

（一）安置水准仪

首先张开三脚架，按观测者身高调节架腿的长度，为便于整平仪器，应尽量使三脚架的架头面保持水平，并将三脚架的脚尖踩实；然后从仪器箱内取出水准仪，放在三脚架的架头上，立即将架头上的连接螺旋旋入仪器基座内，以防仪器从架头上摔下。

（二）粗略整平

仪器安置好后，通过旋转脚螺旋使圆水准气泡居中，仪器的竖轴大致铅垂，望远镜的视准轴大致水平，从而完成粗略整平（粗平）。方法是：首先用双手按图2-11a)箭头所指的方向转动脚螺旋①和②，使气泡沿着①和②这两个脚螺旋连线的平行方向移动，直到气泡移动至这两个脚螺旋的中间位置，再按图2-11b)箭头所指的方向转动脚螺旋③，使气泡居中。气泡移动的规律是：气泡移动的方向和左手拇指转动脚螺旋的方向相同。

图2-11　粗略整平

（三）对光与照准

用望远镜瞄准水准尺之前，应先转动目镜对光螺旋使十字丝清晰；然后拧松水平制动螺旋，转动仪器，通过望远镜上面的照门和准星找到目标，并在望远镜内看到水准尺，拧紧水平制动螺旋；再转动物镜对光螺旋，使水准尺的成像变得清晰；最后旋转水平微动螺旋使十字丝竖丝对准水准尺的边缘或用竖丝平分水准尺。

在上述过程中，由于目镜、物镜对光不精细，目标影像和十字丝分划板平面不重合，当眼睛在目镜端上下移动时,会发现十字丝与目标影像有相对运动,这种现象称为视差。视差的存在会影响读数的准确性,因此必须消除视差。消除视差的方法是反复仔细地调节目镜、物镜对光螺旋,使十字丝和标尺影像都十分清晰,直到眼睛上下移动读数不变为止,如图2-12所示。

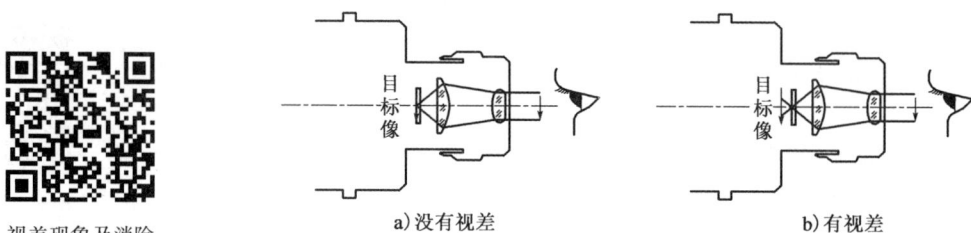

视差现象及消除

a)没有视差　　　　　　　　b)有视差

图2-12　视差

(四)精平和读数

精平是指转动微倾螺旋使水准管气泡居中,从目镜左边的气泡观察窗中察看两侧影像是否吻合,如图2-13a)所示,即表示视线水平。若见到如图2-13b)或c)所示情况,可分别按图下面所示圆圈和箭头方向转动微倾螺旋使两侧影像吻合,以达到精平。

当水准管气泡居中并稳定后,应迅速通过十字丝中丝(横丝中间的那条线称为中丝)在水准尺上读取读数。对于倒像望远镜,由于从望远镜中看到的注记都是倒像,所以在水准尺上读取读数时,总是从小数往大数方向读(即从上往下读)。在读数时,可以从水准尺上读取4位数字,其中前面的米和分米位可从水准尺注记的数字直接读取,后面的厘米位则需要数分划数,毫米位估读,如图2-14所示。读数后,还需要检查水准管气泡是否仍吻合,若有偏离则需要重新精平后再重新读数。

进行三、四等水准测量时,要求用横丝读数的瞬间,同时读取上丝与下丝的读数。

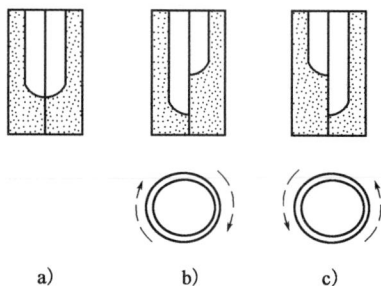

a)　　　　b)　　　　c)

图2-13　精平

a)黑面读数1608　　b)红面读数6295

图2-14　水准尺读数

四、自动安平水准仪的使用

自动安平水准仪的结构特点是没有管水准器和微倾螺旋。自动安平水准仪的操作方法与微倾式水准仪基本相同,不同之处在于:只用圆水准器进行粗平,无须用微倾螺旋精平就能读取水平视线读数。它是通过补偿器获得水平视线而进行观测读数的。图2-15为DSZ$_2$型自动安平水准仪示意图。

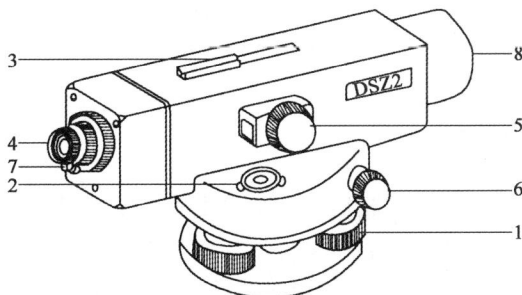

图2-15　DSZ₂型自动安平水准仪

1-脚螺旋；2-圆水准器；3-瞄准器；4-目镜调焦螺旋；5-物镜调焦螺旋；6-微动螺旋；7-补偿器检查按钮；8-物镜

利用该仪器可以节省观测时间,提高作业速度,同时也减少了外界对水准测量成果的影响。

知识拓展

自动安平原理

自动安平原理如图2-16所示。现设视准轴水平时,水准尺上的正确读数为a,圆水准器粗平后,视准轴相对于水平面有微小倾斜角α,当无补偿器时水准尺上读数设为a',当在物镜与目镜间设置补偿器后,进入十字丝分划板的光线将偏转β角,使来自正确读数a的光线经补偿器后通过十字丝分划板的横丝,从而读出视线水平时的正确读数。

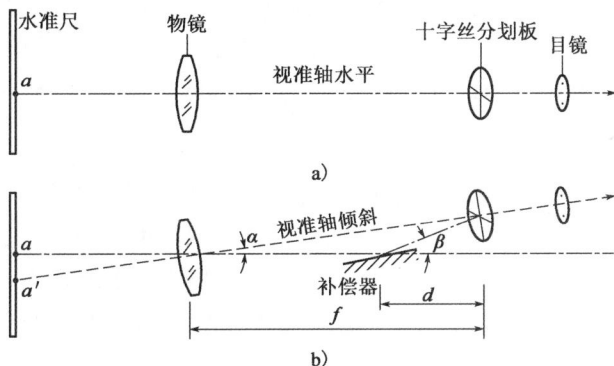

图2-16　自动安平原理

工作任务4　三、四等高程控制测量

学习目标

理解水准点和高程控制测量的概念；了解水准点的布设；掌握三、四等水准测量的实施和数据处理方法。

三、四等水准
测量步骤

相关知识

一、水准点与水准路线

按照测量工作的基本原则:先控制后碎部。高程控制测量是指在整个测区范围内,布设若干个具有控制作用的高程控制点,用水准测量方法测定高程控制点的高程。利用水准测量方法测定的高程控制点,称为水准点(Benchmark,一般用BM表示)。

(一)水准点布设

为了满足公路工程建设的需要,施工测量人员要在公路沿线适当的位置,在国家高程控制网的基础上,进行水准点的布设。

1. 水准点位置选定要求

(1)水准点应选在能长期保存,便于施测,坚实、稳固的地方。

(2)水准点应尽可能沿坡度小的道路布设,尽量避免跨越河流、湖泊、沼泽等障碍物。

(3)在选择水准点时,应考虑其便于与国家水准点进行联测以及进一步加密高程控制网。

(4)公路工程专用水准点应选择在公路路线两侧距中线50~100m的范围内,水准点间距一般为1~1.5km,山岭重丘区可适当加密,大桥两岸、隧道两端、垭口及其他大型构筑物附近亦应增设水准点。工业厂区、城镇建筑区水准点间距宜小于1km。一个测区至少应有3个水准点。

2. 建立标志

水准点位置选定后,应建立水准点标志,并统一编号,写明水准点名称。为便于日后寻找,应绘制水准点附近的草图或对水准点周围的情形加以说明,制作填写水准点"点之记"。

各等水准点均应埋设永久性标石或标志,其可分为基岩水准标石、基本水准标石、普通水准标石和墙角水准标志四种类型,其中混凝土普通水准标石和墙角水准标志的埋设要求如图2-17所示。

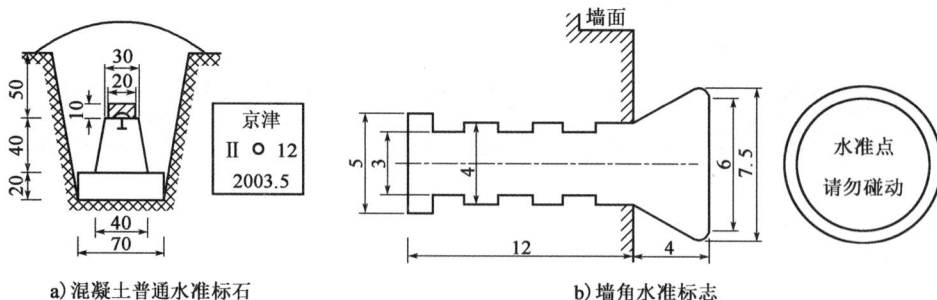

a) 混凝土普通水准标石　　b) 墙角水准标志

图2-17　永久性水准点(尺寸单位:cm)

临时性水准点可利用地面上突出的坚硬岩石，或在建筑物的棱角处、电线杆上，或其他固定的、明显的、不易破坏的地物上，用红油漆画出临时水准点的标志，也可将木桩打入地下，桩顶钉一半球形的铁钉，如图2-18所示。

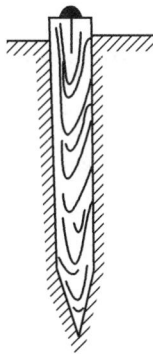

在公路工程中，高程控制测量按照施测精度分为二、三、四、五等。在《工程测量标准》（GB 50026—2020）及《公路勘测规范》（JTG C10—2007）中对各等级水准测量的施测均有相应的技术要求，见表2-1。

图2-18 临时性水准点

高程控制测量等级选用 表2-1

高架桥、路线控制测量	多跨桥梁总长 L（m）	单跨桥梁长度 L_K（m）	隧道贯通长度 L_G（m）	测量等级
—	$L \geqslant 3000$	$L_K \geqslant 500$	$L_G \geqslant 6000$	二等
—	$1000 \leqslant L < 3000$	$150 \leqslant L_K < 500$	$3000 \leqslant L_G < 6000$	三等
高架桥、高速公路、一级公路	$L < 1000$	$L_K < 150$	$L_G < 3000$	四等
二、三、四级公路	—	—	—	五等

（二）水准路线

在水准点之间进行水准测量所经过的路线，称为水准路线。根据测区的实际情况以及工程对象的要求，水准路线的布设形式主要有附合水准路线、闭合水准路线和支水准路线三种。

1. 附合水准路线

如图2-19a）所示，从一个已知高程的水准点 BM_1 出发，沿各高程待测点1、2、3…进行水准测量，最后附合到另一个已知高程的水准点 BM_2 上，这种在两个已知水准点之间布设的路线，称为附合水准路线。

2. 闭合水准路线

如图2-19b）所示，从一个已知高程的水准点 BM_1 出发，沿各高程待测点1、2、3…进行水准测量，最后又回到原水准点 BM_1 上，这种形成环形的路线，称为闭合水准路线。

3. 支水准路线

如图2-19c）所示，从一个已知高程的水准点 BM_1 出发，沿各高程待测点1、2…进行水准测量，这种既不闭合到起始水准点，也不附合到其他已知高程的水准点上的路线，称为支水准路线。为了进行测量成果的检核和提高测量的精度，对支水准路线应进行往返观测。

二、三、四等水准测量的实施

如图2-20所示，某二级公路实施改建工程，沿改建公路两侧布设 $BM_1 \sim BM_5$

三、四等高程控制测量

水准点,BM_A和BM_B为高等级水准点,BM_A、BM_1、BM_2、BM_3、BM_4、BM_5和BM_B构成附合水准路线,采用四等水准测量方法建立高程控制网。

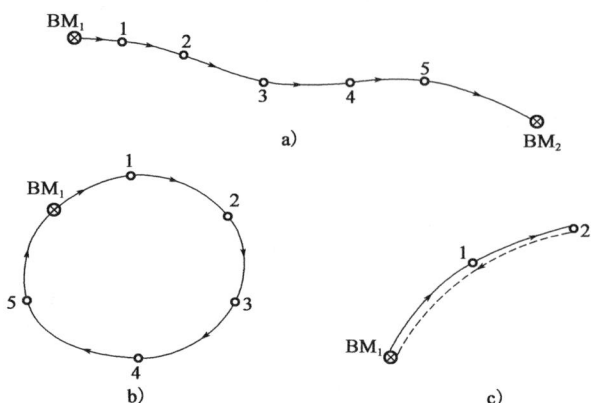

图2-19 水准路线

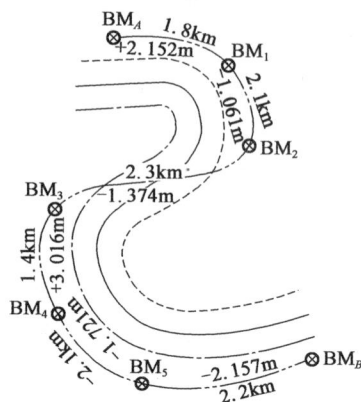

图2-20 某二级公路路线布设附合水准路线示意图

各等级水准测量观测的主要技术要求应符合表2-2中的规定。

水准测量观测的技术要求 表2-2

等级	仪器类型	水准尺类型	视线长 (m)	前后 视距差 (m)	前后视距 累积差 (m)	视线离地面 最低高度 (mm)	基辅(黑红)面 读数差 (mm)	基辅(黑红)面 高差之差 (mm)
二等	DS_{05}	因瓦	≤50	≤1	≤3	≥0.3	≤0.4	≤0.6
三等	DS_1	因瓦	≤100	≤3	≤6	≥0.3	≤1.0	≤1.5
	DS_2	双面	≤75				≤2.0	≤3.0
四等	DS_3	双面	≤100	≤5	≤10	≥0.2	≤3.0	≤5.0
五等	DS_3	单面	≤100	≤10	—	—	—	≤7.0

(一)外业测量

三、四等水准测量采用双面水准尺观测法。现以四等水准测量一个测站的观测方法为例介绍观测方法。观测数据的记录与计算见表2-3。

选择观测前进方向为BM_A至BM_B。在BM_A点立尺常数为4.787的后视尺,记作K_1,沿前进方向选择合适的位置设置转点,在转点位置立尺常数为4.687的前视尺,记作K_2,在BM_A和转点的中间安置水准仪。要求测站至后视尺K_1和前视尺K_2的距离相等,前后视距差不超过5m。如超限,移动水准仪,以满足要求。按下列顺序进行观测:

(1)照准后视尺黑面,分别读取上、下、中三丝读数,记入表2-3中(1)、(2)、(3)栏。

(2)照准前视尺黑面,分别读取上、下、中三丝读数,记入表2-3中(4)、(5)、(6)栏。

(3)照准前视尺红面,读取中丝读数,记入表2-3中(7)栏。

(4)照准后视尺红面,读取中丝读数,记入表2-3中(8)栏。

三、四等水准测量记录（双面尺法）　　　　表2-3

测站编号	点号	后尺	上丝	前尺	上丝	方向及尺号	水准尺读数（m）		K+黑−红（mm）	平均高差（m）	备注
			下丝		下丝						
		后视距		前视距			黑面	红面			
		视距差d(m)		Σd(m)							
		(1)		(4)		后	(3)	(8)	(13)		
		(2)		(5)		前	(6)	(7)	(14)	(18)	
		(9)		(10)		后−前	(15)	(16)	(17)		
		(11)		(12)							
1	BM_A ↓ TP_1	1.426 0.995 43.1 +0.1		0.801 0.371 43.0 +0.1		后1 前2 后−前	1.211 0.586 +0.625	5.998 5.273 +0.725	0 0 0	+0.6250	
2	TP_1 ↓ TP_2	1.812 1.296 51.6 −0.2		0.570 0.052 51.8 −0.1		后2 前1 后−前	1.554 0.311 +1.243	6.241 5.097 +1.144	0 +1 −1	+1.1935	K为尺常数 K_1=4.787 K_2=4.687
3	TP_2 ↓ TP_3	0.889 0.507 38.2 +0.2		1.713 1.333 38.0 +0.1		后1 前2 后−前	0.698 1.523 −0.825	5.486 6.210 −0.724	−1 0 −1	−0.8245	
4	TP_3 ↓ BM_B	1.865 1.499 36.6 −0.2		0.758 0.390 36.8 −0.1		后2 前1 后−前	1.682 0.574 +1.108	6.369 5.361 +1.008	0 0 0	+1.0580	
检核计算	Σ(10) = 169.6 Σ(9) − Σ(10) = −0.1		Σ(6) = 2.994 Σ(15) = 2.151			Σ(8) = 24.094					

上述测站观测步骤简称为"后—前—前—后（黑—黑—红—红）"，这样的观测步骤可以消除或者减弱仪器或尺垫下沉对观测的影响。对于四等水准测量，《工程测量标准》（GB 50026—2020）允许采用"后—后—前—前（黑—红—黑—红）"的观测步骤。为减小观测误差，每测段的测站数应为偶数。

（二）数据的计算与检核

1. 一测站的计算与检核

（1）视距部分。

后视距：　　　　　　　　　　(9)=［(1)−(2)］×100

前视距：　　　　　　　　　　(10)=［(4)−(5)］×100

前后视距差：　　　　　　　　(11)=(9)−(10)　　　三等≤3m，四等≤5m

前后视距累积差：　　　　　（12）=本站（11）+上一站（12）　　　三等≤6m，四等≤10m

（2）读数部分。

同一水准尺红面与黑面中丝读数之差，应等于该尺红面与黑面的常数差K(4.687或4.787)。

$$(13) = K + (3) - (8)$$
$$(14) = K + (6) - (7)$$

对于三等水准测量，K+黑−红≤2mm；对于四等水准测量，K+黑−红≤3mm。

（3）高差部分。

黑面测得的高差：　　　　　　　　　　（15）=（3）-（6）

红面测得的高差：　　　　　　　　　　（16）=（8）-（7）

黑红面高差之差：　　　　　（17）=（15）-[（16）±0.100]=（13）-（14）

对于三等水准测量，（17）不得超过3mm；对于四等水准测量，（17）不得超过5mm。

黑红面高差之差在容许范围之内时，取其平均值作为该测站的观测高差：

$$(18) = \{(15) + [(16) \pm 0.100]\}/2$$

2. 每页的计算与检核

（1）高差部分。

对于站数为偶数的页：

$$\Sigma[(3) + (8)] - \Sigma[(6) + (7)] = \Sigma[(15) + (16)] = 2\Sigma(18)$$

对于站数为奇数的页：

$$\Sigma[(3) + (8)] - \Sigma[(6) + (7)] = \Sigma[(15) + (16)] = 2\Sigma(18) \pm 0.100$$

（2）视距部分。

$$\Sigma(9) - \Sigma(10) = \Sigma(12)$$

水准路线总长度：　　　　　　　　$\Sigma(9) + \Sigma(10)$

（三）三、四等水准测量的成果整理

在每站水准测量中，双面尺法（或两次仪器高法）只能进行每一站的高差检核，对于整条路线来说，还不能说明它的精度是否符合要求。例如对同一个转点的相邻两站观测时，水准尺未放在同一点上，同时由于观测时受到观测条件（仪器、人或外界条件）的影响，这时各站的高差计算都符合要求，但随着测站数的增多，误差积累，整条路线有时也会超过规定的限差。因此水准测量外业结束后，应按水准路线形式通过高差闭合差来检核计算。

高差闭合差是指一条水准路线各测段观测高差的代数和与该路线各测段理论高差代数和相比较的不符差值，一般以f_h表示。当高差闭合差在容许误差范围内，即$f_h \leq f_{h容}$（容许高差闭合差）时，认为精度合格，测量结果可用。若超过容许范围，应查明原因，进行重测，直到符合要求为止。

水准测量的$f_{h容}$是在研究误差产生的规律和总结实践经验的基础上提出的。各等级水准测量的主要技术要求应符合表2-4中的规定。

水准测量的主要技术要求   表2-4

等级	每千米高差中数中误差 (mm)		附合或环线水准路线长度 (km)		往返较差、附合或环线闭合差 (mm)		检测已测测段高差之差 (mm)
	偶然中误差 M_Δ	全中误差 M_W	路线、隧道	桥梁	平原、微丘	山岭、重丘	
二等	±1	±2	600	100	$\leq 4\sqrt{l}$	$\leq 4\sqrt{l}$	$\leq 6\sqrt{L_i}$
三等	±3	±6	60	10	$\leq 12\sqrt{l}$	$\leq 3.5\sqrt{n}$ 或 $\leq 15\sqrt{l}$	$\leq 20\sqrt{L_i}$
四等	±5	±10	25	4	$\leq 20\sqrt{l}$	$\leq 6.0\sqrt{n}$ 或 $\leq 25\sqrt{l}$	$\leq 30\sqrt{L_i}$
五等	±8	±15	10	1.6	$\leq 30\sqrt{l}$	$\leq 12\sqrt{n}$	$\leq 40\sqrt{L_i}$

注:计算往返较差时,l为水准点间的路线长度(km);计算附合或环线闭合差时,l为附合或环线路线的长度(km)。n为测站数。L_i为检测测段长度(km),小于1km时按1km计算。

1. 附合水准路线成果计算

在某二级公路升级改建路段上,两个已知国家高等级水准点BM_A和BM_B的高程分别为$H_{BM_A}=112.235$m,$H_{BM_B}=111.103$m。拟从BM_A开始,经BM_1、BM_2、BM_3、BM_4和BM_5五个待定高程点后,附合到BM_B上。各测段实测高差及测段长度如图2-20所示。

现以该附合水准路线为例,介绍计算的步骤,并将计算结果记入表2-5中。

附合水准路线观测数据处理的步骤如下:

(1)高差闭合差的计算。

附合水准路线各测段高差的代数和值应等于两端已知水准点间的高差值。若不相等,其差值即为高差闭合差。其高差闭合差的计算式为

$$f_h = \sum h_{测} - (H_{终} - H_{始}) \tag{2-9}$$

计算得:$f_h = -0.013$m。

水准测量成果计算表   表2-5

测段编号	点号	测段长度 (km)	实测高差 (m)	改正数 (m)	改正后高差 (m)	高程 (m)	备注
Ⅰ	BM_A	1.8	2.152	0.002	2.154	112.235	
Ⅱ	1	2.1	-1.061	0.002	-1.059	114.389	
Ⅲ	2	2.3	-1.374	0.003	-1.371	113.330	
Ⅳ	3	1.4	3.016	0.002	3.018	111.959	已知
Ⅴ	4	2.1	-1.721	0.002	-1.719	114.977	
Ⅵ	5	2.2	-2.157	0.002	-2.155	113.258	
	BM_B					111.103	高程相符
Σ		11.9	-1.145	0.013	-1.132		

(2)高差闭合差的检核。

根据表2-4,四等水准测量的容许限差$f_{h容}=20\sqrt{l}$mm,本例中,路线总长为11.9km,则$f_{h容}=20\sqrt{l}$mm=69mm,$|f_h|<|f_{h容}|$,精度合格,可进行高差闭合差的调整。

(3)高差闭合差的调整。

在同一条水准路线上,假设观测条件(使用的仪器、测量人员、气候条件等)都是相同的,则可以认为各测站产生误差的机会是相同的。因此,高差闭合差的调整原则是将高差闭合差反符号按测站长度(平原、微丘区)或测站数(山岭、重丘区)成正比分配到各相应测段的高差中,使改正后的高差总和满足理论值的要求。公式为

$$V_i = -\frac{f_h}{\sum L} \times L_i$$

或

$$V_i = -\frac{f_h}{\sum n} \times n_i \tag{2-10}$$

式中:V_i——第i段的高差改正数;

$\sum L$——水准路线总长度,m;

L_i——水准路线第i测段的长度,m;

$\sum n$——水准路线总测站数;

n_i——水准路线第i测段的测站数。

各测段高差改正数分别为

$$V_1 = -\frac{f_h}{\sum L} \times L_1 = \left(\frac{0.013}{11.9} \times 1.8\right)m = 0.002m$$

$$V_2 = -\frac{f_h}{\sum L} \times L_2 = \left(\frac{0.013}{11.9} \times 2.1\right)m = 0.002m$$

$$V_3 = -\frac{f_h}{\sum L} \times L_3 = \left(\frac{0.013}{11.9} \times 2.3\right)m = 0.003m$$

$$V_4 = -\frac{f_h}{\sum L} \times L_4 = \left(\frac{0.013}{11.9} \times 1.4\right)m = 0.002m$$

$$V_5 = -\frac{f_h}{\sum L} \times L_5 = \left(\frac{0.013}{11.9} \times 2.1\right)m = 0.002m$$

$$V_6 = -\frac{f_h}{\sum L} \times L_6 = \left(\frac{0.013}{11.9} \times 2.2\right)m = 0.002m$$

将各测段改正数记入表2-5中。计算出各测段改正数后,应进行如下检核计算:改正数的总和应与闭合差绝对值相等,符号相反,即$\sum V = -f_h$。

(4)改正后高差的计算。

各段实测高差加上相应的高差改正数,即得改正后的高差:

$$h_{i改} = h_{i测} + V_i \tag{2-11}$$

各测段改正后的高差分别为

$$h_{1改} = (2.152 + 0.002)m = 2.154m$$

$$h_{2改} = (-1.061 + 0.002)m = -1.059m$$

$$h_{3改} = (-1.374 + 0.003)\text{m} = -1.371\text{m}$$

$$h_{4改} = (3.016 + 0.002)\text{m} = 3.018\text{m}$$

$$h_{5改} = (-1.721 + 0.002)\text{m} = -1.719\text{m}$$

$$h_{6改} = (-2.157 + 0.002)\text{m} = -2.155\text{m}$$

将上述结果分别记入表2-5中。这里需要强调的是,改正后的高差代数和应与理论值相等,即 $\Sigma h_{改} = \Sigma h_{理}$,否则说明计算有误。

(5)待定点高程的计算。

根据已知水准点 BM_A 的高程和各段改正后的高差,按顺序逐点计算各待定点的高程,即

$$H_i = H_{i-1} + h_{i改} \tag{2-12}$$

各待定点的高程分别为

$$H_1 = (112.235 + 2.154)\text{m} = 114.389\text{m}$$

$$H_2 = (114.389 - 1.059)\text{m} = 113.330\text{m}$$

$$H_3 = (113.330 - 1.371)\text{m} = 111.959\text{m}$$

$$H_4 = (111.959 + 3.018)\text{m} = 114.977\text{m}$$

$$H_5 = (114.977 - 1.719)\text{m} = 113.258\text{m}$$

$$H_{\text{BM}_B} = (113.258 - 2.155)\text{m} = 111.103\text{m}$$

此时推出的终点高程与该点的已知高程相等,则计算无误,以此作为计算检核。

2. 闭合水准路线成果计算

闭合水准路线成果的计算过程与附合水准路线成果的计算过程基本一致。其中差别之处在于高差闭合差的计算。理论上,闭合水准路线的各段高差代数和应等于零,即 $\Sigma h_{测} = 0$。实际上,由于各测站的观测高差存在误差,观测高差的代数和值不等于理论值。因此,闭合水准路线的高差闭合差为

$$f_h = \Sigma h_{测} \tag{2-13}$$

3. 支水准路线成果计算

(1)高差闭合差的计算。

支水准路线应进行往测(已知高程点到未知高程点)和返测(未知高程点到已知高程点),从理论上讲,支水准路线往、返观测高差的绝对值应该相等而符号相反,即 $\Sigma h_{往} = -\Sigma h_{返}$。

若往、返观测高差的代数和不等于零,即为高差闭合差:

$$f_h = \Sigma h_{往} + \Sigma h_{返} \tag{2-14}$$

(2)高差闭合差的检核。

注意:支水准路线在计算闭合差容许值时,路线的总长度 l 或测站总数 n 只按单程计算。

(3)改正后高差的计算。

支水准路线,取各段往测和返测高差绝对值的平均值即为改正后高差,其符号与往测高差符号保持一致。

（4）待定点高程的计算。

注意：支水准路线不宜过长。

（四）上交资料

在完成高程控制测量后，应立即撰写测量成果报告。测量成果报告是上级主管单位审查测量成果是否符合测量规范要求的依据。因此，必须认真对待测量成果报告的形式和内容。

根据对测量人员和主管单位提交的测量报告的内容进行调查，道路高程控制测量成果报告主要包含以下几个方面的内容。

（1）测量背景：本次测量的基本情况，包括整个工程的基本概况、沿线设置的水准点、复测的基本要求等内容。

（2）测量依据：本次测量采用的技术等级，依据的法律、法规文件，包括国家标准、交通运输部的行业标准和规范、项目设计单位提供的设计文件等内容。

（3）测量人员：主要提交测量人员的身份证、毕业证书、职称证书及相关的资格证书。

（4）测量仪器设备的鉴定证书。

（5）高程控制测量：

①原始水准点表；

②新埋水准点位的选择；

③路线的确定；

④测量实施方案。

（6）水准点测量原始记录。

（7）成果处理：

①测量数据平差计算；

②水准网成果表；

③水准测量结论。

（8）技术总结。

工作任务5　等外高程测量

学习目标

熟练使用水准仪进行普通水准测量；掌握普通水准测量的方法以及观测成果的数据处理；掌握三角高程测量的方法以及观测成果的数据处理。

工作任务

任务描述：公路在勘测设计、施工、竣工验收阶段，或者在测绘路线带状地形图时，经常要加密高程控制网或测定图根点的高程。图根控制测量一般采用普通水准测量或者三角高程测量的方法。

测量依据：《公路勘测规范》(JTG C10—2007)；《工程测量标准》(GB 50026—2020)；《公路工程技术标准》(JTG B01—2014)。

相关知识

普通水准测量的精度低于四等水准测量，故称为等外水准测量（或图根水准测量）。等外水准测量可根据水准点的分布情况，布设成闭合水准路线、附合水准路线或支水准路线。水准点一般可埋设临时标志。

任务实施

一、普通水准测量的实施

如图2-20所示，从一已知高程的水准点BM_A出发，分段连续测出各段高差，附合到另一个已知高程的水准点BM_B。在每一测站的水准测量中，采用两次仪器高法或双面尺法进行观测，校核每站高差，及时发现错误。

（一）两次仪器高法

在每一测站上用两次不同的仪器高度（仪器升高或降低0.1m左右）分别测定高差，如果两次测得的高差值小于容许值，则取其平均值作为测站的高差，否则应重测。表2-6给出了对一附合水准路线进行水准测量的记录及计算格式，表中括号内的数值为两次高差之差。

水准测量记录（两次仪器高法）　　　　表2-6

测站	点号	水准尺读数(mm) 后视	水准尺读数(mm) 前视	高差(m)	平均高差(m)	高程(m)	备注
1	BM_A	1134				13.428	
		1011					
	TP_1		1677	−0.543	(0.000)		
			1554	−0.543	−0.543		
2	TP_1	1444					
		1624					
	TP_2		1324	+0.120	(+0.004)		
			1508	+0.116	+0.118		
3	TP_2	1822					
		1710					
	TP_3		876	+0.946	(0.000)		
			764	+0.946	+0.946		

续上表

测站	点号	水准尺读数(mm)		高差(m)	平均高差(m)	高程(m)	备注
		后视	前视				
4	TP$_3$	1820					
		1923					
	TP$_4$		1435	+0.385	(+0.002)		
			1540	+0.383	+0.384		
5	TP$_4$	1422					
		1604					
	BM$_B$		1308	+0.114	(−0.002)	14.448	
			1488	+0.116	+0.115		
检核计算	Σ	15514	13474	+2.040	+1.020		

(二)双面尺法

双面尺的黑面底部从零向上标记,而红面底部从某一常数开始向上标记。在每一测站上,仪器高度不变,分别读取黑面和红面的前、后视读数,计算出黑面高差值 $h_黑$ 和红面高差值 $h_红$,两次所测高差之差均不超过限值,可认为符合要求,取其平均值作为高差测得值。

每站仪器粗平后的观测步骤如下:

(1)照准后视尺黑面—精平—读数。

(2)照准后视尺红面—精平—读数。

(3)照准前视尺黑面—精平—读数。

(4)照准前视尺红面—精平—读数。

其观测顺序简称为"后—后—前—前",对于尺面分划来说,顺序为"黑—红—黑—红"。由于在每个测站上的仪器高度不变,因此可加快观测的速度。表2-7给出了对一附合水准路线进行水准测量的记录计算格式。

水准测量记录(双面尺法)　　　　　　　　　　　表2-7

测站	点号	水准尺读数(mm)		高差(m)	平均高差(m)	高程(m)	备注
		后视	前视				
1	BM$_C$	1211				3.688	
		5998					
	TP$_1$		586	+0.625	(0.000)		
			5273	+0.725	+0.625		
2	TP$_1$	1554					
		6241					
	TP$_2$		311	+1.243	(−0.001)		
			5097	+1.144	+1.2433		

续上表

测站	点号	水准尺读数(mm)		高差(m)	平均高差(m)	高程(m)	备注
		后视	前视				
3	TP$_2$	398					
		5186					
	TP$_3$		1523	−1.125	(−0.001)		
			6210	−1.024	−1.1245		
4	TP$_3$	1708					
		6395					
	BM$_D$		574	+1.134	(+0.000)	5.566	
			5361	+1.034	+1.134		
检核计算	Σ	28691	24935	+3.756	+1.878		

由于在一对双面尺中,两把尺子红面底端的注记相差0.1m,因此在每站高差计算中,应先将红面读数计算出的高差减去或者加上0.1m,才能与黑面尺计算出的高差取平均值。

普通水准测量内业成果的整理与三、四等水准测量的成果整理内容一样,主要包括:高差闭合差的计算与检核、高差改正数的计算、改正后高差的计算与各点高程的计算。只是普通水准测量精度较等级水准测量精度低,高差闭合差的容许值稍大,具体限差要求为

$$f_{h容} = \pm 30\sqrt{l}(\text{mm}) \quad (\text{一般适用于平原、微丘区}) \tag{2-15}$$

$$f_{h容} = \pm 12\sqrt{n}(\text{mm}) \quad (\text{一般适用于山岭、重丘区}) \tag{2-16}$$

式中:l——水准路线长度,km;

　　　n——整个水准路线所设的测站数。

二、三角高程测量

单向三角高程测量

用水准测量的方法测定待求点高程的精度较高,但在山区或丘陵地区,控制点间的高差较大,不便用水准测量的方法测得,可用三角高程的测量方法。这样比较迅速、简便,又可保证一定精度。

三角高程测量可分为光电测距三角高程测量、经纬仪三角高程测量。前者可代替四等水准测量,后者可代替山区图根高程控制。

如图2-21所示,用三角高程测量方法测定A、B两点之间高差的方法如下:

(1)在A点安置经纬仪或全站仪,B点竖立标杆。

(2)量取标杆高v及仪器高i。

(3)用望远镜横丝照准标杆顶部,测得竖直角α。

(4)如果A、B两点间水平距离D已知,则由图2-21有

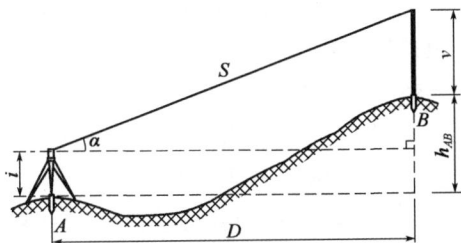

图2-21　三角高程测量

$$h_{AB} = D\tan\alpha + i - v \tag{2-17}$$

上式中要注意 α 的正、负号,当 α 为仰角时取正号,当 α 为俯角时取负号。

(5)设 A 点的高程为 H_A,则 B 点的高程为

$$H_B = H_A + h_{AB} = H_A + D\tan\alpha + i - v \tag{2-18}$$

采用三角高程测量,一般应进行对向观测,即由 A 向 B 观测,再由 B 向 A 观测,这样是为了消除地球曲率和大气折光的影响。对于图根三角高程测量,对向观测两次测得高差较差应不得超过 $0.1D$(D 为水平距离,以 km 为单位)。取两次高差的平均值作为最后结果。

如果进行单向观测,而且两点间距离大于 400m,应考虑加上地球曲率和大气折光改正数(气球差)f,则有

$$f = 0.43\frac{D^2}{R} \tag{2-19}$$

式中:D——所测量点间的水平距离,km;

R——地球的半径,km。

于是

$$h_{AB} = D\tan\alpha + i - v + f \tag{2-20}$$

工作任务6 高程测设

学习目标

学会使用水准仪进行高程放样;掌握坡度线的测设方法。

相关知识

高程放样原理

高程放样(测设)是指根据地面上已知水准点的高程和设计点的高程,利用水准仪将设计点的高程标志线测设在地面上的工作。显然这一过程与测定地面点高程的过程正好相反。

高程测设主要在道路中线、平整场地、开挖基坑、定路线坡度和定桥台桥墩的设计高程等场合使用。

一、一般的高程放样

高程放样演示

如图 2-22 所示,已知高程点 A,其高程为 H_A,可以用视线高法在道路中线标定出设计高程为 H_B 的 B 点位置。

测设方法如下:

(1)将水准仪安置在 A 点和 B 点中间,整平仪器。

(2)在已知高程点 A 上立尺,读取后视点 A 的读数为 a,则仪器的视线高程为 $H_i = H_A + a$。

(3)由图可知,测设设计高程为 H_B 的 B 点水准尺读数应为 $b = H_i - H_B$。将水准尺紧靠 B 点木桩的侧面上下移动,直到尺上读数为 b 时,沿尺底画一横线,此线即为设计高程 H_B 的位置。

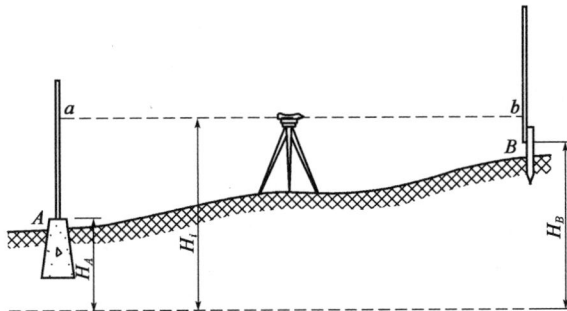

图 2-22　视线高法测设高程

二、深基坑的高程放样

当基坑开挖较深时，基底设计高程与基坑边已知水准点高程相差较大，并超出水准尺的工作长度，这时可采用水准仪配合悬挂钢尺的方法向下传递高程。

如图 2-23 所示，将钢尺悬挂在支架上，零端向下并挂一重锤，已知高程点 A，其高程为 H_A，B 为待测设高程为 H_B 的点位。在地面和待测设点位附近各安置一台水准仪，分别在 A 点水准尺和钢尺上读数 a_1、b_1 和 a_2。假设 B 点水准尺上的读数为 b_2，则有

$$H_B - H_A = h_{AB} = (a_1 - b_1) + (a_2 - b_2) \tag{2-21}$$

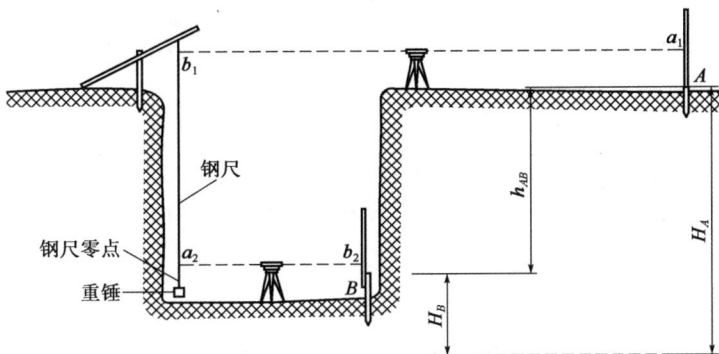

图 2-23　高程传递法测设深基坑的高程

可以计算出 B 点处水准尺的读数为

$$b_2 = a_2 + (a_1 - b_1) - h_{AB} \tag{2-22}$$

将水准尺紧靠 B 点木桩的侧面上下移动，当水准尺读数为 b_2 时，沿尺底在木桩一侧画线，此线即为设计高程 H_B 的位置。为了控制基坑开挖深度，还需要在基坑四周壁上放样出一系列高程均为 H_B 的点位，如果 H_B 比基坑设计高程高出一个定值 ΔH，施工人员就可借助一把定长为 ΔH 的小尺子方便地检查基底高程是否达到设计值。

三、斜坡的高程放样

在修筑道路，敷设上、下水管道和开挖排水沟等工程施工中，需要在地面测设设计的坡度线。

如图2-24所示,地面A点高程H_A已知,现要沿AB方向测设坡度为i的直线,A、B间水平距离为D。测设方法如下:

(1)计算B点设计高程$H_B = H_A - iD$,应用水平距离和高程测设方法测设出B点。

(2)在A点安置水准仪,使一个脚螺旋在AB方向上,另两个脚螺旋连线垂直于AB方向线,量取水准仪高i_A。

(3)用望远镜瞄准B点水准尺,旋转AB方向脚螺旋,使视线倾斜至水准尺读数为仪器高i_A为止,此时仪器视线坡度平行于设计坡度线。

(4)根据施工需要,标定出中间点1、2并打下木桩,在桩顶上立水准尺使其读数均等于仪器高i_A时,各桩顶连线即为需测设的坡度线。

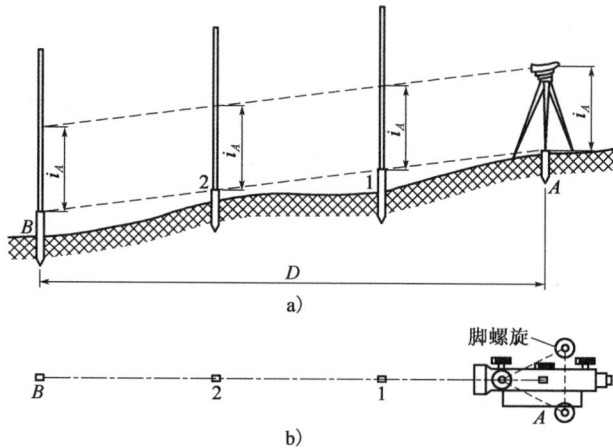

图2-24 用水准仪测设坡度

当设计坡度较大,超出了水准仪脚螺旋的最大调节范围时,可使用经纬仪进行测设,方法同上。当使用电子经纬仪或者全站仪时,可将其竖盘显示单位切换成坡度单位,直接将望远镜视线的坡度值调整为设计坡度值。

四、高墩台的高程放样

当桥梁墩台高出地面较多时,放样点的高程往往高于水准仪视线高程,这时可采用钢尺直接量取垂距或"倒尺"的方法。

如图2-25所示,已知高程点A,其高程为H_A,需要在B点墩身定出高程为H_B的位置。放样点的高程H_B高于水准仪视线高程,先在基础顶面或者墩身适当位置处选择一点,用水准测量的方法测定所选点的高程。然后以该点为起算点,用悬挂钢尺直接量取垂距来标定放样点的位置。

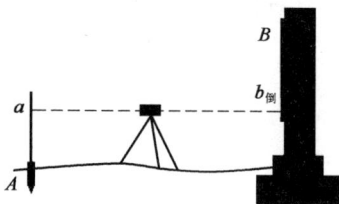

图2-25 高墩台的高程放样

当放样点B的设计高程高于水准仪视线高程,但不超出水准尺工作长度时,可在已知高程点A和墩台之间安置水准仪,读取后视点A的读数a,在B点处靠墩身倒立水准尺。假设B点的水准尺读数为$b_倒$,则有

$$h_{AB} = H_B - H_A = a + b_倒 \tag{2-23}$$

可以计算出放样点B处对应的水准尺读数为

$$b_侧 = H_B - (H_A + a) \tag{2-24}$$

靠B点墩身竖立水准尺,上下移动水准尺,当水准仪在水准尺上的读数恰好为$b_侧$时,沿水准尺尺底(零点)画一横线,即为高程H_B的位置。

工作任务7 精密水准仪与水准标尺

学习目标

了解精密水准仪与水准标尺的构造和使用方法。

相关知识

一、精密水准仪的构造特点

精密水准仪主要用于国家一、二等水准测量和高精度的工程测量,如大型建筑物的施工、大型机械设备的安装测量、建筑物的变形观测等。影响精密水准测量的精度因素,除一些外界因素外,观测仪器——水准仪在结构上的精确性与可靠性也是重要的因素。为此,对精密水准仪必须具备的一些条件提出下列要求。

(一)高质量的望远镜光学系统

为了能在望远镜中获得水准标尺上分划线的清晰影像,望远镜必须具有足够的放大倍率和较大的物镜孔径。一般精密水准仪的望远镜的放大倍率应大于40,物镜的孔径应大于50mm。

(二)坚固稳定的仪器结构

仪器的结构必须使视准轴与水准轴之间的关系保持相对稳定,其不因外界条件的变化而变化。一般精密水准仪的主要构件均由特殊的合金钢制成,且仪器上套有起隔热作用的防护罩。

(三)高精度的测微器装置

精密水准仪必须有光学测微器装置,借以精密测定小于水准标尺最小分划线间格值的尾数,从而提高在水准标尺上的读数精度。一般精密水准仪的光学测微器可以精读到0.1mm,估读到0.01mm。

(四)高灵敏的管水准器

一般精密水准仪的管水准器的格值为$10''/2mm$。由于水准器的灵敏度越高,观测时要使水准器气泡迅速置中越困难,为此,在精密水准仪上必须有倾斜螺旋(又称微倾螺旋)的装置,其可以使视准轴与水准轴同时产生微量变化,从而使水准气泡较容易地精确置中,以实现视准轴的精确整平。

（五）高性能的补偿器装置

对于自动安平水准仪,补偿元件的质量以及补偿器装置的精密度都可以影响补偿器性能的可靠性。如果补偿器不能给出正确的补偿量,补偿不足或是补偿过量,都会影响精密水准测量观测成果的精度。

我国水准仪系列按精度分类有 S_{05} 型、S_1 型、S_3 型、S_{10} 型等。"S"是"水"字的汉语拼音第一个字母,"S"后面的数字表示每千米往返平均高差中误差的毫米数。

我国水准仪系列及基本技术参数见表2-8。

我国水准仪系列及基本技术参数　　　　　　　　　　　　表2-8

技术参数项目		水准仪系列型号			
		S_{05}	S_1	S_3	S_{10}
每千米往返平均高差中误差(mm)		≤0.5	≤1	≤3	≤10
望远镜放大倍率		≥40	≥40	≥30	≥25
望远镜有效孔径(mm)		≥60	≥50	≥42	≥35
管水准器格值		10″/2mm	10″/2mm	20″/2mm	20″/2mm
测微器有效量测范围(mm)		5	5	—	—
测微器最小分格值(mm)		0.1	0.1	—	—
自动安平水准仪补偿性能	补偿范围(′)	±8	±8	±8	±10
	安平精度(″)	±0.1	±0.2	±0.5	±2
	安平时间(s)	2	2	2	2

二、精密水准标尺的构造特点

水准标尺是测定高差的长度标准,如果水准标尺的长度存在误差,则会对精密水准测量的观测成果带来系统性质的误差影响,为此,对精密水准标尺提出如下要求。

（1）当空气的温度和湿度发生变化时,水准标尺分划间的长度必须保持稳定,或仅有微小的变化。一般精密水准标尺的分划是漆在因瓦合金带上,因瓦合金带以一定的拉力引张在木质尺身的沟槽中,这样因瓦合金带的长度不会受木质尺身伸缩变形的影响。水准标尺分划的数字是注记在因瓦合金带两旁的木质尺身上,如图2-26所示。

（2）水准标尺的分划必须十分准确与精密,分划的偶然误差和系统误差都应很小。水准标尺分划的偶然误差和系统误差的影响因素主要取决于分划刻度工艺的水平,当前精密水准标尺分划的偶然中误差一般为 $8 \sim 11 \mu m$。由于精密水准标尺分划的系统误差可以通过水准标尺的平均每米真长加以改正,所以分划的偶然误差代表水准标尺分划的综合精度。

（3）水准标尺在构造上应保证全长笔直，并且尺身不易发生长度和弯扭等变形。一般精密水准标尺的木质尺身应用经过特殊处理的优质木料制作。为了避免水准标尺在使用中尺身底部磨损而改变尺身的长度，在水准标尺的底部必须钉有坚固耐磨的金属底板。

在精密水准测量作业时，水准标尺应竖立于特制的具有一定重量的尺垫或尺桩上。尺垫和尺桩如图2-27所示。

（4）在精密水准标尺的尺身上应附有圆水准器装置，作业时扶尺者借以使水准标尺保持在垂直位置。在尺身上一般还应有扶尺环装置，以便扶尺者借以使水准标尺稳定在垂直位置。

（5）为了提高对水准标尺分划的照准精度，水准标尺分划的形式和颜色应与水准标尺的颜色相协调，一般精密水准标尺为黑色线条分划，和浅黄色的尺面相配合，有利于观测时对水准标尺分划精确照准。

精密水准标尺线条分划的分格值有10mm和5mm两种。分格值为10mm的精密水准标尺如图2-26a）所示，它有两排分划，尺面右边一排分划注记从0到300cm，称为基本分划，左边一排分划注记从300到600cm，称为辅助分划。同一高度的基本分划与辅助分划读数相差一个常数，称为基辅差，通常又称尺常数，水准测量作业时可用以检查读数的正确性。分格值为5mm的精密水准标尺如图2-26b）所示，

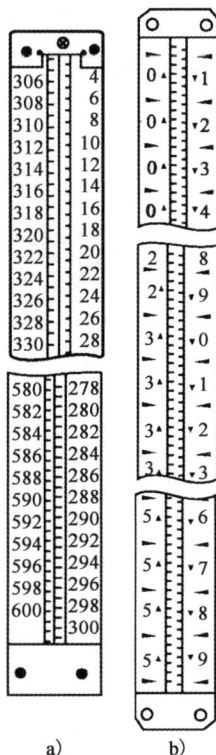

图2-26 水准标尺

它也有两排分划，两排分划彼此错开5mm，所以实际上左边是单数分划，右边是双数分划，也就是单数分划和双数分划各占一排，而没有辅助分划。木质尺面右边注记的是米数，左边注记的是分米数，整个注记从0.1~5.9m，实际分格值为5mm，分划注记比实际数值大了1倍，所以用这种水准标尺所测得的高差值必须除以2才是实际的高差值。

与数字编码水准仪配套使用的条形码水准标尺如图2-28所示。通过数字编码水准仪的探测器来识别水准标尺上的条形码，再经过数字影像处理，给出水准标尺上的读数，取代了在水准标尺上的目视读数。

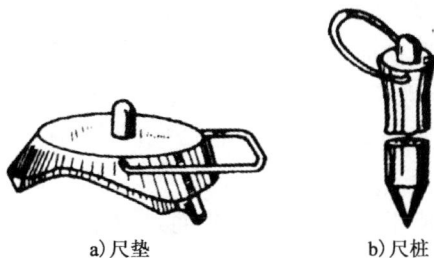

a）尺垫　　　b）尺桩

图2-27 尺垫和尺桩

图2-28 条形码水准标尺

三、Wild N₃精密水准仪

Wild N₃精密水准仪如图2-29所示。望远镜物镜的有效孔径为50mm，放大倍率为40，管水准器格值为10″/2mm。Wild N₃精密水准仪与分格值为10mm的精密因瓦水准标尺配套使

用,标尺的基辅差为301.55cm。在望远镜目镜的左边上下有两个小目镜(图2-29中未标出),它们是符合气泡观察目镜和测微器读数目镜,在3个不同的目镜中所见到的影像如图2-30所示。

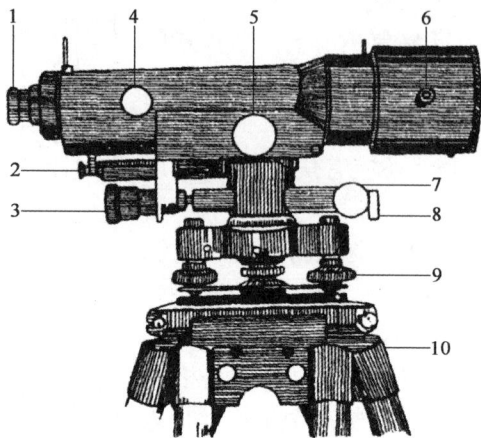

图2-29　Wild N₃精密水准仪

1-望远镜目镜;2-水准气泡反光镜;3-倾斜螺旋;4-调焦螺旋;
5-平行玻璃板测微螺旋;6-平行玻璃板旋转轴;7-水平微
动螺旋;8-水平制动螺旋;9-脚螺旋;10-脚架

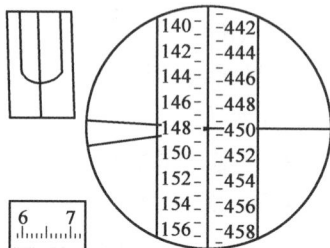

图2-30　目镜影像

转动倾斜螺旋,使符合气泡观察目镜的水准气泡两端符合,则视线精确水平,此时可转动测微螺旋使望远镜目镜中看到的楔形丝夹准水准标尺上的148分划线,也就是使148分划线平分楔角,再在测微器读数目镜中读出读数653(即6.53mm),故水平视线在水准标尺上的全部读数为148.653cm。

(一)Wild N₃精密水准仪的倾斜螺旋装置

图2-31是Wild N₃精密水准仪倾斜螺旋装置示意图。它是一种杠杆结构,转动倾斜螺旋时,通过着力点D可以带动支臂绕支点A转动,使其对望远镜的作用点B产生微量升降,从而使望远镜绕转轴C微量倾斜。由于望远镜与水准器是紧密相连的,因此倾斜螺旋的旋转可以使水准轴和视准轴同时产生微量的变化,借以迅速而精确地将视准轴整平。在倾斜螺旋上一般附有分划盘,可借助固定指标进行读数,由倾斜螺旋所转动的格数可以确定视线倾角的微小变化量,其转动范围约为7周。借助这种装置可以测定视准轴微倾的角度值,在进行跨越障碍物的精密水准测量时具有重要作用。

必须指出,由图2-31可见仪器转轴C并不位于望远镜的中心,而是位于靠近物镜的一端。当圆水准器整平仪器时,垂直轴并不能精确地处于垂直位置,可能偏离垂直位置较大。此时使用倾斜螺旋精确整平视准轴,会引起视准轴高度的变化,倾斜螺旋转动量愈大,视准轴高度的变化也就愈大。如果前、后视精确整平视准轴,倾斜螺旋的转动量不等,就会在高差中产生误差。因此,在实际作业中规定:只有在符合水准气泡两端影像的分离量小于1cm时(这时仪器的垂直轴基本上处于垂直位置),才允许使用倾斜螺旋精确整平视准轴。但有些仪器的转轴C位于过望远镜中心的垂直几何轴线上。

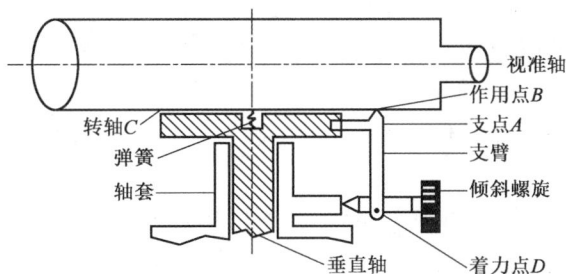

图2-31　倾斜螺旋装置示意图

(二)Wild N_3 精密水准仪的测微器装置

图2-32是 Wild N_3 精密水准仪的光学测微器的测微工作原理示意图。由图可见,光学测微器由平行玻璃板、测微器分划尺、传动杆和测微螺旋等部件组成。平行玻璃板传动杆与测微器分划尺相连。测微器分划尺上有100个分格,与10mm相对应,即每分格为0.1mm,可估读至0.01mm。每10格有较长分划线并注记数字,每两长分划线间的格值为1mm。当平行玻璃板与水平视线正交时,测微器分划尺上初始读数为5mm。转动测微螺旋时,传动杆就带动平行玻璃板相对于物镜前俯后仰,并同时带动测微器分划尺相应地移动。平行玻璃板相对于物镜前俯后仰,水平视线就会向上或向下平行移动。若逆转测微螺旋,使平行玻璃板前俯到测微器分划尺移至10mm处,则水平视线向下平移5mm;反之,若顺转测微螺旋,使平行玻璃板后仰到测微器分划尺移至0mm处,则水平视线向上平移5mm。

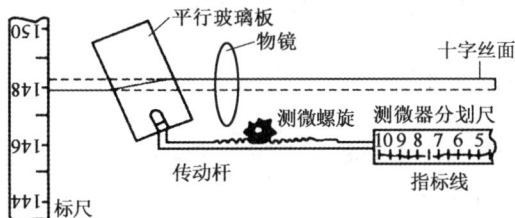

图2-32　测微工作原理示意图

在图2-32中,当平行玻璃板与水平视线正交时,水准标尺上读数应为 a, a 在两相邻分划148与149之间,此时测微器分划尺上读数为5mm,而不是0mm。转动测微螺旋,使平行玻璃板前俯,则水平视线向下平移与就近的148分划重合,这时测微器分划尺上的读数为6.50mm,而水平视线的平移量应为(6.50-5)mm,最后读数 a 为

$$a = 148\text{cm} + 6.50\text{mm} - 5\text{mm}$$

即

$$a = 148.650\text{cm} - 5\text{mm}$$

由上述可知,每次读数时应减去常数(初始读数)5mm,但因在水准测量中计算高差时能自动抵消这个常数,所以在水准测量作业时,读数、记录、计算过程中都可以不考虑这个常数。

需要注意的是,在单向读数时就必须减去这个初始读数。

测微器的平行玻璃板安置在物镜前面的望远镜筒内,如图2-33所示。在平行玻璃板的前端,装有一块带楔角的保护玻璃,其实质上是一个光楔罩,一方面可以防止尘土侵入望远镜筒内,另一方面光楔的转动可使视准轴倾角i发生微小的变化,借以精确地校正视准轴与水准轴的平行性。

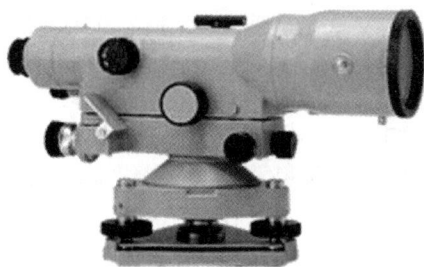

Wild N_3精密水准仪(新)如图2-34所示。望远镜物镜的有效孔径为52mm,并有一个放大倍率为40的准直望远镜,直立成像,能清晰地观测到距离物镜0.3m处的水准标尺。

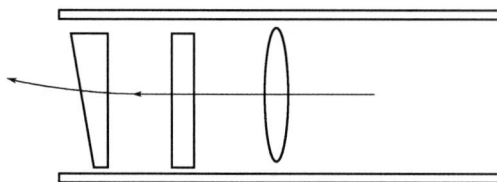

图2-33 平行玻璃板安装示意图　　　　图2-34 Wild N_3精密水准仪(新)

光学平行玻璃板测微器可直接读至0.1mm,估读至0.01mm。

校验性微倾螺旋装置可以用来测量微小的竖直角和倾斜度的变化。

仪器备选附件有自动准直目镜、激光目镜、目镜照明灯和折角目镜等,利用这些附件可进一步扩大仪器的应用范围,可用于精密高程控制测量、形变测量、沉陷监测等。

四、Zeiss Ni 004精密水准仪

Zeiss Ni 004精密水准仪如图2-35所示。这种仪器的主要特点是对热影响的感应较小,即当外界温度变化时,水准轴与视准轴之间的交角i的变化很小,这是因为望远镜、管水准器和平行玻璃板的倾斜设备等部件都装在一个附有绝热层的金属套筒内,这样就保证了水准仪上这些部件遇到温度变化时能迅速达到平衡。望远镜物镜的有效孔径为56mm,望远镜放大倍率为44,望远镜目镜视场内有左、右两组楔形丝,如图2-36所示,右边一组楔形丝的交角较小,在视距较远时使用,左边一组楔形丝的交角较大,在视距较近时使用,管水准器格值为10″/2mm。转动测微螺旋可使水平视线在10mm范围内平移,测微器分划尺直接与测微螺旋相连,通过放大镜在测微器分划尺上进行读数,测微器分划尺上有100个分格,所以测微器分划尺最小格值为0.1mm。从望远镜目镜视场中所看到的影像如图2-36所示,视场下部是水准器的符合气泡影像。

Zeiss Ni 004精密水准仪与分格值为5mm的精密因瓦水准尺配套使用。在图2-36中,使用测微螺旋使楔形丝夹准水准标尺上197分划,在测微器分划尺上的读数为340,即3.40mm,水准标尺上的全部读数为197.340cm。

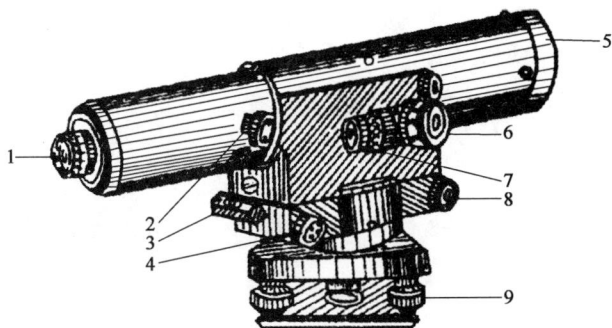

图 2-35　Zeiss Ni 004 精密水准仪

图 2-36　目镜视场内影像

1-望远镜目镜；2-调焦螺旋；3-概略置平水准器；4-倾斜螺旋；5-望远镜物镜；6-测微螺旋；7-读数放大镜；8-水平微动螺旋；9-脚螺旋

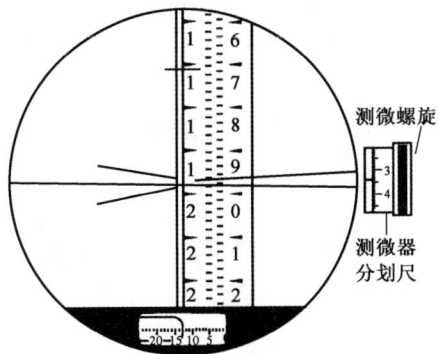

五、S_1 型精密水准仪

国产 S_1 型精密水准仪如图 2-37 所示。仪器物镜的有效孔径为 50mm，望远镜放大倍率为 40，管水准器格值为 10″/2mm。转动测微螺旋可使水平视线在 10mm 范围内平移，测微器分划尺有 100 个分格，故测微器分划尺最小格值为 0.1mm。望远镜目镜视场中所看到的影像如图 2-38 所示，视场左边是水准器的符合气泡影像，测微器读数显微镜在望远镜目镜的右下方。

图 2-37　国产 S_1 型精密水准仪

图 2-38　目镜视场内影像

S_1 型精密水准仪与分格值为 5mm 的精密水准标尺配套使用。在图 2-38 中，使用测微螺旋使楔形丝夹准 198 分划，在测微器读数显微镜中的读数为 150，即 1.50mm，水准标尺上的全部读数为 198.150cm。

六、精密水准仪的操作与使用

（一）安置三脚架和连接仪器

在选好的测站上松开三脚架伸缩螺旋，按需要调整高度，架头大致保持水平，旋紧三脚架伸缩螺旋,用连接螺旋将仪器固定在架头上。

(二)粗平

转动脚螺旋,使圆水准器或粗平水准管气泡居中,使仪器的竖轴大致垂直。

(三)瞄准

将望远镜瞄准水准尺,进行目镜调焦和物镜调焦,使十字丝和水准尺像均十分清晰,注意消除视差。具体方法同 DS_3 型微倾式水准仪。

(四)精平

转动微倾螺旋,使水准管气泡严格居中(符合),可以在目镜视场中看到水准管气泡两端的影像,使气泡两端影像符合。

工作任务8 精密水准测量的实施

学习目标

掌握二等水准测量的方法及数据处理方法。

相关知识

精密水准测量一般指国家一、二等水准测量,在各项工程不同建设阶段的高程控制测量中,极少进行一等水准测量,故在《工程测量标准》(GB 50026—2020)中,将水准测量分为二等、三等、四等三个等级,其精度指标与国家水准测量的相应等级一致。

下面以二等水准测量为例说明如何实施精密水准测量。

一、精密水准测量作业的一般规定

根据各种误差的性质及其影响规律,现行水准规范如《国家一、二等水准测量规范》(GB/T 12897—2006)和《国家三、四等水准测量规范》(GB/T 12898—2009)中对精密水准测量的实施作出了各种相应的规定,目的在于尽可能消除或减弱各种误差对观测成果的影响。

(1)观测前30min应将仪器置于露天阴影处,使仪器与外界气温趋于一致;观测时应用测伞遮蔽阳光;迁站时罩以仪器罩。

(2)仪器至前、后视水准标尺的距离应尽量相等,其差应小于规定的限值:二等水准测量中规定,一测站前后视距差应小于1.0m,前后视距累积差应小于3m。这样可以消除或削弱与距离有关的各种误差对观测高差的影响,如 i 角误差和垂直折光等影响。

(3)对气泡式水准仪,观测前应测出倾斜螺旋的置平零点,并做标记,随着气温变化,应随时调整置平零点的位置。对于自动安平水准仪的圆水准器,应严格置平。

(4)在同一测站上观测时,不得两次调焦;转动仪器的倾斜螺旋和测微螺旋,其最后旋转方向均应为旋进,以避免倾斜螺旋和测微器隙动差对观测成果造成影响。

(5)在两相邻测站上,应按奇、偶数测站的观测程序进行观测,对于往测,奇数测站按"后—前—前—后"、偶数测站按"前—后—后—前"的观测程序在相邻测站上交替进行。返测时,奇数测站与偶数测站的观测程序与往测时相反,即奇数测站由前视开始,偶数测站由后视开始。这样的观测程序可以消除或减弱与时间成比例均匀变化的误差对观测高差的影响,如 i 角的误差和仪器的垂直位移的误差等影响。

(6)在连续各测站上安置水准仪时,应使其中两个脚螺旋与水准路线方向平行,而第三个脚螺旋轮换置于路线方向的左侧与右侧。

(7)每一测段的往测与返测,其测站数应均为偶数,由往测转向返测时,两水准标尺应互换位置,并重新整置仪器。在水准路线上将每一测段仪器测站安排成偶数,可以削减如两水准标尺0点不等差等误差对观测高差的影响。

(8)每一测段的水准测量路线都应进行往测和返测,这样可以消除或减弱性质相同、正负号也相同的误差影响,如水准标尺垂直位移的误差影响。

(9)一个测段的水准测量路线的往测和返测应在不同的气象条件下进行,如分别在上午和下午观测。

(10)使用补偿式自动安平水准仪观测的操作程序与水准器水准仪相同。观测前应对圆水准器进行严格检验与校正,观测时应严格使圆水准器气泡居中。

(11)水准测量的观测工作间歇时,最好能结束在固定的水准点上,否则应选择两个坚稳可靠、光滑突出、便于放置水准标尺的固定点,作为间歇点加以标记,间歇后应对两个间歇点的高差进行检测,检测结果如符合限差要求(对于二等水准测量,规定检测间歇点高差之差应≤1.0mm),就可以从间歇点起测。若仅能选定一个固定点作为间歇点,则在间歇后应仔细检视,确认没有发生任何位移,方可由间歇点起测。

二、精密水准测量观测

(一)测站观测程序

往测时,奇数测站照准水准标尺分划的顺序为"后—前—前—后",即后视标尺的基本分划—前视标尺的基本分划—前视标尺的辅助分划—后视标尺的辅助分划。

往测时,偶数测站照准水准标尺分划的顺序为"前—后—后—前",即前视标尺的基本分划—后视标尺的基本分划—后视标尺的辅助分划—前视标尺的辅助分划。

返测时,奇、偶数测站照准标尺的顺序分别与往测偶、奇数测站相同。

按光学测微法进行观测,以往测奇数测站为例,一测站的观测程序如下:

(1)置平仪器。气泡式水准仪望远镜绕垂直轴旋转时,水准气泡两端影像的分离不得超过1cm,对于自动安平水准仪,要求圆水准气泡位于指标圆环中央。

(2)将望远镜照准后视标尺,使符合水准气泡两端影像近于符合(双摆位自动安平水准仪应置于第Ⅰ摆位)。随后用上、下丝分别照准标尺基本分划进行视距读数,见表2-9中的(1)和

(2)。视距读取4位,第4位数由测微器直接读得。当符合水准气泡两端影像精确符合时,转动测微螺旋用楔形平分丝精确照准标尺的基本分划,并读取标尺基本分划和测微分划读数,见表2-9中的(3)。测微分划读数取至测微器最小分划。

(3)旋转望远镜照准前视标尺,并使符合水准气泡两端影像精确符合(双摆位自动安平水准仪仍在第Ⅰ摆位),用楔形平分丝照准标尺基本分划,并读取标尺基本分划和测微分划读数,见表2-9中的(4)。然后用上、下丝分别照准标尺基本分划进行视距读数,见表2-9中的(5)和(6)。

(4)旋转水平微动螺旋使望远镜照准前视标尺的辅助分划,并使符合气泡两端影像精确符合(双摆位自动安平水准仪置于第Ⅱ摆位),用楔形平分丝精确照准并进行标尺辅助分划与测微分划读数,见表2-9中的(7)。

(5)旋转望远镜,照准后视标尺的辅助分划,并使符合水准气泡两端影像精确符合(双摆位自动安平水准仪仍在第Ⅱ摆位),用楔形平分丝精确照准并进行辅助分划与测微分划读数,见表2-9中的(8)。表2-9中第(1)至(8)栏是读数的记录部分,第(9)至(18)栏是计算部分。

精密水准测量观测记录表

表2-9

测自:_____至_____　　　　　　　　_____年_____月_____日

时间:始__时__分　　　　末__时__分　　　　成　像:_____

温度:____云量:____　　　　　　　　风向风速:_____

天气:____土质:____　　　　　　　　太阳方向:_____

测站编号	后尺	上丝	前尺	上丝	方向及尺号	标尺读数		基+K-辅(一减二)	备注
		下丝		下丝					
	后视距		前视距			基本分划(一次)	辅助分划(二次)		
	视距差								
	(1)		(5)		后	(3)	(8)	(14)	
	(2)		(6)		前	(4)	(7)	(13)	
	(9)		(10)		后−前	(15)	(16)	(17)	
	(11)		(12)				(18)		
					后				
					前				
					后−前				

(二)计算内容与步骤

现以往测奇数测站的观测程序为例,来说明计算内容与计算步骤。

1. 视距部分的计算

$$(9)=(1)-(2)$$
$$(10)=(5)-(6)$$
$$(11)=(9)-(10)$$
$$(12)=(11)+前站(12)$$

2. 高差部分的计算与检核

$$(14)=(3)+K-(8)$$

式中：K——基辅差（对于 Wild N_3 精密水准标尺而言，$K=3.0155$m）

$$(13)=(4)+K-(7)$$
$$(15)=(3)-(4)$$
$$(16)=(8)-(7)$$
$$(17)=(14)-(13)=(15)-(16)（检核）$$
$$2(18)=(15)+(16)$$

以上即一测站的全部操作与观测过程。一、二等精密水准测量外业计算尾数取位如表 2-10 所示。

一、二等精密水准测量外业计算尾数取位　　　　表 2-10

项目等级	往（返）测距离总和（km）	测段距离中数（km）	各测站高差（mm）	往（返）测高差总和（mm）	测段高差中数（mm）	水准点高程（mm）
一	0.01	0.1	0.01	0.01	0.1	1
二	0.01	0.1	0.01	0.01	0.1	1

表 2-9 中的观测数据系用 Wild N_3 精密水准仪测得的，当用 S_1 型或 Zeiss Ni 004 型精密水准仪进行观测时，由于与这种水准仪配套的水准标尺无辅助分划，故在记录表格中基本分划与辅助分划的记录栏内，分别记入第一次读数和第二次读数。

（三）水准测量限差

水准测量限差见表 2-11。

水准测量限差　　　　表 2-11

等级	视线长度		前后视距差（m）	前后视距累积差（m）	视线高度（下丝读数）（m）	基辅分划读数之差（mm）	基辅分划所得高差之差（mm）	上、下丝读数平均值与中丝读数之差		检测间歇点高差之差（mm）
	仪器类型	视线长度（m）						0.5cm分划标尺（mm）	1cm分划标尺（mm）	
一	S_{05}	≤30	≤0.5	≤1.5	≥0.5	≤0.3	≤0.4	≤1.5	≤3.0	≤0.7
二	S_1	≤50	≤1.0	≤3.0	≥0.3	≤0.4	≤0.6	≤1.5	≤3.0	≤1.0
	S_{05}	≤50								

测段、路线往返测高差不符值，附合路线和环线闭合差以及检测已测测段高差之差的限制见表 2-12。

若测段、路线往返测高差不符值超限，应先对可靠程度较小的往测或返测进行整测段重测；若附合路线或环线闭合差超限，应对路线上可靠程度较小、往返测高差不符值较大或观测条件较差的某些测段进行重测。如重测后仍不符合限差，则需重测其他测段。

测段、路线往返测高差不符值,附合路线和环线闭合差以及
检测已测测段高差之差的限制

表2-12

项目等级	测段、路线往返测高差不符值(mm)	附合路线闭合差(mm)	环线闭合差(mm)	检测已测测段高差之差(mm)
一等	$\pm 2\sqrt{K}$	$\pm 2\sqrt{L}$	$\pm 2\sqrt{F}$	$\pm 3\sqrt{R}$
二等	$\pm 4\sqrt{K}$	$\pm 4\sqrt{L}$	$\pm 4\sqrt{F}$	$\pm 6\sqrt{R}$

注:R、L、F分别为检测测段、附合路线、环线长度(km);K为路线或测段长度(km)。

(四)水准测量精度

水准测量精度根据往返测高差不符值进行评定,因为往返测高差不符值集中反映了水准测量各种误差的共同影响,这些误差不论其性质和变化规律,对水准测量精度的影响都是极其复杂的,其中既有偶然误差的影响,也有系统误差的影响。

根据研究和分析可知,在一个短距离测段往返测高差不符值中,偶然误差是得到反映的,虽然不排除有系统误差的影响,但由于距离短,所以影响很微弱,因而从测段往返测高差不符值来估计偶然中误差,还是合理的。在长距离水准路线中,如一个闭合环,影响观测的除偶然误差外,还有系统误差,而且这种系统误差在很长的路线上也表现有偶然性质。环线闭合差表现为真误差的性质,因而可以利用环线闭合差来估计含有偶然误差和系统误差在内的全中误差,现行水准规范中所采用的计算水准测量精度的公式,就是以这种基本思想为基础而推导得到的。

由n个测段往返测高差不符值计算每千米单程高差的偶然中误差(相当于单位权观测中误差)的公式为

$$\mu = \pm \sqrt{\frac{\frac{1}{2}\left[\dfrac{\Delta\Delta}{R}\right]}{n}} \tag{2-25}$$

往返测高差平均值的每千米偶然中误差为

$$M_\Delta = \frac{1}{2}\mu = \pm \sqrt{\frac{1}{4n}\left[\frac{\Delta\Delta}{R}\right]} \tag{2-26}$$

式中:Δ——各测段往返测高差不符值,mm;

R——各测段的距离,km;

n——测段的数目。

式(2-26)就是现行水准规范中规定用以计算往返测高差平均值的每千米偶然中误差的公式,这个公式是不严谨的,因为其在计算偶然误差时,没有顾及系统误差的影响。考虑系统误差的严谨公式,形式比较复杂,计算也比较麻烦,而所得结果与式(2-26)所算得的结果相差甚微,所以式(2-26)可以认为是具有足够可靠性的。

按现行水准规范规定,一、二等水准路线须以测段往返测高差不符值按式(2-26)计算每千米水准测量往返高差中数的偶然中误差。当水准路线构成水准网的水准环超过20个时,还须按水准环闭合差计算每千米水准测量往返高差中数的全中误差。

计算每千米水准测量往返高差中数的全中误差的公式为

$$M_W = \pm \sqrt{\frac{[WW/F]}{N}} \tag{2-27}$$

式中：W——水准环线经过正常水准面不平行改正后计算的水准环闭合差矩阵，W 的转置矩阵 $W^{\mathrm{T}} = (w_1, w_2, \cdots, w_N)$，$w_i (i = 1, 2, \cdots, N)$ 为水准环闭合差，mm；

$\quad$ N——水准环的数目，协因数矩阵 Q 中对角线元素为各环线的周长 $F_1, F_2, \cdots, F_N$。

非对角线元素，如果图形不相邻，则一律为零；如果图形相邻，则为相邻边长度（千米数）的负值。

每千米水准测量往返高差中数偶然中误差和全中误差的限值见表2-13。

每千米水准测量往返高差中数偶然中误差和全中误差的限值 $\qquad$ 表2-13

等级	一等	二等	等级	一等	二等
M_Δ(mm)	≤ 0.45	≤ 1.0	M_W(mm)	≤ 1.0	≤ 2.0

偶然中误差 M_Δ、全中误差 M_W 超限时，应分析原因，重测有关测段或路线。

（五）水准测量概算

观测高差的各项改正数的计算和水准点概略高程表的编算如下：

1. 水准标尺每米长度误差的改正数计算

当一对水准标尺每米长度的平均误差 $f > \pm 0.02$mm 时，就要对观测高差进行改正，大小为

$$\Sigma \delta_f = f \Sigma h \tag{2-28}$$

2. 正常水准面不平行的改正数计算

$$\varepsilon = -0.0000015395 \times \sin(2\varphi_m) \times \Delta\varphi' H_m \tag{2-29}$$

3. 水准路线闭合差计算

$$w = H_n - H_0 + \Sigma h' + \Sigma \varepsilon \tag{2-30}$$

4. 高差改正数计算

$$v_i = -\frac{s_i}{\Sigma s} w \tag{2-31}$$

5. 水准点的概略高程计算

$$H = H_0 + \Sigma h' + \Sigma v + \Sigma \varepsilon \tag{2-32}$$

式中：δ_f——水准尺尺长误差改正数；

$\quad$ f——水准尺单位长度尺长误差，mm；

$\quad$ h——测段高差，m；

$\quad$ φ_m——测段平均纬度，(°)；

其余物理量含义同前。

工程案例

案例1 水准点复测

随着国家基础设施建设的快速发展,对道路施工要求也越来越高。测量的准确性对道路施工的质量起着关键性作用,而复测又是测量工作能否准确进行的关键所在。所以,施工单位应做好施工前的复测工作。

一、交桩

施工单位进场后,设计单位应向施工单位"交桩"(包括水准点的有关资料、图表)。设计单位交付的水准点一般是在前几个月设置的,而这些点位又处于野外,很容易被人为撞动或因地面自然沉陷而发生变化,因此,在使用前施工单位应严格复测水准点高程。

二、现场勘察及补点

复测前应仔细核对设计单位提供的水准点成果表上的高程与平面图、纵断面图上所注相应水准点的高程是否一致。然后到现场验证水准点的地面位置,检查水准点固定位置及数量是否准确,是否发生位移。如果发现水准点丢失,应重新增设控制点。控制点的位置和数量应满足施工放样的应用要求,还应符合控制点的布设原则及技术规定,以点位稳定、使用安全、精度可靠为最终目标。确认无误后,根据现场情况编制复测方案,方可进行复测。

三、复测方法及要点

高程控制点复测一般应采用水准测量的方法,水准测量应严格按相应等级水准测量要求进行。特殊困难条件下,高程控制点复测可以采用三角高程测量,但必须精心校正仪器,并采用往返观测、正倒镜观测,取平均值消除误差。公路工程一般路线较长,通常分成若干个标段进行施工,为了保证道路中线的连续,高程控制点和平面控制点一样,必须注意相邻标段之间的连接问题。在复测的过程中,各施工标段必须分别向相邻标段延伸1~2个高程控制点。

四、常见问题分析及应对

仪器精度和测量人的视觉误差会导致控制点的测量平差,结果虽满足规范要求,但与交桩时不完全相同。同一个控制点上会出现几种满足规范要求而又不相同的数据(设计勘测方、施工方、监理方),应采用哪一测量成果?复测的目的在于验证原桩点的有效性,应采用原交桩时的数据,当新增控制点较多时,宜采用精度高的一组数据,控制点加密应采用严密平差,以检查点位的测设精度。

若高程闭合差不满足要求,应查明原因,确定原因后,报请有关部门修改。然后进行闭合复测,直至复测合格。

五、提交资料

复测完成后提交水准点复测报告(复测说明、复测成果、原始记录及测量仪器检定证书),经测量监理工程师检验合格后,由总监办组织驻地办、施工单位三方签字确认。

案例2　路基抄平

一、填方路基各层的抄平

填方路基在施工过程中是分层进行填筑的,各结构层的厚度均不相同。这就需要在填筑之前先测定各结构层的顶面高程。如图2-39a)所示,h为松铺厚度,h'为压实厚度。在填筑以前需要先标定松铺厚度对应的E点的位置。

(1)如图2-39b)所示,A'、B'、C'、D'为路基的坡脚放线位置,A、B、C、D为某结构层顶面松铺厚度的放样位置。A'与$A(B'$与B、C'与C、D'与$D)$之间的高差为松铺厚度h,AD、BC的长度为该结构层顶面的宽度。

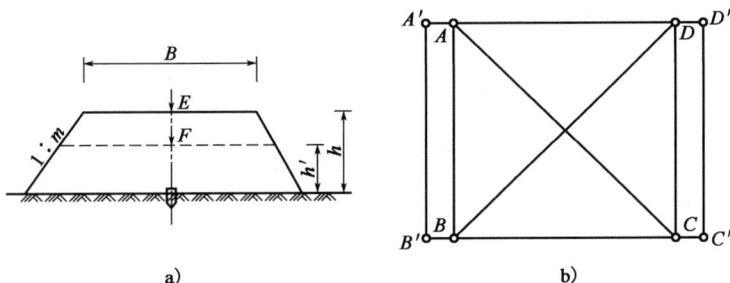

图2-39　路基放样

(2)由试验路段可得该结构层所对应的松铺系数为:

$$k = \frac{h}{h'}$$

从而有

$$h = kh'$$

(3)结构层松铺厚度的顶面高程H为:

$$H = H_d + h$$

式中:H_d——该结构层底面高程。

(4)采用高程放样的方法用木桩标定出A、B、C、D的位置,使木桩顶面的高程等于该结构层松铺厚度的顶面高程H。

(5)在各木桩顶面钉上小钉子,在钉子之间拉上细线作为填筑的依据。

(6)当该结构层压实后,再用高程放样的方法检查该结构层顶面的高程。

二、直线段路基顶面的抄平

当路基施工高度达到设计高程后,应检查路基中心顶面的高程及路基两侧边缘的设计高程。一般在路基顶面施工时,路面就应该做成横向坡度(横坡)。路基顶面的横坡和路面的横坡是一致的。

图2-40为路基断面图,图2-41为路基平面图。在图2-41中A、B、C、D为路基顶面中线施工控制桩,E、F、G、H和M、N、O、P为与路基顶面中线施工控制桩相对应的路基边线。

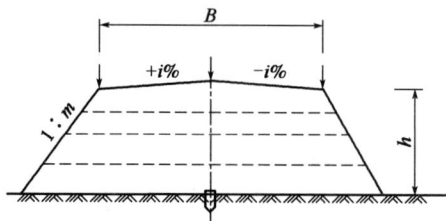

图2-40 路基断面图

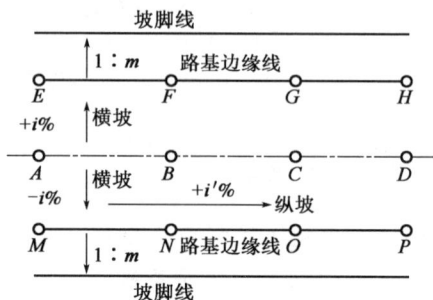

图2-41 路基平面图

(1)检查路基顶面中线施工控制桩的设计高程。

假定A点的设计高程为H_A,路线纵向坡度(纵坡)为$+i'\%$,施工控制桩间距为10m,有

$$H_A = 路面顶面中心A点的设计高程 - 路面结构层厚度$$

则B点、C点、D点的设计高程分别为

$$\begin{cases} H_B = H_A + (+i'\%) \times 10 \\ H_C = H_B + (+i'\%) \times 10 \\ H_D = H_C + (+i'\%) \times 10 \end{cases}$$

在已知高程为H_{BM}的水准点和A点立水准尺,水准仪后视水准点所立水准尺读数为a,前视点A所立水准尺读数为b_A。

$$H'_A = H_{BM} + (a - b_A)$$
$$\Delta_A = H'_A - H_A$$

若$\Delta_A < 0$,则A点应填高Δ_A;若$\Delta_A > 0$,则A点应挖低Δ_A。

依次在B点、C点、D点立水准尺,读数分别为b_B、b_C、b_D,按同样的方法分别计算Δ_B、Δ_C、Δ_D,对B点、C点、D点进行高程检查和重新放样。

(2)检查路基边线设计高程。

计算和路基中心施工控制桩A点相对应的两侧路基边桩E点和M点的设计高程。如图2-41所示,E点和M点是关于A点对称的两个路基边缘点,设路面横坡为$i\%$,则E点和M点的设计高程分别为

$$H_E = H_A - i\% \times \frac{B}{2}$$
$$H_M = H_A - i\% \times \frac{B}{2}$$

式中:B——路基宽度,m;

$i\%$——路面横坡。

将水准尺立于E点和M点,读数分别为b_E、b_M。

$$H'_E = H_{BM} + (a - b_E)$$

$$H'_M = H_{BM} + (a - b_M)$$
$$\Delta_E = H'_E - H_E$$
$$\Delta_M = H'_M - H_M$$

若 $\Delta_E < 0$，则 E 点应填高 Δ_E；若 $\Delta_E > 0$，则 E 点应挖低 Δ_E。对于 M 点，可采用同样的方法进行检查。

对于路基两侧的其他各点，可采用同样方法进行检查。

三、曲线段路基顶面的抄平

对于曲线段，由于存在超高和加宽，计算要相对复杂一点。在路基设计表中，曲线段的加宽和超高值已经给出，在进行放样时直接引用即可。在计算路基边线上的施工检查点的坐标和高程时，为计算方便，一般是以与其对应的在同一个横断面方向上中线施工控制点的坐标和高程为基准，检查方法同直线段。

四、竖曲线段路基顶面设计高程的计算

如图 2-42 所示，在进行路线纵坡设计时，确定了路线起点、终点的设计高程和各变坡点的桩号、设计高程、竖曲线半径，根据这些资料即可计算竖曲线上任意一个中桩的设计高程。

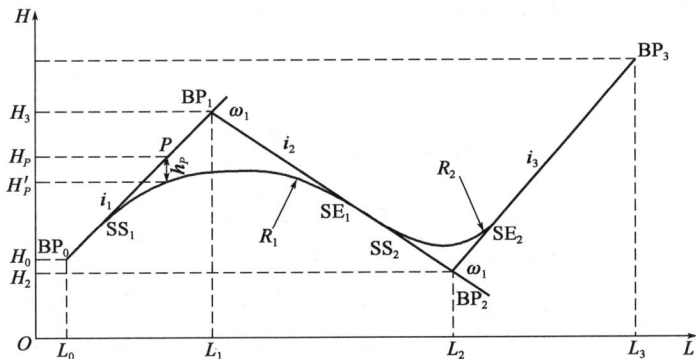

图 2-42 竖曲线路段纵坡设计图

相邻变坡点之间的坡度为

$$i_j = \frac{H_j - H_{j-1}}{L_j - L_{j-1}} \times 100\%$$

式中：i_j——第 $j-1$ 号到第 j 号变坡点之间的坡度；

H_{j-1}、H_j——第 $j-1$ 号和第 j 号变坡点的设计高程；

L_{j-1}、L_j——第 $j-1$ 号和第 j 号变坡点的里程桩号。

若某中桩位于第 $j-1$ 号和第 j 号变坡点之间，桩号为 L，则其设计高程为

$$H = H_{j-1} + (L - L_{j-1})i_j$$

第 j 号变坡点的竖曲线半径为 R_j，竖曲线要素如下。

转坡角：
$$\omega_j = |i_j - i_{j+1}|（弧度）$$

切线长：
$$T_j = \frac{R_j\omega_j}{2}$$

外距：
$$E_j = \frac{T_j^2}{2R_j}$$

竖曲线起点的桩号：
$$SS_j = L_j - T_j$$
竖曲线终点的桩号：
$$SE_j = L_j + T_j$$

当中桩位于竖曲线范围内，应对其设计高程进行修正。竖曲线范围内切线上任一点与竖曲线之间的竖向距离为

$$h = \pm \frac{l^2}{2R_j}$$

式中：l——竖曲线上相应于 h 的点到竖曲线起(终)点的距离。

对于凸形竖曲线，h 取负值；对于凹形竖曲线，h 取正值。

例2-1 如图2-42所示，P 点位于 BP_1 所对应的竖曲线范围内，其设计高程为 H_P，求其修正以后的设计高程。

解 (1)计算竖向间距：
$$l_P = P\text{点桩号} - SS_1$$
$$h_P = -\frac{l_P^2}{2R_1}$$

(2)计算 P 点对应于竖曲线上的设计高程 H'_P：

$$H'_P = H_P + h_P$$

案例3 路面抄平

路面施工是公路施工中的最后一个环节，也是最关键的一个环节。因此，对路面施工放样的精度要求比路基施工放样的精度要求高。为了保证精度、便于测量，通常在路面施工之前，将路线两侧的导线点和水准点引测到路基上，一般设置在桥梁、通道的桥台上或涵洞的压顶石上，这样不易被破坏。引测的导线点和水准点，要和高一级的导线点和水准点进行附合或闭合，精度应满足一、二级导线和五等水准测量的要求。

路面施工阶段的高程放样测量工作包括基层施工测量和面层施工测量。

例如，图2-43为水泥混凝土路面的横断面形式，其中，中间带宽度为4.50m，半幅行车道宽度为8.50m，基层厚度为18cm，面层厚度为25cm。

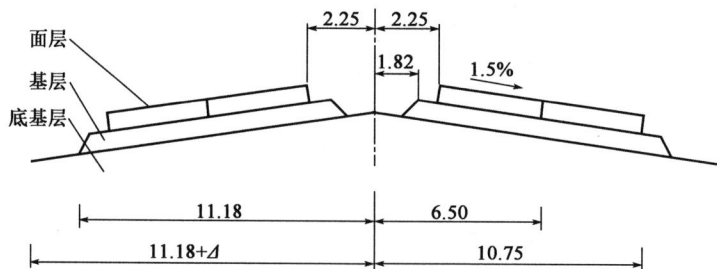

图2-43 水泥混凝土路面的横断面(尺寸单位：m)

一、基层施工测量

设基层设计高程为 $H = h + 0.18m$（h 为底基层中心设计高程），则距中心 1.82m、11.18m、11.43m 处的基层设计高程分别为

$$H_{1.82} = H - 1.82i$$
$$H_{11.18} = H - 11.18i$$
$$H_{11.43} = H - 11.43i$$

式中：i——路拱横坡，为 1.5%。

将以上计算的设计高程放样到实地，便可指导基层施工。

以上设计高程中：$H_{1.82}$、$H_{11.18}$ 是在摊料时所用，其虚厚按不同的路面结构形式掌握，一般灰土基层虚厚为 6cm；$H_{11.43}$ 是在推土机初步压实后为找平时所用，其虚厚按不同的路面结构形式掌握，一般灰土基层虚厚为 2.5cm。

基层施工误差主要来自测量误差、施工误差和虚厚误差三个方面。

施工误差：当某一区域摊料过多时，摊料人员为了省力，将料摊铺得过实，甚至将施工挂线提一提；当摊料过少时，将料摊铺得过虚，或者将施工桩向下钉一钉。这样产生的误差即为施工误差。要消除或削弱施工误差，需要施工员有高度的责任心，保护好施工桩，严格控制摊铺质量。

虚厚误差：主要包括黏土的密实度差别，摊铺有的被压实，有的松散，路槽高程的误差引起底基层的厚度不一。其主要的消除方法是人工摊铺，充分机械拌和，用推土机初步压实后再次找平。

二、水泥混凝土面层施工测量

如图 2-43 所示，由中线控制桩量出 2.25m、6.50m、10.75m 处边线，钉入钢钉，测出桩顶高程，根据水泥混凝土面层的设计高程得出模板顶面高程。当模板支设好后，分别用经纬仪对顺直度，用水准仪对模板高程进行复测，不合格者予以调整，然后开始铺筑混凝土。

水泥混凝土面层高程误差主要由测量误差和施工误差两方面的原因造成。施工误差主要包括：

挂线误差：用钢尺所量的高度不准，施工挂线没有系牢、拉紧，出现中间凹的现象。

模板误差：模板支设不坚固，振捣梁上去振捣时引起模板下沉；模板上的残余混凝土没有被清除干净；模板变形，引起顺直度达不到标准。

其他误差：施工桩被车辆压弯；桩号错误等。

案例 4　基桩抄平

桥涵基础高程放样分为水下放样和干处放样两种，分述如下。

一、桥涵水下基础高程放样（如钻孔灌注桩基础）

一般采用测绳下悬重物进行施测。现以钻孔灌注桩基础为例说明如何确定桩底高程。

如图 2-44 所示（钻机未画出），现 A 为已知水准点，施测时先将 A 处水准点高程引至护筒

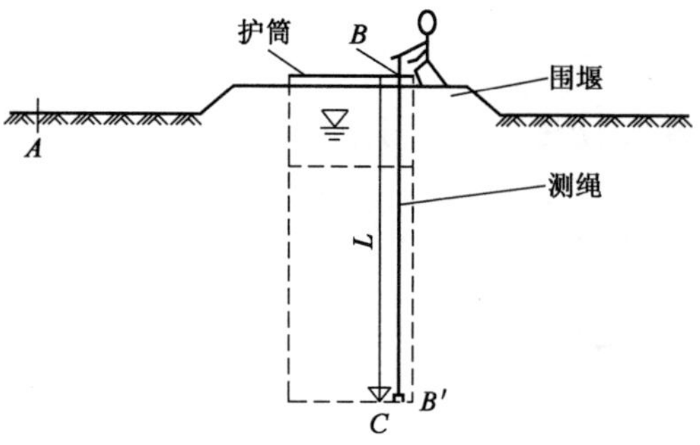

图2-44　桥涵基础高程放样(水下)

顶 B 处(B 处高程需常复测),并在 B 处作一标志。钻孔过程中可根据该标志以下的钻杆长度(每节钻杆均为定长)判定是否已经钻到设计高程。清孔结束及浇注混凝土前均可用测绳检测孔底高程,方法是:在测绳零端悬挂一锥形铁块,从 B 处放下测绳,当感觉测绳变轻(注意不要让测绳太靠近钻杆或钢筋笼)后,读取测绳读数(由于测绳每米一刻划,故应量取尺尾零长度并加上尺头重物长),则桩底 C 处高程=护筒 B 处高程−测绳长度 L 。

二、桥涵干处基础高程放样

桥涵干处基础高程放样分为浅基础和深基础两种情况,如图2-45所示。分述如下。

(1)如图2-45a)所示,桥涵基础较浅,则直接在基底或基础侧壁立水准尺。 A 为已知水准点。施测时,水准仪安置在1处,后视 A 处已知水准点上所立水准尺读数 a 并记录,前视基础底部 C 处或基础侧壁 B 处所立水准尺读数并记录,则基础底部 C 处高程或基础侧壁高程可得。基础底部 C 处高程 $H_C = H_A + a - b'$,基础侧壁高程 $H_B = H_A + a - b$,其中图上 h 值可直接量得。

(2)如图2-45b)所示,当基坑开挖较深时,基底设计高程与基坑边已知水准点高程相差较大,并超出了水准尺的工作长度,这时可采用水准仪配合悬挂钢尺的方法向下传递高程。

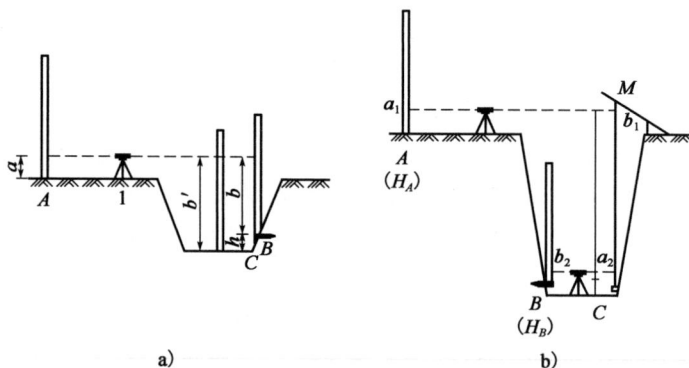

a)　　　　　　　　　　　b)

图2-45　桥涵基础高程放样(干处)

案例5　边沟抄平

施工地下排水管道、明沟、道路,常要放坡抄平。这种抄平,实际是按设计坡度抄平,所以抄平的各点并不在同一水平面上,当把测设好的各点用线绳抄平桩面时,即为设计的斜坡面或与其设计的斜坡面相平行的斜坡面。例如,某单位挖管沟时,就是利用把设计管底高程提高0.5m或1m,打入平行于管底设计斜坡面的一排竹桩来进行施测的,这种抄平记录格式见表2-14。

斜坡状抄平记录   表2-14

观测记录			前视计算及实测记录									
视线高计算	已知水准点	BM₂	已知设计数据图	5号井 $\overset{\circ}{\underset{48.65}{}}$ $s=80m$ $i=8‰$ $D=400$ $\underset{}{48.09}$ 6号井								
	绝对高程(m)	↓49.950										
	后视读数(m)	+)1.370	前视各点桩号	起井5	1	2	3	4	5	6	7	终井6
	视线高(m)	51.320	累计距离(m)	00	10	20	30	40	50	60	70	80
起、终点前视计算	起点应读数(m)	2.670	与起点高差(m)	0.00	0.08	0.16	0.24	0.32	0.40	0.48	0.56	0.64
	起点设计高程(m)	−)48.650	各点应读数(m)	2.67	2.75	2.83	2.91	2.99	3.07	3.15	3.23	3.31
	视线高(m)	↑↓51.320	各点实读数(m)	1.67	1.75	1.83	1.91	1.99	2.07	2.15	2.23	2.31
	终点设计高程(m)	−)48.090	说明	自5号井起向6号井坡，每隔10m一桩，并做红油漆标志。 从桩面向下1m为管底高程								
	终点应读数(m)	3.230										

复核：×××　　　　　　　测量：×××　　　　　　　日期：××××年××月××日

表内包括以下两部分。

一、观测记录

视线高与起点应读数、终点应读数的计算，即

已知水准点高程+后视读数＝视线高
视线高−起点设计高程＝起点应读数
视线高−终点设计高程＝终点应读数

二、前视计算及实测记录

该部分包括设计已知设计数据图、所抄平各点与起点高差计算及各点应读数计算。计算步骤有以下两种情况：

起点应读数−设计坡度×累计距离＝起点应读数−起点与所测点的高差＝前视应读数

此式用于起点向上坡方向的观测。

起点应读数+设计坡度×累计距离＝起点应读数+起点与所测点的高差＝前视应读数

此式用于起点向下坡方向的观测，表2-14就属于这一情况。在观测计算中，查出起、终点前视应读数，抄在起井5及终井6两栏内。如计算1点、4点的前视应读数，这两点自起点起累计距离为10m、40m，所以按设计坡度8‰计算，1点、4点与起点的高差分别为

$$10 \times 0.008 = 0.08(m)$$
$$40 \times 0.008 = 0.32(m)$$

所以

$$1点前视应读数 = 2.67 + 0.08 = 2.75(m)$$
$$4点前视应读数 = 2.67 + 0.32 = 2.99(m)$$

其余各点的计算，以此类推。

对于计算结果,也可心算校核,即每隔10m打一水平桩,相邻高差为相邻间距×设计坡度,即0.008×10=0.08(m)。本例因是自起点向下坡方向,所以相邻桩沿测设前进方向依次低8cm。

案例6 二等水准测量外业记录及数据处理

一、测量外业记录

二等水准测量外业记录见表2-15、表2-16。

二等水准测量外业记录表(往测) 表2-15

日期:××××年××月××日　　　　天气:晴　　　　仪器型号:DS$_1$

组名:××　　　　成员:×××

测站编号	后尺	上丝	前尺	上丝	方向及尺号	水准尺读数(mm)		基 + K - 辅
		下丝		下丝		基本分划	辅助分划	
	后视距		前视距					
	视距差(mm)		累计差(mm)					
1	1724	1424			后	15703	45861	−3
	1417	1118			前	12717	42869	+3
	30.7	30.6			后−前	+2986	+2992	−6
	+0.1	+0.1			H	+298.9		—
2	1536	1556			后	13542	43699	−2
	1173	1192			前	13746	43898	+3
	36.3	36.4			后−前	−204	−199	−5
	−0.1	0			H	−20.2		—
3	1402	1449			后	12399	42558	−4
	1079	1119			前	12843	43002	−4
	32.3	33.0			后−前	−444	−444	0
	−0.7	−0.7			H	−44.4		—
4	1456	1401			后	12213	42364	+4
	1096	1041			前	12760	42916	−1
	36.0	36.0			后−前	−547	−552	+5
	0	−0.7			H	−55.0		—
5	1564	1642			后	13382	43539	−2
	1112	1186			前	14144	44298	+1
	45.2	45.6			后−前	−762	−759	−3
	−0.4	−1.1			H	−76.0		—

续上表

测站编号	后尺	上丝	前尺	上丝	方向及尺号	水准尺读数(mm)		基+K-辅
		下丝		下丝				
	后视距		前视距			基本分划	辅助分划	
	视距差(mm)		累计差(mm)					
6	1445		1421		后	12682	42834	+3
	1091		1072		前	12467	42623	−1
	35.4		34.9		后−前	+215	+211	+4
	+0.5		−0.6		H	+21.3		—
7	1516		1435		后	12850	43003	+2
	1055		975		前	12048	42202	+1
	46.1		46.0		后−前	+802	+801	+1
	+0.1		−0.5		H	+80.2		—
8	1447		1483		后	12076	42231	0
	968		1000		前	12419	42576	−2
	47.9		48.3		后−前	−343	−345	+2
	−0.4		−0.9		H	−34.4		—
9	1473		1491		后	12454	42606	+3
	1018		1039		前	12652	42804	+3
	45.5		45.2		后−前	−198	−198	0
	+0.3		−0.6		H	−19.8		—
10	1263		1515		后	10312	40464	+3
	798		1051		前	12831	42989	−3
	46.5		46.6		后−前	−2519	−2525	+6
	−0.1		−0.7		H	−252.2		—
11	1597		1385		后	14058	44216	−3
	1214		997		前	11914	42067	+2
	38.3		38.8		后−前	+2144	+2149	−5
	−0.5		−1.2		H	+214.7		—
12	1550		1575		后	13448	43603	0
	1141		1169		前	13723	43878	0
	40.9		40.6		后−前	−275	−275	0
	+0.3		−0.9		H	−27.5		—

续上表

测站编号	后尺 上丝 下丝	前尺 上丝 下丝	方向及尺号	水准尺读数(mm)		基 + K − 辅
	后视距	前视距		基本分划	辅助分划	
	视距差(mm)	累计差(mm)				
13	1524	1597	后	12808	42963	0
	1037	1111	前	13542	43699	−2
	48.7	48.6	后−前	−734	−736	+2
	+0.1	−0.8	H	−73.5		—
14	1649	1593	后	14311	44469	−3
	1212	1153	前	13733	43890	−2
	43.7	44.0	后−前	+578	+579	−1
	−0.3	−1.1	H	+57.9		—
15	1514	1491	后	13024	43177	+2
	1093	1070	前	12798	42953	0
	42.1	42.1	后−前	+226	+224	+2
	0	−1.1	H	+22.5		—
16	1435	1390	后	12884	43040	−1
	1143	1097	前	12440	42597	−2
	29.2	29.3	后−前	+444	+443	+1
	−0.1	−1.2	H	+44.4		—
17	1477	1502	后	12465	42622	−2
	1016	1036	前	12688	42846	−3
	46.1	46.6	后−前	−223	−224	+1
	−0.5	−1.7	H	−22.4		—
18	1425	1495	后	11929	42083	+1
	960	1028	前	12621	42775	+1
	46.5	46.7	后−前	−692	−692	0
	−0.2	−1.9	H	−69.2		—
19	1481	1482	后	12478	42634	−1
	1015	1016	前	12485	42643	−3
	46.6	46.6	后−前	−7	−9	+2
	0	−1.9	H	−0.8		—

续上表

测站编号	后尺 上丝/下丝	前尺 上丝/下丝	方向及尺号	水准尺读数(mm)		基 + K - 辅
	后视距	前视距		基本分划	辅助分划	
	视距差(mm)	累计差(mm)				
20	1448	1537	后	12258	42414	-1
	1004	1099	前	13184	43341	-2
	44.4	43.8	后-前	-926	-927	+1
	+0.6	-1.3	H	-92.7		—
21	1510	1570	后	12824	42978	+1
	1055	1120	前	13454	43610	-1
	45.5	45.0	后-前	-630	-632	+2
	+0.5	-0.8	H	-63.1		—
22	1436	1319	后	12409	42562	+2
	1046	930	前	11244	41400	-1
	39.0	38.9	后-前	+1165	+1162	+3
	+0.1	-0.7	H	+116.4		—
23	1636	1029	后	15391	45546	0
	1442	837	前	9328	39485	-2
	19.4	19.2	后-前	+6063	+6061	+2
	+0.2	-0.5	H	+606.2		—
24	1593	973	后	15131	45288	-2
	1433	811	前	8925	39080	0
	16.0	16.2	后-前	6206	6208	-2
	-0.2	-0.7	H	+620.7		—

二等水准测量外业记录表(返测)　　　　表2-16

日期：××××年××月××日　　　　天气：晴　　　　仪器型号：DSZ$_2$　　　　组名：××

测站编号	后尺 上丝/下丝	前尺 上丝/下丝	方向及尺号	水准尺读数(mm)		基 + K - 辅
	后视距	前视距		基本分划	辅助分划	
	视距差(mm)	累计差(mm)				
1	973	1593	后	8920	39078	-3
	811	1433	前	15131	45287	-1
	16.2	16.0	后-前	-6211	-6209	-2
	+0.2	+0.2	H	-621.0		—

续上表

测站编号	后尺	上丝	前尺	上丝	方向及尺号	水准尺读数(mm)		基 + K - 辅
		下丝		下丝				
	后视距		前视距			基本分划	辅助分划	
	视距差(mm)		累计差(mm)					
2	952		1557		后	8553	38709	-1
	759		1363		前	14606	44763	-2
	19.3		19.4		后-前	-6053	-6054	+1
	-0.1		+0.1		H	-605.4		—
3	1473		1533		后	12273	42428	0
	983		1053		前	12918	43076	-3
	49.0		48.0		后-前	-645	-648	+3
	+1.0		+1.1		H	-64.7		—
4	1510		1462		后	12889	43046	-2
	1067		1016		前	12393	42545	+3
	44.3		44.6		后-前	+496	+501	-5
	-0.3		+0.8		H	+49.9		—
5	1580		1547		后	13739	43896	-2
	1168		1133		前	13402	43556	+1
	41.2		41.4		后-前	+337	+340	-3
	-0.2		+0.6		H	+33.9		—
6	1585		1549		后	13490	43648	-3
	1112		1075		前	13134	43287	+2
	47.3		47.4		后-前	+356	+361	-5
	-0.1		+0.5		H	+35.9		—
7	1556		1532		后	13336	43493	-2
	1108		1084		前	13040	43198	-3
	44.8		43.9		后-前	+296	+295	+1
	+0.9		+1.4		H	+29.6		—
8	1484		1440		后	12762	42919	-2
	1069		1020		前	12301	42455	+1
	41.5		42.0		后-前	+461	+464	-3
	-0.5		+0.9		H	+46.3		—

测站编号	后尺	上丝 下丝	前尺	上丝 下丝	方向及尺号	水准尺读数（mm）		基+K−辅
	后视距		前视距			基本分划	辅助分划	
	视距差（mm）		累计差（mm）					
9	1454		1513		后	12644	42796	+3
	963		1014		前	12086	42242	−1
	49.1		49.9		后−前	+558	+554	+4
	−0.8		+0.1		H	+55.6		—
10	1546		1541		后	13213	43365	+3
	1096		1090		前	13160	43313	+2
	45.0		45.1		后−前	+53	+52	+1
	−0.1		0		H	+5.3		—
11	1512		1584		后	13594	43749	0
	1055		1134		前	12839	42993	+1
	45.7		45.0		后−前	+755	+756	−1
	+0.7		+0.7		H	−75.6		—
12	1596		1517		后	14225	44377	+3
	1248		1171		前	13440	43592	+3
	34.8		34.6		后−前	+785	+785	0
	+0.2		+0.9		H	+78.5		—
13	1523		1501		后	13739	43896	−2
	1224		1203		前	13520	43674	+1
	29.9		29.8		后−前	+219	+222	−3
	+0.1		+1.0		H	+22.1		—
14	1432		1626		后	11924	42079	0
	954		1148		前	13879	44032	+2
	47.8		47.8		后−前	−1955	−1953	−2
	0		+1.0		H	−195.4		—
15	1505		1253		后	13030	43188	−3
	1103		843		前	10478	40632	+1
	40.2		41.0		后−前	+2552	+2556	−4
	−0.8		+0.2		H	+255.4		—

续上表

测站编号	后尺	上丝 下丝	前尺	上丝 下丝	方向及尺号	水准尺读数(mm)		基 + K − 辅
	后视距		前视距			基本分划	辅助分划	
	视距差(mm)		累计差(mm)					
16	1492		1506		后	12750	42907	−2
	1030		1044		前	12610	42766	−1
	46.2		46.2		后−前	+140	+141	−1
	0		+0.2		H	+14.1		—
17	1451		1439		后	12310	42469	−4
	1011		999		前	12192	42348	−1
	44.0		44.0		后−前	+118	+121	−3
	0		+0.2		H	+12.0		—
18	1451		1521		后	12211	42364	+2
	993		1063		前	12925	43078	+2
	45.8		45.8		后−前	−714	−714	0
	0		+0.2		H	−71.4		—
19	1463		1433		后	12374	42530	−1
	1012		984		前	12087	42245	−3
	45.1		44.9		后−前	+287	+285	+2
	+0.2		+0.4		H	+28.6		—
20	1536		1557		后	13465	43622	−2
	1158		1178		前	13672	43831	−4
	37.8		37.9		后−前	−207	−209	+2
	−0.1		+0.3		H	−20.8		—
21	1474		1444		后	12428	42583	0
	1011		978		前	12111	42263	+3
	46.3		46.6		后−前	+317	+320	−3
	−0.3		0		H	+31.9		—
22	1421		1361		后	12916	43071	0
	1162		1096		前	12287	42445	−3
	25.9		26.5		后−前	+629	+626	+3
	−0.6		−0.6		H	+62.8		—

续上表

测站编号	后尺		前尺		方向及尺号	水准尺读数(mm)		基 + K - 辅
	上丝		上丝					
	下丝		下丝					
	后视距		前视距			基本分划	辅助分划	
	视距差(mm)		累计差(mm)					
23	1372		1397		后	12293	42449	−1
	1087		1114		前	12547	42706	−4
	28.5		28.3		后−前	−254	−257	+3
	+0.2		−0.4		H	−25.6		—
24	1381		1694		后	12518	42672	+1
	1123		1427		前	15604	45760	−1
	25.8		26.7		后−前	−3086	−3088	+2
	−0.9		−1.3		H	−308.7		—

二、数据处理

往返测高差不符值限差：$\pm 4\sqrt{L_S}$ = 5.6mm

往测高差：+1232mm

返测高差：−1226.7mm

实际测得高差不符值：+5.3mm(符合限差规定)

往测前后视距累计差：−0.5m

单程水准路线长度：S = 1897.3m

返测前后视距累计差：−1.3m

所测结果均符合各项限差规定。

该水准路线共24站，分4个测段，即

第一测段为1~6站(S_1 = 432.4m)

第二测段为7~11站(S_2 = 449.2m)

第三测段为12~16站(S_3 = 409.2m)

第四测段为17~24站(S_4 = 606.5m)

第一测段高差：h_1 = 124.6mm

第二测段高差：h_2 = −11.5mm

第三测段高差：h_3 = 23.8mm

第四测段高差：h_4 = 1095.1mm

往返测高差不符值：ΣH = +5.3mm

各段高差改正：

$$f_1 = -\frac{\Sigma H}{S} \times S_1 = -1.2\text{mm}$$

$$f_2 = -\frac{\Sigma H}{S} \times S_2 = -1.3\text{mm}$$

$$f_3 = -\frac{\Sigma H}{S} \times S_3 = -1.1\text{mm}$$

$$f_4 = -\frac{\Sigma H}{S} \times S_4 = -1.7\text{mm}$$

改正后各段高差:

$$H_1 = h_1 + f_1 = 123.4\text{mm}$$
$$H_2 = h_2 + f_2 = -12.8\text{mm}$$
$$H_3 = h_3 + f_3 = 22.7\text{mm}$$
$$H_4 = h_4 + f_4 = 1093.4\text{mm}$$

工作任务9 水准仪的检验与校正

学习目标

熟悉微倾式水准仪各轴线之间应该满足的几何条件;掌握水准仪检验与校正的操作方法。

水准仪的检验
与校正

工作任务

任务描述:仪器经检验后在出厂时都是合格的,但由于长期使用或在运输过程中振动等客观因素的影响,各部分间的几何关系会逐渐发生变化,因此在正式作业前,必须对仪器进行检验与校正。

检验与校正依据:《水准仪检定规程》(JJG 425—2003)。

相关知识

在对水准仪进行检校之前,应进行一般性的检查,包括察看望远镜的成像是否清晰,水平制动和微动螺旋以及望远镜的物镜、目镜对光螺旋转动是否灵活,水准管和水准盒的气泡运动是否正常等。如发现有故障,应及时修理,然后进行轴线关系的检查。

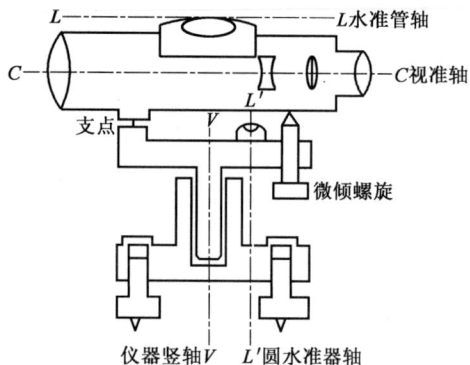

图2-46 水准仪轴线图

如图2-46所示,水准仪主要轴线有视准轴 CC、水准管轴 LL、圆水准器轴 $L'L'$ 及仪器竖轴 VV。

根据水准测量原理,其应满足的条件有:

(1)圆水准器轴平行于仪器竖轴,即 $L'L'//VV$;

(2)十字丝分划板的横丝垂直于仪器竖轴;

(3)水准管轴平行于视准轴,即 $LL//CC$。

任务实施

一、圆水准器轴平行于仪器竖轴的检验与校正

（一）检验方法

安置仪器后，旋转脚螺旋，使圆水准器气泡居中，如图2-47a)所示，然后将仪器绕竖轴旋转180°，如果气泡仍居中，说明圆水准器轴平行于仪器竖轴；如果气泡偏离零点，如图2-47b)所示，说明两者不平行，需要校正。

（二）校正方法

旋转脚螺旋使气泡向中心移动偏距的一半，如图2-47c)所示，此时仪器竖轴处于铅垂位置，而圆水准器轴仍偏离铅垂线，然后用校正针拨动圆水准器底下的3个校正螺钉使气泡居中，如图2-47d)所示。在圆水准器底部除了有3个校正螺钉以外，中间还有一个固定螺钉，如图2-48所示。在拨动各个校正螺钉前，应先稍微松一下固定螺钉，这样拨动校正螺钉时气泡才能移动，校正完毕后勿忘把固定螺钉再旋紧。

检验和校正应反复进行，直到仪器转到任何方向气泡都居中为止。

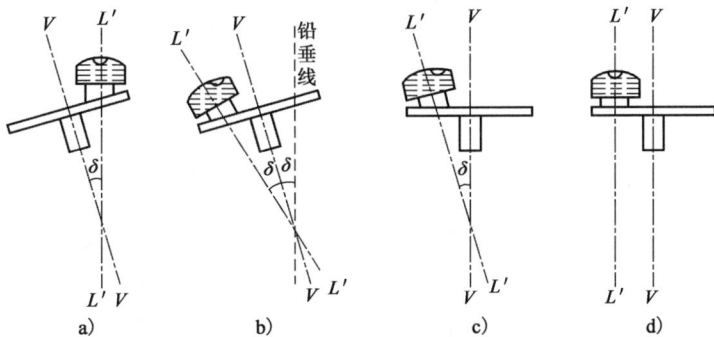

图2-47 圆水准器的检验与校正

二、十字丝分划板的横丝垂直于仪器竖轴的检验与校正

（一）检验方法

整平仪器后，用十字丝横丝一端瞄准远处一个明显点P，拧紧水平制动螺旋，转动水平微动螺旋。如果P点始终在横丝上移动，说明横丝垂直于竖轴；否则，需要校正，如图2-49a)所示。

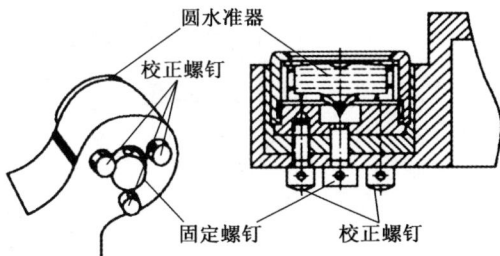

图2-48 校正螺钉与固定螺钉

(二)校正方法

旋下十字丝分划板护罩,松开十字丝环的4个压环螺钉,如图2-49b)所示,按十字丝横丝倾斜方向的反方向稍微转动十字丝环,直到满足要求为止,最后旋紧4个压环螺钉,旋上护罩。

图2-49　横丝垂直于竖轴的检验与校正

三、水准管轴平行于视准轴的检验与校正

如果水准管轴与视准轴不平行,说明两轴存在一个夹角i。

(一)检验方法

如图2-50所示,在平坦的场地上选择相距约80m的A、B两点,打下木桩标定两点并立上水准尺。在中点C处架设仪器,用双仪器高法两次测定A、B点的高差。若两次高差的较差不超过3mm,取两次高差的平均值h_{AB},此时由于测站至两水准尺的距离相等,所以i角引起的前、后视尺的读数误差x(也称视准轴误差)相等,可以在计算中抵消,故h_{AB}不受i角误差的影响。

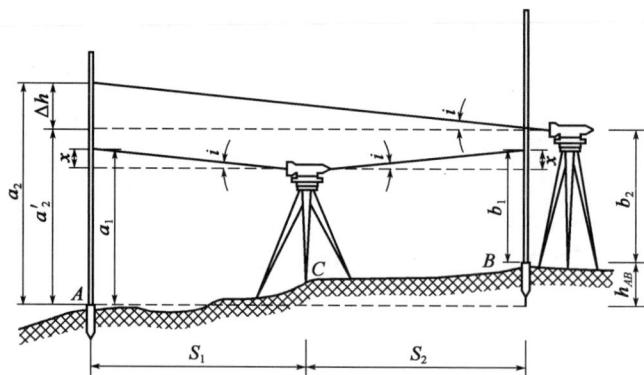

图2-50　水准管轴平行于视准轴的检验

在距 B 点 $2\sim3m$ 处安置水准仪,分别读取读数 a_2、b_2,观测高差 $h'_{AB} = a_2 - b_2$,两次设站观测的高差之差为

$$\Delta h = h'_{AB} - h_{AB} \tag{2-33}$$

若 $h'_{AB} \neq h_{AB}$,则水准管轴与视准轴不平行,存在 i 角误差。

由图 2-50 可知,i 角的计算公式为

$$i = \frac{\Delta h}{S_{AB}} \rho'' \tag{2-34}$$

式中:ρ''——弧秒值,$\rho''=206265''$。

对于 DS_3 型微倾式水准仪,i 应小于 $20''$,否则应校正。

（二）校正方法

根据图 2-50,先计算视准轴水平时在 A 尺上的正确读数 a'_2,即 $a'_2=b_2+h_{AB}$。为了使 $LL//CC$,一般校正水准管以改变水准管轴的位置,但也可以校正十字丝以改变视准轴的位置。

（1）校正水准管。转动水平微倾螺旋,使横丝在 A 尺上的读数从 a_2 移到 a'_2,这时视准轴已呈水平,但水准管气泡必不居中,用校正针拨动水准管上、下校正螺钉,如图 2-51 所示,使气泡回复居中。

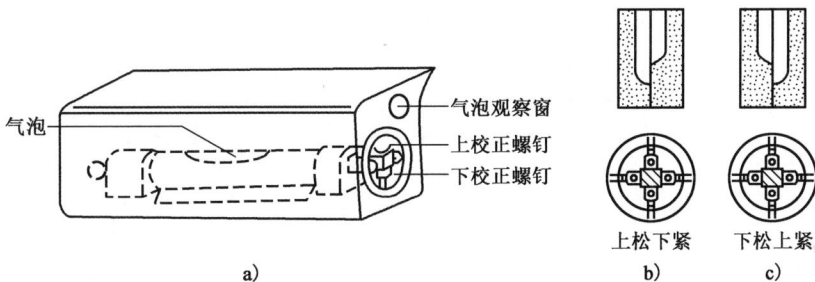

图 2-51　管水准器的校正

校正水准管前,应先弄清楚需要抬高还是降低水准管带校正螺钉的一端,以决定螺钉的转动方向。如图 2-51b)所示符合气泡的情况,表示目镜端需抬高,这时应先旋进上校正螺钉,让出一定空隙,然后旋出下校正螺钉,则气泡的像相对移动,达到两端符合。如图 2-51c)所示情况校正时与上述情况相反。

（2）校正十字丝。卸下目镜处外罩,用校正针拨动十字丝的上、下校正螺钉,使横丝对准 A 尺上的正确读数 a'_2,这时要保持水准管气泡居中。

总之,拨动校正螺钉前,应遵循"先松后紧"的原则。

校正后的仪器必须再进行高差检测,直至 $i<20''$,否则应再进行校正。

工作任务10 单项技能训练——水准仪的认识与使用

实训工单1

实训内容	水准仪的认识与使用				
仪器、工具					
班级		时间		地点	
实训内容及步骤					备注

实训工单 2

实训内容	闭合水准路线实测（四等水准）				
仪器、工具					
班级		时间		地点	
实训内容及步骤					备注

实训工单3

实训内容	附合水准路线实测(四等水准)				
仪器、工具					
班级		时间		地点	
实训内容及步骤					备注

实训工单4

实训内容	DS₃微倾式水准仪的检验和校正				
仪器、工具					
班级		时间		地点	
实训内容及步骤					备注

课后思考题

2-1　简述水准仪的操作步骤。

2-2　简述水准仪的构造。

2-3　简述三、四等水准测量中丝读数法的观测顺序。

2-4　简述水准仪上圆水准器和管水准器的作用。

2-5　简述我国使用高程系统的标准名称。

项目2　课后思考题答案

2-6　在水准测量中，设后尺 A 的读数 $a=2.713$ m，前尺 B 的读数 $b=1.401$ m，已知 A 点高程为 15.000 m，则视线高程为多少？

2-7　在水准测量中，若后视点 A 的读数大，前视点 B 的读数小，则可以得到什么结论？

2-8　已知 A 点高程 $H_A=62.118$ m，水准仪观测 A 点标尺的读数 $a=1.345$ m，则仪器视线高程为多少？

2-9　什么是视差？

2-10　微倾式水准仪有哪些轴线？

2-11　设 A 点高程为 15.023 m，欲测设设计高程为 16.000 m 的 B 点，水准仪安置在 A、B 两点之间，读得 A 尺读数 $a=2.340$ m，B 尺读数 b 为多少时，才能使尺底高程为 B 点高程？

2-12　如图 2-52 所示，已知水准点 BM_A 的高程为 33.012 m，1、2、3 点为待定高程点，水准测量观测的各段高差及路线长度已标注在图中，试计算各点高程。将计算结果填入表 2-17 中。

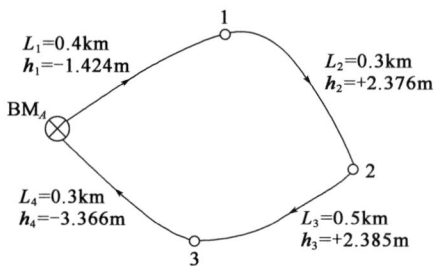

图 2-52　题 2-12 图

题 2-12 表　　　　　　　　　　　　　　　　　　　　　表 2-17

点号	L(km)	h(m)	V(mm)	$h+V$(m)	H(m)
A					33.012
	0.4	−1.424			
1					
	0.3	+2.376			
2					
	0.5	+2.385			
3					
	0.3	−3.366			
A					

项目3
ITEM THREE
地面点定位

公路工程施工之前,首先要对勘测设计单位交付的所有桩位、平面控制点和高程控制点及其测量资料进行检查和核对,即对平面控制点和高程控制点进行复测,以确保控制点的平面位置和高程无误,且点位精度满足施工要求及国家规范。平面控制点的复测现多采用导线测量的方法,高程控制点的复测一般采用水准测量的方法。在这个过程中,首先要明确地面点定位的坐标系统,进而围绕地面点坐标计算的需要进行角度测量及距离测量。

工作任务1 ｜ 地面点定位体系

🖱 学习目标

理解基准面和基准线的含义;掌握表示地面点位的坐标系统。

💀 相关知识

地面点定位

地面点的定位体系包含测量的基准面和基准线,以及在此基础上建立的坐标系统。

一、测量基准面和基准线

测量工作是在地球表面进行的,地球的形状和大小与测量工作有直接关系。如图3-1a)所示,地球表面有高山、丘陵、平原、盆地和海洋等自然起伏形态,为极不规则的曲面。例如,珠穆朗玛峰高于海平面8848.86m,太平洋西部的马里亚纳海沟深至11034m,尽管它们的高低悬殊,但与地球的平均半径6371km相比是微小的。

地球表面约71%的面积为海洋,陆地面积约占29%,可以设想用一个自由静止的海水面向陆地延伸形成一个封闭的曲面,这个曲面称为水准面。水准面是一个重力等位面,即水准面是一个处处与重力方向线垂直的连续曲面。符合这个特征的水准面有无数个,其中通过平均海水面的水准面称为大地水准面,它可以近似代表地球的形体。大地水准面包围的形体称为大地体,如图3-1b)所示。大地水准面是测量工作的基准面,也是地面点高程计算的起算面(又称为高程基准面)。当测区面积较小(测区半径≤10km)时,可用水平面作为测量工作的基准面。

测量工作中取得重力方向的方法是,利用细绳悬挂一个垂球,当垂球静止时,细绳的方向即为悬挂点的重力方向,我们称之为铅垂线方向。

由于地球内部质量分布不均匀,重力受到影响,铅垂线方向产生不规则变化,大地水准面成为一个不规则的、复杂的曲面,如图3-1b)所示。如果将地面上的图形投影到这样一个不规则的曲面上,则很难进行相关计算。为了解决这个问题,可以选择一个接近大地体又能用数学公式表达的规则几何形体来代表地球的形状。这个几何形体称为旋转椭球体,其表面称为旋转椭球面。测量上称之为参考椭球体,如图3-1c)所示,相应的规则曲面称为参考椭球面。其数学表达式为

$$\frac{x^2}{a^2} + \frac{y^2}{a^2} + \frac{z^2}{b^2} = 1 \tag{3-1}$$

式中:a——椭球体长半轴长;

b——椭球体短半轴长。

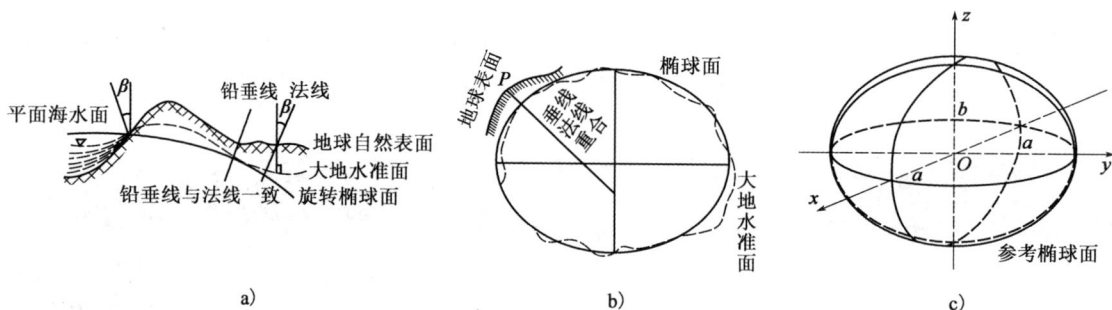

图3-1 地球自然表面、大地水准面、参考椭球面

参考椭球体扁率α应满足:

$$\alpha = \frac{a - b}{a} \tag{3-2}$$

我国现采用的参考椭球体的几何参数为:a=6378.140km,α=1/298.257,推算得b=6356.755km。由于α很小,当测区面积不大时,可将地球当作圆球体,平均半径为R=(2a+b)/3,取近似值为6371km。

因此,测量外业工作的基准面和基准线分别是大地水准面和铅垂线,内业计算的基准面和基准线分别是参考椭球面和参考椭球面的法线。

二、表示地面点位的坐标系统

测量工作的根本任务是确定地面点的空间位置,即求出地面点在某坐标系统内的三维坐标或二维坐标。测量上常采用的坐标系统有大地坐标系、高斯-克吕格平面直角坐标系、独立平面直角坐标系等。

（一）大地坐标系

椭球面上某一点的位置，通常用大地经度 L 和大地纬度 B 表示，某点的大地经纬度称为该点的大地坐标。如图3-2所示，NS 为椭球旋转轴，S 称南极，N 称北极。包括旋转轴 NS 的平面称为子午面，子午面与椭球面的交线称为子午线，也称为经线。垂直于旋转轴 NS 的平面与椭球面的交线称为纬线。圆心为椭球中心 O 的平行圈称为赤道。

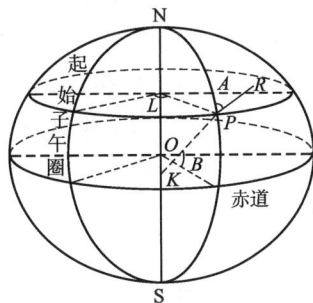

图3-2 大地坐标系

建立大地坐标系（图3-2），规定以椭球的赤道为基圈，以起始子午线（经过英国格林尼治天文台的子午线）为主圈。对于图中椭球面上任一点而言，其大地坐标为：

大地经度 L：过 P 点的子午面与起始子午面间的夹角。由格林尼治子午线起算，向东为正，向西为负。

大地纬度 B：在 P 点的子午面上，P 点的法线 PK 与赤道面的夹角。由赤道起算，向北为正，向南为负。

在大地坐标系中，两点间的方位用大地方位角表示。例如，P 点至 R 点的大地方位角 A，就是 P 点的子午面与过 P 点法线及 R 点的平面所夹的二面角，由子午面顺时针方向量起。

大地坐标系是大地测量的基本坐标系，它是大地测量计算、地球形状大小研究和地图编制等的基础。

（二）高斯-克吕格平面直角坐标系

地理坐标系建立在球面的基础上，不能直接用于测图及工程建设规划、设计、施工，而是需要将球面坐标按一定的数学法则归算到平面上，即按照地图投影理论（高斯投影）将球面坐标转化为平面直角坐标。

设想用一个椭圆柱面套在椭球体外面，如图3-3a)所示，使椭圆柱面轴线通过地球椭球体中心，并且使椭圆柱面与地球椭球体表面上的某一中央子午线相切，而后将中央子午线附近一定经差范围内的椭球图形投影到椭圆柱面上（如 M 投影点为 m），再沿过极点的母线将椭圆柱面剪开，展成平面图，如图3-3b)所示，此即为高斯投影。高斯投影后，中央子午线长度不变却与赤道投影直线正交。离开中央子午线的线段均有投影变形，离中央子午线越远，投影变形越大。

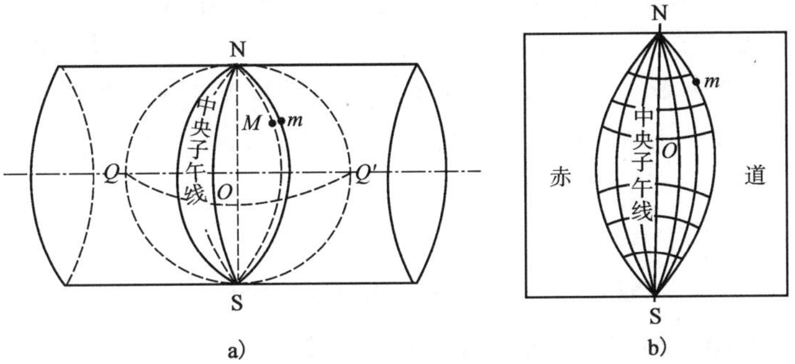

a)

b)

图3-3 高斯投影

高斯投影原理

为了控制由曲面等角投影(正形投影)到平面时引起的变形,在测量容许值范围内,将地球按一定经度差分成若干带,各带分别独立进行投影。从首子午线自西向东每隔6°划为一带,称为6°带。每带均统一编排带号,用N表示,自西向东依次编为1~60,如图3-4所示。位于各带边界上的子午线称为分带子午线,位于各带中央的子午线称为中央子午线或轴子午线。各带中央子午线的经度L_0按式(3-3)计算:

$$L_0 = 6°N - 3° \tag{3-3}$$

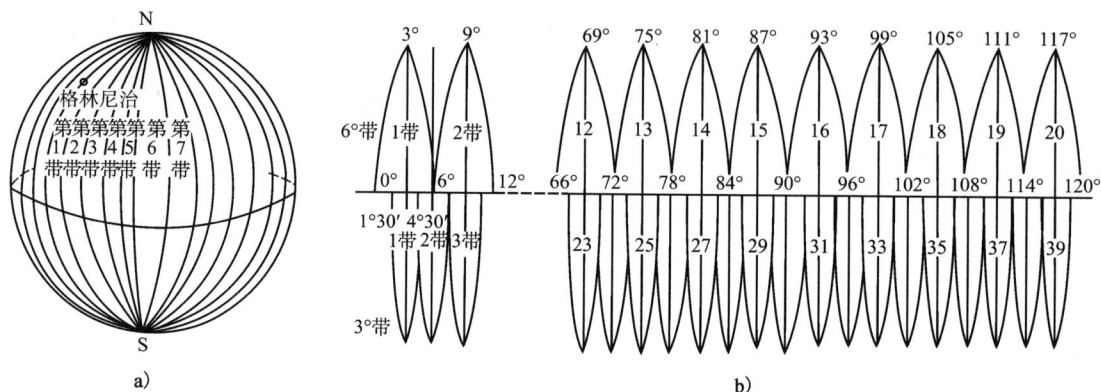

图3-4 高斯投影分带

亦可从经度1.5°自西向东按3°经差分带,称为3°带,其带号用n表示,依次编号1~120,各带的中央子午线经度l_0按式(3-4)计算:

$$l_0 = 3°n \tag{3-4}$$

例如,北京某点的经度为116°28′,它属于6°带的带号为20,相应的中央子午线经度L_0=6°×20-3°=117°。3°带的带号为39,相应的中央子午线经度l_0=3°×39=117°。应视测量的精度选择分带,工程建设一般选择6°带或3°带。

分带投影后,以各带中央子午线为纵轴(x轴),北方向为正;赤道为横轴(y轴),东方向为正;其交点为原点O,即建立起各投影带的高斯-克吕格平面直角坐标系,如图3-5a)所示。

我国领土位于北半球,在高斯-克吕格平面直角坐标系中,x均为正值。而地面点位于中央子午线以东y为正值,以西y为负值。这种以中央子午线为纵轴的坐标值称为自然值。为了避免y出现负值,规定每带纵轴向西平移500km来计算横坐标,如图3-5b)所示。而每带赤道长约667.2km,这样在新的坐标系下,横坐标均为正值。为了区分地面点所在的带,在横坐标值y前冠以投影带号。这种由带号、500km和自然值组成的横坐标y称为横坐标通用值。例如,地面上两点A、B位于6°带的18带,横坐标自然值分别为

$$y_A = 34257.38m, y_B = -104172.34m$$

则相应的横坐标通用值分别为

$$Y_A = 18534257.38m, Y_B = 18395827.66m$$

我国境内6°带的带号在13~23之间,而3°带的带号在24~45之间,相互之间带号不重叠,根据某点的横坐标通用值即可判断该点处于6°带还是3°带。

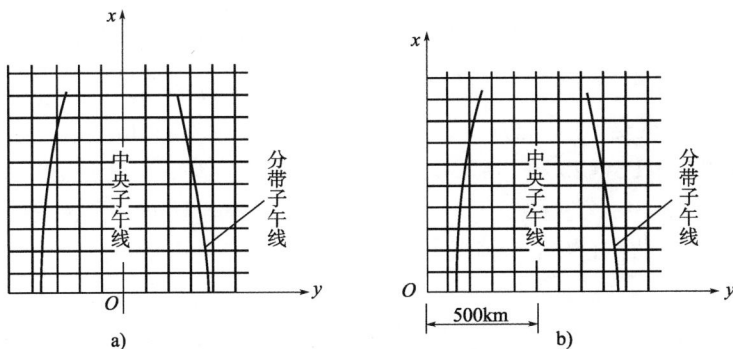

图3-5 高斯-克吕格平面直角坐标系

高斯平面坐标

(三)独立平面直角坐标系

当测区范围较小(测区半径≤10km)时,可将地球表面视作平面,直接将地面点沿铅垂线方向投影到水平面上,用平面直角坐标系表示该点的投影位置。将坐标原点选在测区的西南角,以测区中心的子午线方向为纵轴(x轴),北方向为正;横轴(y轴)与x轴垂直,东方向为正。

这样就建立了独立平面直角坐标系,如图3-6所示。实际测量中,为了避免出现负值,一般将坐标原点选在测区的西南角,故该坐标系又称假定平面直角坐标系。

这种平面直角坐标系,与数学坐标系相比较,区别在于纵、横轴互换,且象限按顺时针方向Ⅰ、Ⅱ、Ⅲ、Ⅳ排列,建立的目的是便于将数学中的三角公式和几何公式不作任何改变直接应用于工程测量中。

(四)WGS-84坐标系

WGS-84坐标系的几何定义是:原点O在地球质心,z轴指向国际时间局(Bureau International de l'Heure,BIH)1984.0定义的协议地球极(Conventional Terrestrial Pole,CTP)方向,x轴指向BIH 1984.0的零子午面和CTP赤道面的交点,y轴与z轴、x轴构成右手直角坐标系,如图3-7所示。

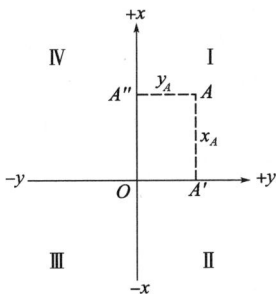

图3-6 独立平面直角坐标系

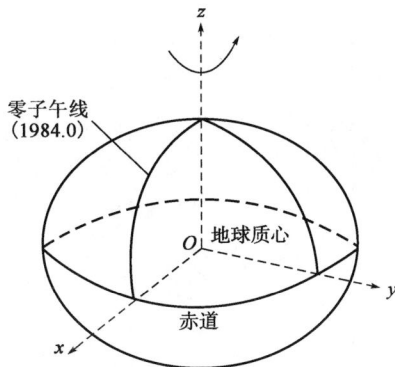

图3-7 WGS-84坐标系

地球自转轴相对地球体而言,地极点在地球表面的位置随着时间的变化而发生变化,这种现象称为极移运动,简称极移。BIH定期向外公布地极的瞬间位置。WGS-84坐标系是由美国国防部以BIH于1984年首次公布的瞬时地极(BIH 1984.0)作为基准建立并于1984年公布的空间三维直角坐标系,它是世界通用的世界大地坐标系统(World Geodetic System,WGS),简称WGS-84坐标系。GPS(Global Positioning System,全球定位系统)卫星测量获得的是地心空间直角坐标,属于WGS-84坐标系。我国国家大地坐标系、城市坐标系、独立平面直角坐标系与WGS-84坐标系之间存在相互转换关系。

工作任务2　角度测量原理

学习目标

掌握水平角的概念;理解水平角测量原理;掌握竖直角的概念;理解竖直角测量原理。

光学经纬仪
测角原理

相关知识

角度测量是工程测量的基本工作之一,是确定地面点坐标的基本要素。角度测量包括水平角测量和竖直角测量。

一、水平角及其测量原理

水平角是指地面上一点到两个目标点的连线在水平面上投影的夹角,或者说水平角是过两条方向线的铅垂面所夹的二面角。

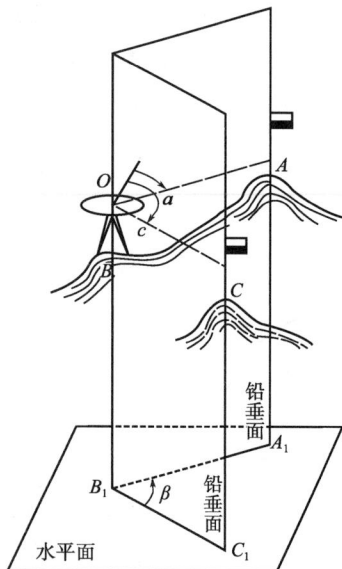

图3-8　水平角测量原理

如图3-8所示,β角就是从地面点B到目标点A、C连线在水平面上所形成的水平角,B点也称为测站点。水平角取值范围是$[0°,360°]$。

如何测量水平角β呢?我们可以设想,在B点的上方水平安置一个有分划(或者说有刻度)的圆盘,圆盘的中心刚好在过B点的铅垂线上。然后在圆盘的上方安装一个望远镜,望远镜能够在水平面和铅垂面内旋转,这样就可以瞄准不同方向和不同高度的目标。另外,还要有一个用于读数的指标,当望远镜转动的时候指标也一起转动。当望远镜瞄准A点的时候,指标就指向水平圆盘上的分划a;当望远镜瞄准C点的时候,指标就指向水平圆盘上的分划c。假如圆盘的分划是顺时针的,则水平角$\beta = c - a$。

二、竖直角及其测量原理

竖直角是指在同一竖直面内,目标方向线与水平方向线之间的夹角。如图3-9所示，当目标方向线高于水平方向线时，称为仰角，取正号；反之称为俯角，取负号。竖直角取值范围是[0°,±90°]。

如何测量竖直角呢？我们可以设想，在过测站与目标的方向线的竖直面内竖直安置一个有分划的圆盘，同样为了瞄准目标也需要安装一个望远镜，望远镜与竖直的圆盘固连在一起，当望远镜在竖直面内转动时，也会带动圆盘一起转动。为了能够读数，还需要一个指标，指标并不随望远镜转动。当望远镜视线水平的时候，指标会指向竖直圆盘上某一个固定的分划，如90°(图3-9)。当望远镜瞄准目标时，竖直圆盘随望远镜一起转动，指标指向圆盘上的另一个分划。则这两个分划之间的差值就是要测量的竖直角。

根据水平角和竖直角的测量原理，要制造一台既能够观测水平角又能够观测竖直角的仪器，它必须满足以下几个必要条件：

(1)仪器的中心必须位于过测站点的铅垂线上。

(2)照准部设备(望远镜)要能上下、左右转动，上下转动时所形成的是竖直面。

(3)要有能安置在水平位置和竖直位置并有刻划的圆盘。

(4)要有能指示度盘上读数的指标。

图3-9 竖直角测量原理

工作任务3 光学经纬仪的构造及操作

学习目标

了解光学经纬仪的构造；掌握经纬仪的操作方法。

相关知识

一、光学经纬仪的构造及各部件的作用

普通经纬仪按读数设备分为游标经纬仪和光学经纬仪；按轴系结构分为复测经纬仪和方向经纬仪。不论哪一类经纬仪，其构造一般包括基座、水平度盘

角度测量原理之经纬仪操作

经纬仪构造模拟

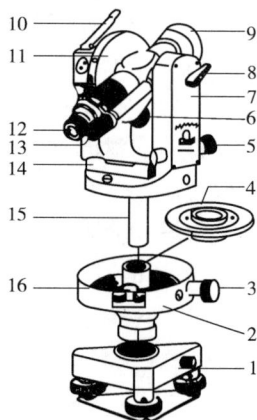

图3-10 国产J₆型光学经纬仪

1-基座；2-水平度盘；3-水平微动螺旋；4-玻璃度盘；5-望远镜微动螺旋；6-竖盘指标水准管微动螺旋；7-照准部；8-望远镜制动螺旋；9-物镜；10-竖盘水准管反光镜；11-竖直度盘；12-目镜；13-读数显微镜；14-照准部水准管；15-竖轴；16-复测扳手

和照准部三部分。其中光学经纬仪的种类很多,基本构造大致相似。图3-10为国产J₆型光学经纬仪,其配置有控制仪器及望远镜旋转的制动和微动设备,以及测角时读取方向值的读数设备等。制动和微动的关系是先制动后微动。

1. 基座

基座的构造和作用与水准仪的基座相似。

2. 水平度盘

水平度盘简称度盘,又称下盘,它装在仪器的旋转轴(竖轴)上,插在基座的轴套内。测角时,水平度盘一般是不动的。光学经纬仪的度盘是玻璃制成的圆环。圆环上刻有间隔相等的分划线,两相邻分划线间弧长所对圆心角值称为度盘分划值,通常有20′、30′、60′等几种。光学经纬仪每1°注记一数字。

3. 照准部

经纬仪的照准部是仪器上部能绕竖轴转动的部分。其包括支架、竖直度盘、望远镜和管水准器等。竖直度盘、望远镜和横轴(又称望远镜旋转轴或水平轴)固连在一起,横轴装在支架上。

经纬仪望远镜的构造与水准仪相同,它不仅可以随照准部在水平方向旋转,而且可以绕横轴在竖直面内旋转。

4. 制动和微动设备

一般经纬仪有两套制动和微动设备:一套是控制望远镜绕横轴旋转的,称为望远镜制动和微动螺旋;另一套是控制照准部绕竖轴旋转的水平制动和微动螺旋。微动螺旋只有在制动的螺旋制动情况下才起作用,且移动范围有限。

5. 读数设备

读数设备主要包括度盘和指标,为了读取度盘上不足一格的小角值,读数设备中设置了测微装置。另外,为了缩小仪器体积且提高读数精度,通常采用放大或显微装置进行读数。

根据测微装置的不同,经纬仪的读数设备和读数方法也不同。

(1)分划尺读数装置和读数方法。

图3-11为DJ₆型光学经纬仪分微尺读数系统的光路图。外来光线经棱镜1的折射(折射90°),再通过水平度盘,经棱镜2、3的几次折射,到达刻有分微尺的指标镜4,通过棱镜5,在读数显微镜内能看到水平度盘分划和分微尺,见图3-12a)。

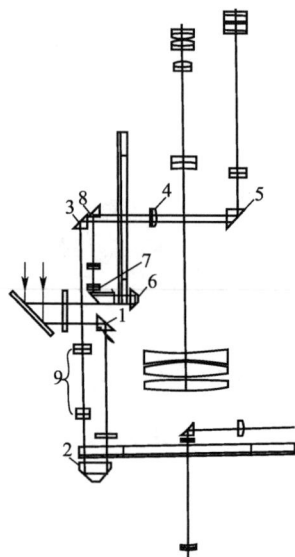

图3-11 DJ₆型光学经纬仪光路图

1、2、3、5、6、8-棱镜；4-分微尺指标镜；7、9-透镜组

外来光线经过棱镜6的折射，穿过竖直度盘，再经透镜组7及棱镜8到达分微尺指标镜。最后经棱镜5的折射，同样在读数显微镜内可以看到竖盘分划和另一个分微尺，见图3-12b）。

（2）单平板玻璃测微器及其读数方法。

单平板玻璃测微器是利用平板玻璃的转动使通过它的光线产生平行位移而制成的。读数显微目镜处所看到的度盘影像如图3-13所示，三个窗口中，上小窗为测微分划窗；下窗为水平度盘读数窗，见图3-13a）；中窗为竖直度盘读数窗，见图3-13b）。度盘分划间隔为30′，每1°注字。测微分划共有30个大格，每大格代表1′，每大格又分为3个小格，每小格代表20″。转动测微手轮，测微分划从0′移到30′，度盘分划影像恰好移动1格，即30′。

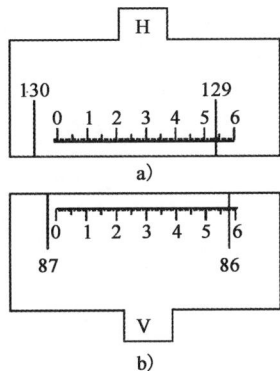

图3-12 DJ$_6$型光学经纬仪读数窗

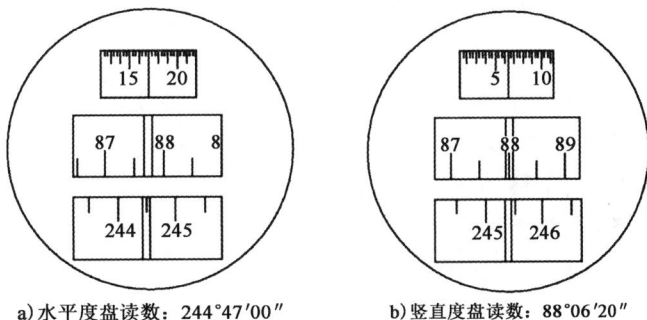

a）水平度盘读数：244°47′00″   b）竖直度盘读数：88°06′20″

图3-13 单平板玻璃测微器读数窗

读数时，先转动测微手轮，使离指标线最近的一条度盘分划线移至双指标线的中央（注意：转动测微手轮时，测微分划窗中的分划也随之移动），然后读大窗度盘读数（即双指标线所夹度盘分划的度盘读数），再读测微窗中单指标所指分、秒数，最后对不足1小格的按四分之一估读，三者相加即为度盘读数。

二、经纬仪的操作

经纬仪的使用包括安置、瞄准、读数三步基本操作。

（一）经纬仪的安置

1. 内容及要求

（1）对中：小于±3mm。

（2）整平：小于1格。

2. 垂球对中、整平法

垂球对中、整平法的步骤如下：

分微尺测微器的
读数方法

经纬仪实操

(1)移动或伸缩三脚架(粗略对中)。

(2)架头上移动仪器(精确对中)。

(3)旋转脚螺旋,使水准管气泡居中(整平)。

(4)重复(2)、(3)两步。

3. 光学对中、整平法

光学对中、整平法的步骤如下:

(1)大致水平、大致对中。眼睛看着对中器,拖动三脚架2个脚,使仪器大致对中,并保持架头大致水平。

(2)伸缩脚架粗平。根据气泡位置,伸缩三脚架2个脚,使圆水准气泡居中。

(3)旋转3个脚螺旋精平。按"左手大拇指法则"旋转3个脚螺旋,使水准管气泡居中,具体做法为:

①转动仪器,使水准管与1、2脚螺旋连线平行;

②根据气泡位置运用法则,对向旋转1、2脚螺旋,如图3-14a)所示;

③转动仪器90°,运用法则,旋转3脚螺旋,如图3-14b)所示。

(4)架头上移动仪器(精确对中)。

(5)脚螺旋精平。

(6)重复(4)、(5)两步。

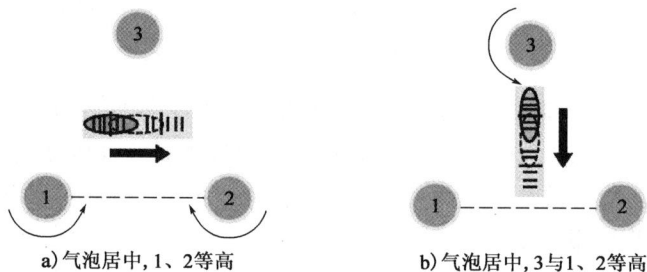

a)气泡居中,1、2等高   b)气泡居中,3与1、2等高

图3-14 精确整平

(二)经纬仪的瞄准

(1)步骤:粗瞄→制动→调焦→微动精瞄。

(2)两个基本概念:盘左(正镜)、盘右(倒镜)。

(三)经纬仪的读数

调节反光镜及读数显微镜目镜,使度盘和测微尺影像清晰、亮度适中,根据仪器的读数设备进行读数。

工作任务4　经纬仪测角

学习目标

掌握水平角测量的方法与步骤;掌握竖直角测量的方法与步骤。

相关知识

测回法观测
水平角和竖直角

一、水平角测量

水平角观测的常用方法有测回法和方向观测法。

1. 测回法

测回法测角过程

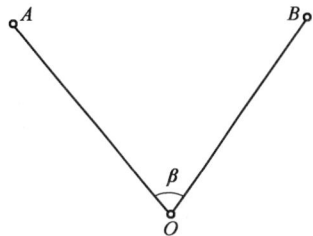

测回法适用于观测只有两个方向的单角。如图3-15所示,经纬仪安置在测站 O 上,对中整平后即可开始观测。

(1)盘左位置(上半测回)。

盘左,即观测者对着望远镜的目镜,竖直度盘处于望远镜左侧时的位置,或者称为正镜位置,也称上半测回。

①松开照准部和望远镜制动螺旋(或扳手),转动照准部,从望远镜外通过准星观察,大致照准左目标 A ,拧紧照准部和望远镜制动螺旋,然后从望远镜中观察,仔细对光。调节照准部和望远镜微动螺旋,精确瞄准目标 A ,读取水平度盘读数,设为 $a_左$,记入观测手簿(表3-1)。

图3-15　测回法测水平角

②松开照准部和望远镜制动螺旋,顺时针方向转动照准部,从望远镜外通过准星观察,大致照准右目标 B ,拧紧照准部和望远镜制动螺旋,然后从望远镜中观察,仔细对光。调节照准部和望远镜微动螺旋,精确瞄准目标 B ,读水平度盘读数,设为 $b_左$,记入观测手簿(表3-1)。

至此,上半测回观测完毕。

③盘左时测得水平角为

$$\beta_左 = b_左 - a_左 \tag{3-5}$$

$\beta_左$ 称为上半测回或前半测回角值。

(2)盘右位置(下半测回)。

盘右,即观测者对着望远镜的目镜,竖直度盘处于望远镜右侧时的位置,或者称为倒镜位置,也称下半测回。

①精确瞄准目标 B ,读数 $b_右$,记入观测手簿(表3-1)。

②松开照准部和望远镜制动螺旋,仍按顺时针方向转动照准部,精确瞄准目标 A ,读数 $a_右$,记入观测手簿(表3-1)。

③盘右时测得水平角为

$$\beta_右 = b_右 - a_右 \tag{3-6}$$

$\beta_右$称为下半测回或后半测回角值。

上、下两个半测回合起来称为一个测回。

（3）测回法角值计算。

上、下两个半测回角值的较差应符合有关规定。例如，使用J$_6$型光学经纬仪测角，一般规定应小于或等于±40″。满足要求后方可按式(3-7)计算一个测回的角值：

$$\beta = \frac{1}{2}(\beta_左 + \beta_右)$$ (3-7)

即一个测回的角值就是上、下两个半测回角值的算术平均值。

野外作业时，常把这些计算记录在表格中，见表3-1。

测回法测水平角记录 表3-1

测站	盘位	目标	水平度盘读数	半测回角值	平均角值
O	左	A B	$a_左$ $b_左$	$\beta_左=b_左-a_左$	$\beta=\frac{1}{2}(\beta_左+\beta_右)$
	右	A B	$a_右$ $b_右$	$\beta_右=b_右-a_右$	
O	左	A B	000°03′30″ 049°20′36″	49°17′06″	49°17′09″
	右	A B	180°03′42″ 229°20′54″	49°17′12″	

2. 方向观测法

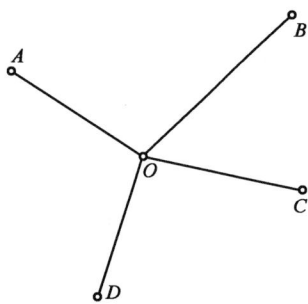

图3-16 方向观测法测水平角

方向观测法适用于一个测站有两个以上观测方向，需要测量多个角度的情况。如图3-16所示，测站O上有四个方向，即OA、OB、OC、OD。

（1）盘左位置（上半测回）。

将水平度盘安置在0°或稍大些的读数位置。先选择一个明显目标（距离适中，成像清晰）作为起始方向（又称零方向）。例如，以A为起始方向，按顺时针方向依次观测B、C、D各目标，并将各方向的水平度盘读数依次记入观测手簿（表3-2）。为了检核，照准部还应继续沿顺时针方向转动，照准起始方向A，再读一次A方向水平度盘读数并记入观测手簿（表3-2）。该次观测称为"归零"。以上观测过程称为上半测回或前半测回。

（2）盘右位置（下半测回）。

倒转望远镜变为盘右位置，首先瞄准起始方向A并读取水平度盘读数，记入观测手簿（表3-2）。然后，按逆时针方向依次观测D、C、B各目标，最后回到起始方向A，将各方向的水平度盘读数依次记入观测手簿（表3-2），这一观测过程称为下半测回或后半测回。

上、下两个半测回合起来称为一个测回。

野外作业时，常把这些计算记录在表格中，见表3-2。

方向观测法测水平角记录 表3-2

目标	水平度盘读数		2倍视准轴误差 2c(″)	半测回方向 (° ′ ″)	一测回平均方向 (° ′ ″)	各测回平均方向 (° ′ ″)
	盘左 (° ′ ″)	盘右 (° ′ ″)				
	000 00 12	000 00 18				
A	000 01 00	180 01 18	−18	000 00 00	000 00 00	
B	091 54 06	271 54 20	−14	091 52 54	091 52 58	
				53 02		
C	153 32 48	333 32 48	0	153 31 36	153 31 33	
				31 30		
D	214 06 12	034 06 06	+6	214 05 00	214 04 54	
				04 48		
A	000 01 24	180 01 18	+6			

其计算步骤如下：

①归零：将零方向前、后半测回两次读数各取其平均值。如表3-2所示，盘左时，起始方向 A 的两次读数分别为 0°01′00″ 和 0°01′24″，其平均值为 0°01′12″，将其记录在第一次读数的上面。盘右时，计算方法同盘左。

前、后两次读数之差称为归零差。该例盘左时为 −24″，盘右时为 0″。

②2倍视准轴误差计算：$2c=$ 盘左读数−（盘右读数±180°）。

③半测回方向值的计算：为了便于计算和使用，应将前、后半测回零方向的数值均变为 0°00′00″。为此，对盘左，应将各目标的水平度盘读数均减去 0°01′12″；对盘右，应将各目标的水平度盘读数均减去 180°01′18″。

④一测回平均方向的计算：取同一目标方向的盘左、盘右方向值的平均值，分别记入各相应栏内。在表3-2中，B 目标方向的平均值为 $\frac{1}{2}(52′54″+53′02″)=52′58″$，在该栏内记入 91°52′58″（度数值一般是不会变的），这些数值也称对应方向的归零方向值。

⑤各测回平均方向的计算：取同方向各测回方向值的平均值，分别记入各相应栏内。

注意：当水平角需要观测几个测回（如 n 个测回）时，为了减小水平度盘分划误差的影响，在每一测回观测完毕之后，应根据测回数 n，将水平度盘改变 180°/n（借助复测扳手完成），再开始下一测回的观测。

方向观测法通常有三项限差规定：一是半测回归零差；二是上、下半测回同一方向的方向值之差；三是各测回同一方向的方向值之差，称为各测回方向差。对于以上三项限差，不同精度的仪器有不同的规定。

二、竖直角测量

1. 竖直角计算公式的推导

竖直角的计算公式与竖直度盘的注记类型有关。旧式仪器注记类型繁杂，计算公式各异。近年来，我国生产的同类型仪器的注记类型已趋于一致，图3-17为全圆式逆时针方向注记。

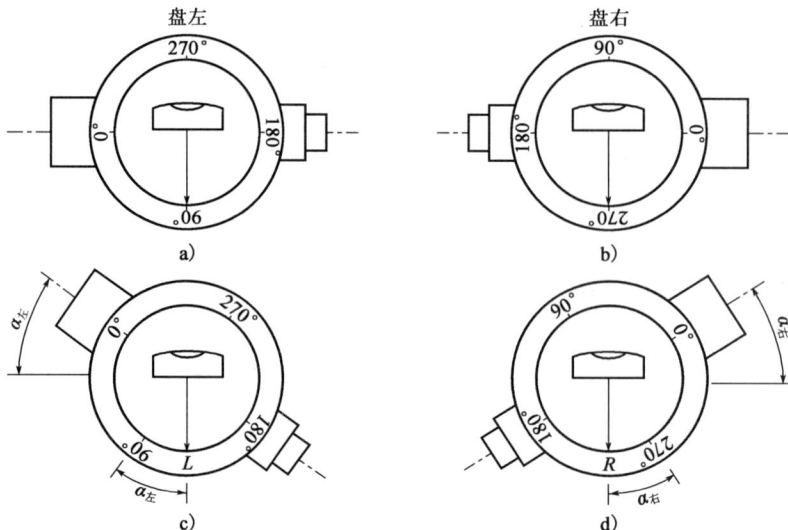

图3-17 竖盘注记及竖直角的计算

目前常用的经纬仪或全站仪有如下特点(与图3-17不同):

(1)盘左位置,视线水平,指标水准管气泡居中时,竖直度盘读数为90°,抬高望远镜观测某目标,指标水准管气泡居中时,设竖盘读数为 L(变小),则该目标方向的竖直角为

$$\alpha_{左} = 90° - L \tag{3-8}$$

(2)盘右位置,视线水平,指标水准管气泡居中时,竖盘读数为270°,抬高望远镜仍观测原目标,指标水准管气泡居中时,设竖盘读数为 R(变大),则该目标方向的竖直角为

$$\alpha_{右} = R - 270° \tag{3-9}$$

取盘左、盘右两次观测的平均值作为最后结果,即

$$\alpha = \frac{1}{2}(\alpha_{左} + \alpha_{右}) = \frac{1}{2}(R - L - 180°) \tag{3-10}$$

2. 竖直度盘指标差及其计算公式的推导

上述竖直角计算公式推导的前提是:指标水准管气泡居中,视线水平时,竖盘读数为特殊值。实际上,由于安装或震动等原因,竖盘指标不一定处于正确位置。当视线水平,指标水准管气泡居中时,指标不是指在特殊值(90°或270°)上,而是偏离了一个 X 值,该值就称为竖直度盘指标差,简称指标差。考虑指标差 X 后,竖直角计算公式为

盘左位置:

$$\alpha = 90° - L + X \tag{3-11}$$

盘右位置:

$$\alpha = R - 270° - X \tag{3-12}$$

将式(3-11)及式(3-12)作为方程组可解得指标差如下:

$$X = \frac{1}{2}(L + R - 360°) \tag{3-13}$$

求出指标差 X 后,可按式(3-11)或式(3-12)求得竖直角(实际工作中,人们总可选择一个公式直接用口算)。虽然我们也可得到

$$\alpha = \frac{1}{2}(R - L - 180°)$$

但在实际应用中还是按式(3-11)或式(3-12)计算更快捷。

可见,尽管竖直度盘读数中包含指标差,但是取盘左、盘右角值的平均值之后,仍可得到正确的值。

3. 竖直角测量步骤

竖直角一般按中丝法进行观测,其步骤如下:

(1)在测站上安置好仪器(对中、整平)。

(2)盘左位置。用望远镜观察目标,固定照准部和望远镜水平制动螺旋。调节水平微动螺旋,使十字丝纵丝平分目标或与其重合。调节望远镜水平微动螺旋,使十字丝横丝切于目标某一指定位置。

(3)调节指标水准管微倾螺旋,使指标水准管气泡居中。

(4)读取竖直度盘读数。

(5)盘右位置。同(2)瞄准原目标,读取竖直度盘读数。

(6)按竖直角计算公式,计算该目标方向的竖直角。

竖直角观测的记录计算,如表3-3所示。

竖直角观测记录 表3-3

测站	目标	盘位	竖盘读数 (° ′ ″)	竖直角 (° ′ ″)	平均角值 (° ′ ″)	指标差 (″)
O	P	左 右	103 05 50 256 54 20	−13 05 50 −13 05 40	−13 05 45	+5
	Q	左 右	81 12 35 278 47 15	+8 47 25 +8 47 15	+8 47 20	−5

4. 竖盘指标自动补偿装置

测量竖直角时,必须调节指标水准器,使其气泡居中后方可读数。这项工作既麻烦,又容易被遗忘。近年来,已开始在经纬仪竖盘指标上采用自动补偿装置,这样既简化了操作程序,又提高了测量精度。

工作任务5　角度测量精度评定

学习目标

掌握角度测量误差成因及精度的评定方法。

相关知识

一、中误差和相对误差

在相同的观测条件下,对某一观测量所进行的观测即为等精度观测,等精度观测对应同一种确定的误差分布。若偶然误差较集中于零附近,则说明其误差分布的离散度较小,表明该组观测质量较好,即观测值的精度较高;相反,则说明其误差分布的离散度较大,表明该组观测质量较差,即观测值的精度较低。因此,精度实质上就是误差分布的离散度。对于精度的衡量可以采用列表或作直方图的方法,但是比较麻烦。人们常用某种数值反映误差的离散度,这种数值就称为衡量精度的指标。衡量精度的指标有很多种,其中常用的有中误差和相对误差。

1. 中误差

假设在相同的观测条件下,对某一量进行了 n 次重复观测,每次观测的真误差用 Δ_i 表示,则中误差 m 为

$$m = \pm\sqrt{\frac{[\Delta\Delta]}{n}} \tag{3-14}$$

但是在实际工作中,不可能对某个观测量进行无限次观测,而且有的观测量的真实值往往也是不知道的,那么就不能再利用式(3-14)计算观测值的精度。根据偶然误差的特性,实际工作中根据观测量的有限个观测值,求出观测量的最或然值——算术平均值 x 代替观测量的真实值,并根据观测值和算术平均值求得各个观测值的改正数 v_i 代替真误差 Δ_i。由此得到按观测数的改正数计算的观测值中误差实用公式:

$$m = \pm\sqrt{\frac{[vv]}{n-1}} \tag{3-15}$$

2. 相对误差

当观测量的精度与观测量本身的大小相关时,单靠观测值中误差大小并不能完全反映其测量结果的好坏,这时应用另一种衡量观测值精度的指标即相对误差。相对误差是中误差 m 的绝对值与观测值 l 之比。一般相对误差用 K 来表示,相对误差是一个无量纲的数值。相对误差越小,说明观测值精度越高;相对误差越大,说明观测值精度越低。

$$K = \frac{|m|}{l} = \frac{1}{\dfrac{l}{|m|}} \tag{3-16}$$

在实际测量工作中评定角度测量的精度时,通常使用中误差来计算测角的精度大小。下面举例说明。

设对某一水平角,在相同的观测条件下进行了6次观测,如表3-4所示。试求其算术平均值及观测值的中误差。

观测记录表 表3-4

观测次数	观测值(° ′ ″)	改正数(″)	vv
1	45 45 30	+4	16
2	45 45 33	+1	1
3	45 45 35	−1	1

观测次数	观测值(° ′ ″)	改正数(″)	vv
4	45 45 37	−3	9
5	45 45 38	−4	16
6	45 45 31	+3	9
Σ		0	52

根据表3-4中的观测数据得到观测量的算术平均值为

$$x = \frac{[l]}{n} = 45°45'34''$$

由式(3-15)求得观测值的中误差为

$$m = \pm\sqrt{\frac{[vv]}{n-1}} = \pm\sqrt{\frac{52}{5}} = \pm 3.2('')$$

二、角度测量的误差成因

在水平角观测中,由于仪器的缺陷、观测的局限以及外界环境的影响,会造成各种误差。误差来源不同,对水平角的影响程度也不同。对各项误差成因进行分析,有助于提高测角精度。

(一)仪器误差

1. 视准轴误差

视准轴不垂直于横轴所引起的误差,称为视准轴误差c。该项误差对水平度盘读数的影响:盘左、盘右大小相等,符号相反。通过盘左、盘右观测取平均值可以消除该项误差的影响。

2. 横轴误差

横轴不垂直于竖轴所引起的误差,称为横轴误差i。该项误差对水平度盘读数的影响:盘左、盘右大小相等,符号相反。通过盘左、盘右观测取平均值可以消除该项误差的影响。

3. 竖轴误差

竖轴误差指的是竖轴不竖直所引起的竖轴倾斜误差。由于盘左、盘右竖轴倾斜方向不变,造成该项误差对水平角观测的影响符号一致,无法用盘左、盘右观测取平均值的方法消除其影响。因此,在观测前,必须对仪器进行严格检校,并仔细整平,尤其是在坡度较大的地区。

4. 照准部偏心差

水平度盘分划中心与照准部旋转中心不重合所引起的读数误差,称为照准部偏心差,又称为水平度盘偏心差。如图3-18所示,度盘分划中心O与照准部旋转中心O'不重合,盘左照准目标,读数为$a'_左$比理论正确读数$a'_左$大x,盘右读数$a'_右$比理论正确读数$a_右$小x。对于单指标读数的J_6型光学经纬仪,可以通过盘左、盘右观测取平均值的方法削弱此项误差的影响。对

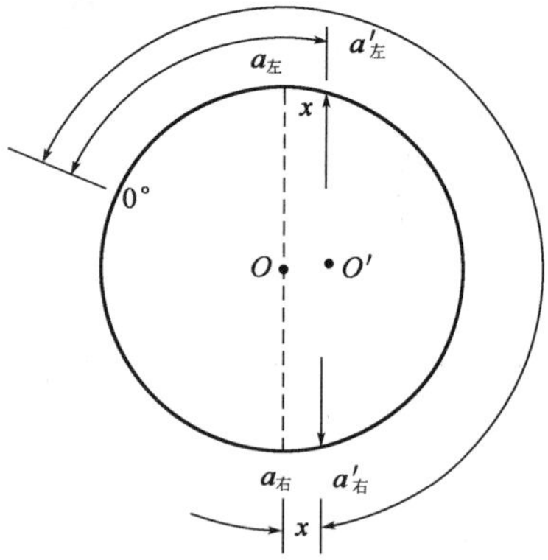

图3-18 水平度盘偏心差

于双指标读数的 J_2 型光学经纬仪,采用对径分划符合读数可以消除水平度盘偏心差的影响。

5. 度盘刻度误差

度盘刻度误差指的是度盘刻度分划不均匀所造成的误差。可以使用在各测回间变换起始度盘位置的方法,削弱该项误差的影响。

(二)观测误差

1. 仪器对中误差

如图3-19所示,若 O 为测站点,A、B 为两目标点;由于仪器存在对中误差,仪器中心偏离至 O' 点,设偏离量 OO' 为 e;β 为没有对中误差时的正确角度,β' 为有对中误差时的实际角度。设 $\angle AO'O$ 为 θ,测站 O 至 A、B 的距离分别为 D_1、D_2,则对中偏差所引起的角度误差为

$$\Delta\beta=\beta-\beta'=\varepsilon_1+\varepsilon_2$$

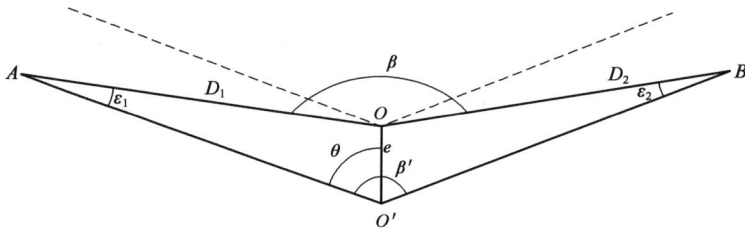

图3-19 仪器对中误差

由于 ε_1 和 ε_2 很小,则有

$$\begin{cases} \varepsilon_1 \approx \dfrac{e\sin\theta}{D_1} \times \rho'' \\[2mm] \varepsilon_2 \approx \dfrac{e\sin(\beta-\theta)}{D_2} \times \beta'' \\[2mm] \Delta\beta = e\rho'' \left[\dfrac{\sin\theta}{D_1} + \dfrac{\sin(\beta'-\theta)}{D_2} \right] \end{cases}$$

由上式可知,对中误差对水平角测量的影响与偏心距 e 成正比,与距离 D 成反比,同所测角度大小也有关系,B 越接近 $180°$,影响越大。因此,需要特别注意的是,在观测目标较近或水平角接近 $180°$ 时,应严格对中。

2. 目标偏心差

如图3-20所示,A 点为测站点,B 为目标点,当 B 点的花杆倾斜了 α,B' 为照准点,B'' 为 B' 的投影,此时偏心距为 $e=l\sin\alpha$。该误差对观测方向的影响为

$$\Delta\beta = \frac{e}{D} \times \rho'' = \frac{l\sin\alpha}{D} \times \rho'' \tag{3-17}$$

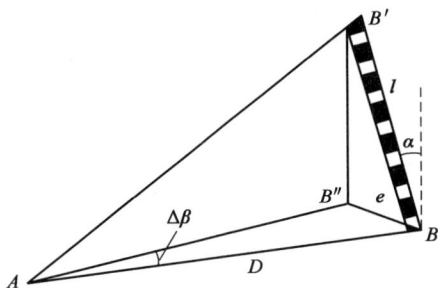

图 3-20　目标偏心差

分析可知,该误差对观测方向的影响与目标偏心距成正比,与距离成反比。因此,在水平角观测时,照准标志应竖直,并尽量照准目标根部。边长较短时,应更加注意目标偏心差的影响。

3. 照准误差

照准误差主要受人眼的分辨能力和望远镜的放大率影响。通常情况下,人眼可以分辨两个点的最小视角为 $60''$,望远镜的照准误差为 $\pm\dfrac{60''}{v}$,其中 v 为望远镜的放大率,一般经纬仪的望远镜放大率为 28。

同时,照准误差还与目标的形状、亮度、颜色和大气情况等有关。

4. 读数误差

读数误差主要和仪器的读数设备有关,对于 J_6 型光学经纬仪,其读数误差为 $6''$。但是,若照明条件不佳、观测人员操作不当(如焦距未调好)等,则读数误差会增大。

(三)外界条件的影响

影响水平角观测精度的外界条件因素有很多,如风力造成仪器不稳定、温度使仪器内部几何条件变化、地面土质松软造成仪器沉降、大气折光与旁折光使视线偏折等。这些因素的影响无法完全避免,只能通过某些措施,如选择有利观测时间、置稳仪器、打伞等,使其对观测的影响降至最低。

工作任务6　经纬仪的检验与校正

学习目标

熟悉经纬仪各主要轴线之间应该满足的几何条件;掌握光学经纬仪检验与校正的操作方法。

工作任务

任务描述:经纬仪的几何关系在出厂时一般都能满足精度要求,但由于长

经纬仪的轴系

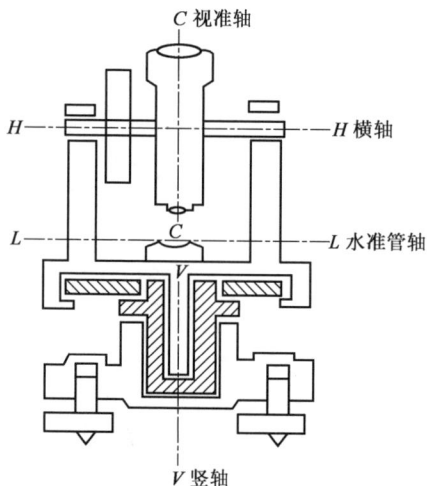

图3-21 经纬仪轴线的关系

期使用、搬运或者外界环境的影响,各项条件往往会发生变化,因此在使用前,必须对经纬仪进行检验与校正。

检验与校正依据:《光学经纬仪》(JJG 414—2011)。

相关知识

如图3-21所示,经纬仪的主要轴线有视准轴CC、横轴(望远镜的旋转轴)HH、水准管轴LL、竖轴(仪器的旋转轴)VV。

为了使经纬仪正确工作,应使其满足如下条件:

(1)水准管轴垂直于竖轴,即$LL \perp VV$。

(2)十字丝分划板的竖丝垂直于横轴,即竖丝$\perp HH$。

(3)视准轴垂直于横轴,即$CC \perp HH$。

(4)横轴垂直于竖轴,即$HH \perp VV$。

(5)竖盘指标差X为零。

(6)光学对中器的视准轴与竖轴重合。

任务实施

一、水准管轴垂直于竖轴的检验与校正

(一)检验方法

先将仪器初步整平,转动照准部,使水准管轴平行于一对脚螺旋,转动这对脚螺旋使水准管气泡居中。然后将照准部旋转180°,若气泡仍然居中,说明水准管轴垂直于竖轴;若气泡不再居中,说明水准管轴不垂直于竖轴,需要校正,如图3-22a)和图3-22b)所示。

(二)校正方法

为什么气泡偏离水准管中点说明水准管轴与竖轴不垂直呢?

设水准管轴与竖轴不垂直,偏离α角,也就是说水准管轴与水平度盘成一夹角α,当转动脚螺旋使气泡居中时,如图3-22a)所示,即气泡居中,水准管轴水平,竖轴偏离铅垂线方向α角,水平度盘与水平面也有一个夹角α。

当仪器绕竖轴旋转180°后,如图3-22b)所示,竖轴仍偏离铅垂线方向α角,而水准管支架的高低两端却左右交换了位置,使水准管轴与水平度盘的夹角变成了2α,气泡不再居中,在这种情况下,需要进行校正。

校正时,用校正针拨动水准管一端的校正螺旋,使气泡退回偏离格数的一半,如图3-22c)所示,此时,水准管轴已垂直于竖轴。但水准管轴仍倾斜α角,旋转脚螺旋,使气泡居中,这时竖轴已处于铅垂线位置,如图3-22d)所示。

经纬仪的检验与校正

图3-22　水准管轴垂直于竖轴的检验与校正

此项检验与校正必须反复进行几次,直至仪器整平时,任何位置气泡偏离中点均不大于1格为止。

二、十字丝分划板的竖丝垂直于横轴的检验与校正

(一)检验方法

以十字丝交点瞄准远处一清晰的目标点P,左旋或右旋望远镜微动螺旋,如P点移动的轨迹明显地偏离十字丝分划板的横丝,如图3-23a)中的虚线,则需校正。

(二)校正方法

校正时,先卸下目镜处的外罩,再微微旋松十字丝环的4个压环螺钉,缓慢转动十字丝环,直到照准部水平微动时,P点始终沿横丝移动为止。最后拧紧压环螺钉,见图3-23b)。有些经纬仪没有十字丝环压环螺钉,而是利用十字丝校正螺钉将十字丝环与望远镜筒连接。这时可旋松相邻两个十字丝校正螺钉,即可转动十字丝环,直至P点始终沿横丝移动为止。校正好以后,再拧紧松开的螺钉。

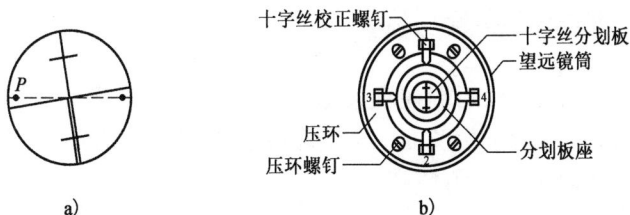

图3-23　十字丝分划板的竖丝垂直于横轴的检验与校正

三、视准轴垂直于横轴的检验与校正

当视准轴与横轴不垂直时,其偏离垂直位置的角值c称为视准轴误差或照准误差。它是

由于十字丝分划板位置不正确而产生的。具有视准轴误差的望远镜绕横轴旋转时,视准轴扫出的面不是一个竖直面,而是一个圆锥面。因此,当望远镜瞄准同一竖直面内不同高度的点时,它们的水平度盘读数各不相同,从而产生水平角的测量误差。

(一)检验方法

如图3-24所示,在一平坦场地上,选相距约100m的A、B两点,仪器安置于A、B连线中点O,在A点设置与仪器等高的标志,在B点设置与仪器等高的刻有毫米分划的水平标尺,垂直于视线OB。盘左瞄A点,固定照准部,倒转望远镜,瞄B尺读数为B_1,如图3-24a)所示;旋转照准部以盘右瞄A点,固定照准部,倒转望远镜,瞄B尺读数为B_2,如图3-24b)所示。

如果B_2与B_1重合,表明视准轴垂直于横轴,无视准轴误差,否则应进行校正。

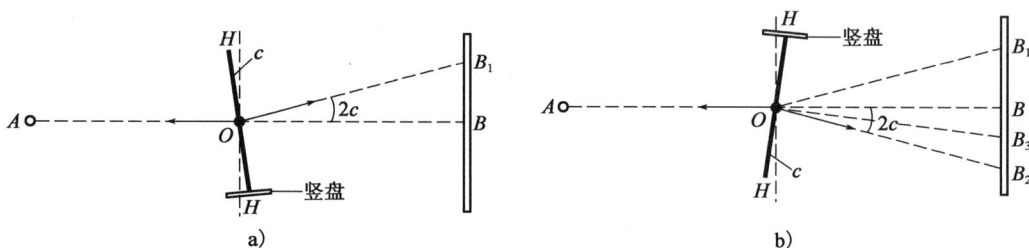

图3-24　视准轴垂直于横轴的检验与校正

(二)校正方法

当视准轴与横轴不垂直时,视准轴与横轴之间的夹角为$90°-c$(或$90°+c$)。两次分别倒镜后,横轴位置不变,视准轴与横轴之间关系也未改变。因此倒镜后的视准轴方向(OB_1或OB_2)与倒镜前视准轴OA的反向延长方向OB之间的夹角为2倍的视准轴误差($2c$),如图3-24所示。由图3-24b)可看出,B_1B_2是4倍视准轴误差在B处的反映,因此,校正时只改正其四分之一。

校正时,让仪器仍处于盘右位置,十字丝交点对准B_2,在B处的标尺上由B_2向B_1量取$B_2B_1/4$的距离定出B_3点,此时OB_3垂直于横轴HH,如图3-24b)所示。旋出望远镜十字丝护盖后,先用校正针调节左、右两个校正螺钉,调节时注意先松一个,后拧紧另一个,使十字丝交点对准B_3。

校正后应重新检验,如投点不符合要求,应按上述方法重新校正,直至$c \leqslant 60''$为止。

四、横轴垂直于竖轴的检验与校正

横轴与竖轴不垂直是由横轴两端在支架上不等高造成的。当望远镜绕横轴旋转时,由于视准轴扫出的是一个圆锥面而非竖直面,故望远镜瞄准同一竖直面内不同高度的点,将得到不同的水平度盘读数,从而影响测角精度。

(一)检验方法

如图3-25所示,在距墙壁20～30m处安置经纬仪,在高墙上固定清晰照准目标点P。

(1)盘左位置:望远镜先瞄准高处明显目标点P,固定照准部,望远镜视准轴水平,墙面上定出P_1点。

（2）盘右位置：望远镜再瞄准高处明显目标点 P，固定照准部，望远镜视准轴水平，墙面上定出 P_2 点。

如果 P_1、P_2 两点重合，则表明横轴与竖轴垂直；如果不重合，则表明横轴与竖轴不垂直。横轴与竖轴不垂直的误差 i 称为横轴误差。

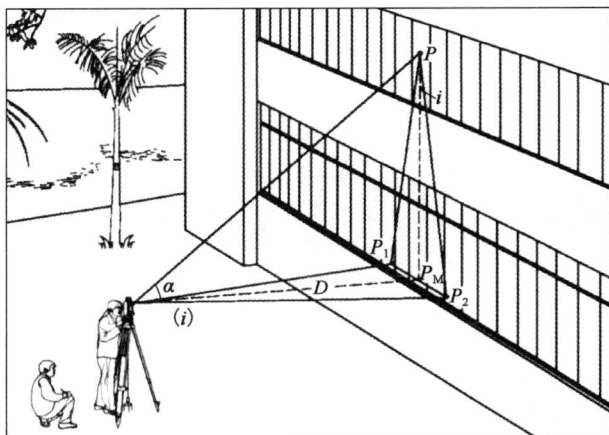

图3-25　横轴垂直于竖轴的检验

（二）校正方法

打开仪器的支架护盖，调整偏心轴承环，抬高或降低横轴的一端使 $i=0$。该校正需要在无尘的室内环境中，专用平行光管操作，用户不具备条件时，交专业维修部门校正。

五、竖盘指标差的检验与校正

（一）检验方法

安置好仪器后，盘左、盘右观测某清晰目标点 P，调整竖盘指标水准管气泡居中后，读取竖盘读数 L 和 R，按照公式计算竖盘指标差 X。

（二）校正方法

保持望远镜盘右观测某清晰目标点 P 不变，计算消除竖盘指标差后的盘右竖盘正确读数为 $R-x$，旋转竖盘指标管水准器微动螺旋，使竖盘读数为 $R-X$。此时，竖盘指标管水准气泡必然不再居中，用校正针拨动竖盘指标管水准器校正螺钉，使气泡居中。该校正需反复进行，直至 $X \leqslant 1'$ 为止。

六、光学对中器的视准轴与竖轴重合的检验与校正

（一）检验方法

安置仪器于平坦地面，地面上放置一张白纸，白纸上画十字形标志，以目标点 P 为对中标

志安置仪器,旋转照准部180°,如果 P 点的像偏离对中器分划板中心而对准另外一点 P',则表明对中器视准轴与竖轴不重合,需校正。

(二)校正方法

在白纸上定出 P' 点与 P 点的中点 O,转动对中器校正螺钉使对中器分划板中心对准 O 点。光对准中器的校正方式视仪器型号而定,有的是调整转向棱镜的位置,有的是调整分划板的位置。此项需要反复进行,直至达到标准为止。

工作任务7 距离测量和直线定向

学习目标

掌握距离测量的方法;理解直线定向的概念。

相关知识

距离测量是测量的三项基本工作之一。距离是指地面上两点垂直投影到水平面上的水平距离,是确定地面点位置的三要素之一。如果测得的是倾斜距离,还须改换为水平距离。距离测量按照所使用仪器、工具的不同,可分为直接测量和间接测量两种。用尺子测距和电磁波测距仪测距是直接测量,而视距测量是间接测量。

一、钢尺量距

(一)钢尺

测量距离时,常使用钢尺、皮尺、绳尺等。钢尺是钢制的带尺,常用钢尺宽10mm,厚0.2mm,长度有20m、30m及50m三种,卷放在圆形盒内或金属架上。钢尺的基本分划为厘米,在每米及每分米处有数字注记。一般钢尺在起点处1dm内刻有毫米分划,有的钢尺在整个尺长内都刻有毫米分划。

根据尺的零点位置的不同,钢尺可分为端点尺和刻线尺。端点尺是以尺的最外端作为尺的零点,当从建筑物墙边开始测量时使用很方便。刻线尺是以尺前端的一刻线作为尺的零点。如图3-26所示。

(二)辅助工具

量距的辅助工具有标杆、测钎、垂球等,如图3-27所示。标杆又称花杆,直径3~4cm,长2~3m,杆身涂以20cm间隔的红、白漆,下端装有锥形铁尖,主要用于标定直线方向。测钎又称测针,用直径5mm左右的粗钢丝制成,长30~40cm,上端弯成环形,下端磨尖,一般以11根为一组,穿在铁环中,用来标定尺的端点位置和计算整尺段数。垂球用于在不平坦地面测量时将钢尺的端点垂直投影到地面上。

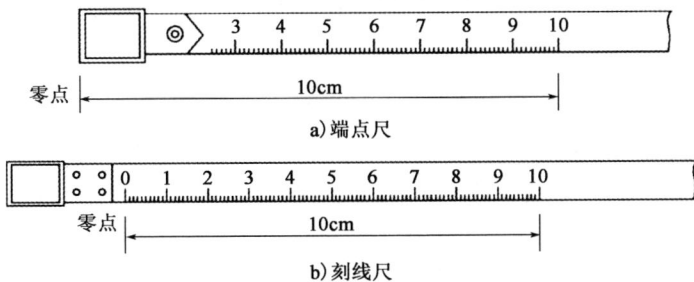

a)端点尺

b)刻线尺

图3-26 钢尺

当进行精密量距时,还需配备弹簧秤和温度计,弹簧秤用于对钢尺施加规定的拉力,温度计用于测定钢尺量距时的温度,以便对钢尺测量的距离进行温度改正。

(三)直线定线

当地面两点之间的距离大于钢尺的一个尺段或地势起伏较大时,为方便量距工作,需分成若干尺段进行测量,这就需要在直线的方向上插上一些标杆或测钎,在同一直线上定出若干点,这项工作称为直线定线,其方法有以下几种。

图3-27 辅助工具

1. 两点间目测定线

目测定线适用于钢尺量距的一般方法。如图3-28所示,设A和B为地面上相互通视、待测距离的两点。现要在直线AB上定出1、2等分段点。先在A、B两点上竖立标杆,甲站在A杆后约1m处,指挥乙左右移动标杆,直到甲在A点沿标杆的同一侧看见A、1、B三点处的标杆在同一直线上。用同样的方法可定出2点。直线定线一般应由远到近,即先定1点,站立在直线方向的左侧或右侧。

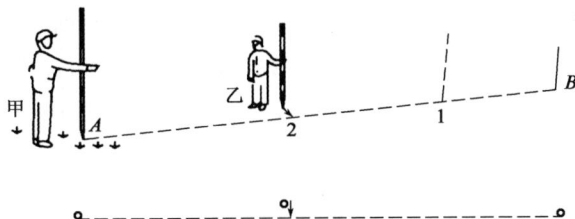

图3-28 目测定线

2. 逐渐趋近定线

逐渐趋近定线适用于A、B两点在高地两侧、互不通视的量距。如图3-29所示,欲在A、B两点间标定直线,可采用逐渐趋近法。先在A、B两点竖立标杆,甲、乙两人各持标杆分别选择在C_1和D_1处站立,要求B、D_1、C_1位于同一直线上,且甲能看到B点,乙能看到A点。可先由甲站在C_1处指挥乙移动至BC_1直线上的D_1处。然后,由站在D_1处的乙指挥甲移动至AD_1直线上的C_2处,要求甲站在C_2处能看到B点。再由站在C_2处的甲指挥乙移至能看到A点的D_2处。这样逐渐趋近,直到

C、D、B在同一直线上,同时A、C、D也在同一直线上,这时说明A、C、D、B均在同一直线上。

这种方法也可用于分别位于两座建筑物上的A、B两点间的定线。

3. 经纬仪定线

当直线定线精度要求较高时,可用经纬仪定线。如图3-30所示,欲在AB直线上确定出1、2、3点的位置,可将经纬仪安置于A点,用望远镜照准B点,固定照准部水平制动螺旋,然后将望远镜向下俯视,将十字丝交点投测到木桩上,并钉小钉以确定出1点的位置。采用同样的方法可标定出2、3点的位置。

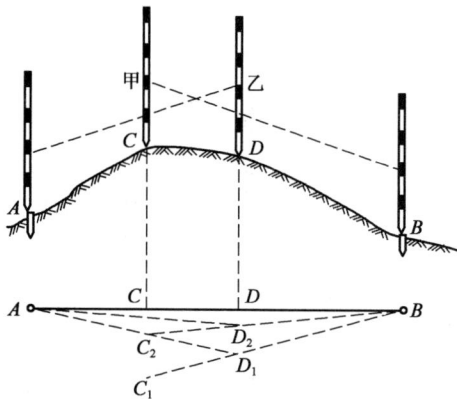

图3-29 逐渐趋近定线

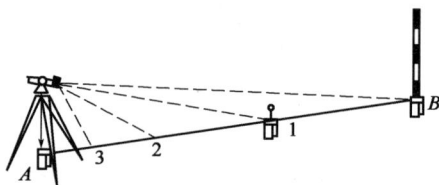

图3-30 经纬仪定线

(四)钢尺量距的一般方法

1. 平坦地面的距离测量

测量工作一般由两人进行。如图3-31所示,沿地面直接测量水平距离时,可先在地面上定出直线方向,测量时后尺手持钢尺零点一端,前尺手持钢尺末端和一组测钎由B向A前进,行至一尺段处停下,后尺手指挥前尺手将钢尺拉在AB直线上,后尺手将钢尺的零点对准A点,当两人同时把钢尺拉紧后,前尺手在钢尺末端的整尺段长分划处竖直插下一根测钎得到1点,即量完一个尺段。前、后尺手抬尺前进,当后尺手到达插测钎处时停住,再重复上述操作,量完第二尺段。后尺手拔起地上的测钎,依次前进,直到量完AB直线上的最后一段为止。

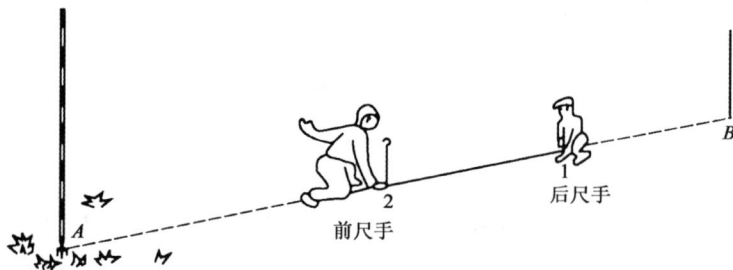

图3-31 平坦地面的距离测量

测量时应注意沿着直线方向进行,钢尺必须拉紧、伸直,尽量以整尺段测量,最后测量余长,以方便计算。测量时应记清楚整尺段数,或用测钎数表示整尺段数。直线的水平距离D

按式(3-18)计算：

$$D = nl + q \tag{3-18}$$

式中：l——钢尺的一整尺段长；

n——整尺段数；

q——不足一整尺的零尺段长。

为了提高量距精度并防止测量中发生错误，需要进行往返测量，若符合要求，取往返平均数作为测量的最后结果，测量精度用相对误差 K 表示，即

$$K = \frac{|D_{往} - D_{返}|}{D_{平均}} = \frac{1}{D_{平均}/|D_{往} - D_{返}|} \tag{3-19}$$

2. 倾斜地面的距离测量

（1）平量法。

如果地面高低起伏不平，可将钢尺拉平测量。测量由 A 向 B 进行，后尺手将尺的零端对准 A 点，前尺手将尺抬高，并且目估使尺子水平，用垂球尖将尺段的末端投于 AB 方向线的地面上，再插以测钎，依次进行，测量 AB 的水平距离，如图3-32所示。

（2）斜量法。

如图3-33所示，当倾斜地面的坡度比较均匀时，可沿斜面直接测量出 AB 的倾斜距离 D'，测出地面倾斜角 α 或 A、B 两点间的高差 h，按式(3-20)或式(3-21)计算 AB 的水平距离 D：

$$D = D'\cos\alpha \tag{3-20}$$

或

$$D = \sqrt{D'^2 - h^2} \tag{3-21}$$

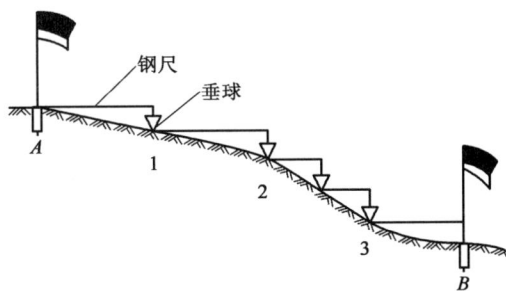

图3-32 平量法

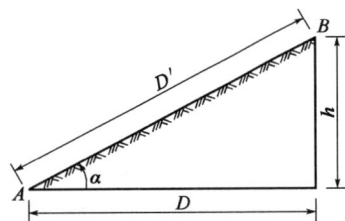

图3-33 斜量法

（五）钢尺的精密量距方法

当用钢尺进行精密量距时，钢尺必须经过检定，并得出在检定时的拉力与温度条件下应有的尺长方程式。测量前应先用经纬仪定线，若地势平坦或坡度均匀，可将测得的直线两端点高差作为倾斜改正的依据；若沿线地面坡度有起伏变化，标定木桩时应注意在坡度变化处两根木桩间距离略短于钢尺全长，木桩顶高出地面2~3cm，桩顶用"十"来标示点的位置，用水准仪测定各坡度变换点木桩桩顶间的高差，作为分段倾斜改正的依据。测量时钢尺两端都

对准尺段端点进行读数,如钢尺仅零点端有毫米分划,则须以尺末端某分米分划对准尺段一端,以便从零点端读出毫米数。每尺段测量三次,以尺子的不同位置对准端点,其移动量一般在1dm以内。三次读数所得尺段长度之差视不同要求而定,一般不超过2~5mm,若超限,须进行第四测测量。测量完成后还须进行成果整理,即改正数计算,最后得到精度较高的测量成果。

1. 尺长改正 Δl_1

由于钢尺的名义长度和实际长度不一致,测量时会产生误差。设钢尺在标准温度、标准拉力下的实际长度为 l,名义长度为 l_0,则一整尺的尺长改正数为

$$\Delta l = l - l_0$$

每量1m的尺长改正数为

$$\Delta l_\text{米} = \frac{l - l_0}{l_0}$$

则测量 D' 距离的尺长改正数为

$$\Delta l_1 = \frac{l - l_0}{l_0} D' \tag{3-22}$$

若钢尺的实际长度大于名义长度,则尺长改正数为正;反之为负。

2. 温度改正 Δl_t

测量距离是在一定的环境条件下进行的,温度的变化对距离会产生一定的影响。设钢尺检定时温度为 t_0,测量时温度为 t,钢尺的线膨胀系数 α 一般为 $1.25 \times 10^{-5}/℃$,则测量一段距离 D' 的温度改正数 Δl_t 为

$$\Delta l_t = \alpha(t - t_0)D' \tag{3-23}$$

若测量时温度大于检定时温度,则温度改正数 Δl_t 为正;反之为负。

3. 倾斜改正 Δl_h

设量得的倾斜距离为 D',测得两点间高差为 h,将 D' 改算成水平距离 D 需加倾斜改正 Δl_h,一般用式(3-24)计算:

$$\Delta l_h = -\frac{h^2}{2D'} \tag{3-24}$$

倾斜改正数 Δl_h 永远为负值。

4. 全长计算

将测得的结果加上上述三项改正数,即得

$$D = D' + \Delta l_1 + \Delta l_t + \Delta l_h \tag{3-25}$$

5. 相对误差计算

相对误差 $K = \dfrac{|D_\text{往} - D_\text{返}|}{D_\text{平均}}$ 在限差范围之内,取平均值为测量的结果,若相对误差超限,应重测。钢尺量距记录计算手簿见表3-5。

钢尺量距记录计算手簿   表3-5

| 钢尺号:No.099 | | 钢尺线膨胀系数:0.0000125m/℃ | | 检定温度:20℃ | | 计算者:李× | | |
| 名义尺长:30m | | 钢尺检定长度:30.0015m | | 检定拉力:10kg | | 日期:××××年××月××日 | | |

尺段	测量次数	前尺读数（m）	后尺读数（m）	尺段长度（m）	温度（℃）	高差（m）	温度改正（mm）	倾斜改正（mm）	尺长改正（mm）	改正后尺段长（m）
A—1	1	29.9910	0.0700	29.9210	25.5	-0.152	+2.1	-0.4	+1.5	29.9250
	2	29.9920	0.0695	29.9225						
	3	29.9910	0.0690	29.9220						
	平均			29.9218						
1—2	1	29.8710	0.0510	29.8200	25.4	-0.071	+2.0	-0.08	+1.5	29.8229
	2	29.8705	0.0515	29.8190						
	3	29.8715	0.0520	29.8195						
	平均			29.8195						
2—B	1	24.1610	0.0515	24.1095	25.7	-0.210	+1.7	-0.9	+1.2	24.1122
	2	24.1625	0.0505	24.1120						
	3	24.1615	0.0524	24.1091						
	平均			24.1102						
总和										83.8601

对表3-5中A—1段距离进行三项改正计算。

尺长改正：
$$\Delta l_1 = \left(\frac{30.0015 - 30}{30} \times 29.9218 \right) \text{m} = 0.0015\text{m}$$

温度改正：
$$\Delta l_t = [0.0000125 \times (25.5 - 20) \times 29.9218]\text{m} = 0.0021\text{m}$$

倾斜改正：
$$\Delta l_h = \left[\frac{-(-0.152)^2}{2 \times 29.9218} \right]\text{m} = -0.0004\text{m}$$

经上述三项改正后的A—1段的水平距离为

$$D_{A-1} = [29.9218 + 0.0021 + (-0.0004) + 0.0015]\text{m} = 29.9250\text{m}$$

其余各段改正计算与A—1段相同,然后将各段相加为83.8601m。如表3-5所示,设返测的总长度为83.8524m,可以求出相对误差,用来检查量距的精度：

$$相对误差 K = \frac{|D_{往} - D_{返}|}{D_{平均}} = \frac{0.0077}{83.8563} = \frac{1}{10890}$$

符合精度要求,则取往返测的平均值83.8563m作为最终的丈量结果。

（六）距离测量的误差分析及注意事项

1. 钢尺量距的误差分析

影响钢尺量距精度的因素很多,下面简要分析产生误差的主要来源和注意事项。

（1）尺长误差。钢尺的名义长度与实际长度不符,将产生尺长误差,用该钢尺所量距离越长,则误差累积越大。因此,新购的钢尺必须进行检定,以求得尺长改正数。

（2）温度误差。钢尺测量时温度与钢尺检定时温度不同,将产生温度误差。按照钢的线膨胀系数计算,温度每变化1℃,测量距离为30m时对距离的影响为0.4mm。一般量距时,若丈量温度与标准温度之差不超过±8.5℃,可不考虑温度误差,但精密量距时必须进行温度改正。

（3）拉力误差。钢尺测量时的拉力与检定时的拉力不同,将产生拉力误差。拉力变化68.6N,尺长将改变1/10000。以30m的钢尺来说,当拉力改变30～50N时,引起的尺长误差为1～1.8mm。如果拉力的变化能保持在30N之内,就能满足一般精度的测量工作的要求。对于精确的距离测量,应使用弹簧秤,以保持钢尺的拉力是检定时的拉力,通常30m钢尺施力100N,50m钢尺施力150N。

（4）钢尺倾斜和垂曲误差。量距时钢尺两端不水平或中间下垂成曲线,会产生误差。因此测量时必须注意保持尺子水平,整尺段悬空时,中间应有人托住钢尺,精密量距时须用水准仪测定两端点高差,以便进行倾斜改正。

（5）定线误差。由于定线不准确,所量得的距离是一组折线而产生的误差称为定线误差。测量30m的距离,若要求定线误差不大于1/2000,则钢尺尺端偏离方向线的距离就应不超过0.47m;若要求定线误差不大于1/10000,则钢尺的方向偏差应不超过0.21m。一般量距时,用标杆目估定线能满足要求,但精密量距时须用经纬仪定线。

（6）测量误差。测量时插测钎或垂球落点不准,前、后尺手配合不好,以及读数不准等产生的误差均属于测量误差。这种误差对测量结果的影响可正可负,大小不定。因此,在操作时应认真仔细、配合默契,以尽量减小测量误差。

2. 钢尺量距时的注意事项

（1）伸展钢卷尺时,要小心慢拉,钢尺不可扭曲、打结。若发现有扭曲、打结情况,应细心解开,不能用力抖动,否则容易折断钢尺。

（2）测量前,应辨清钢尺的零端和末端。测量时,钢尺应逐渐用力拉平、拉直、拉紧,不能突然猛拉。测量过程中,应始终保持鉴定时钢尺的拉力不变。

（3）转移尺段时,前、后尺手应将钢尺提高,不应在地面上拖拉摩擦,以免磨损尺面分划。钢尺伸展开后,不应让车辆从钢尺上通过,否则极易损坏钢尺。

（4）测钎应对准钢尺的分划并插直。如插入土中有困难,可在地面上标一明显记号,并把测钎尖端对准记号。

（5）单程测量完毕,前、后尺手应检查各自手中的测钎数目,避免加错或算错整尺段数。一测回测量完毕,应立即检查限差是否合乎要求。不符合要求时,应重测。

（6）测量工作结束后,要用软布擦干净尺上的泥和水,然后涂上机油,以防生锈。

二、电磁波测距

（一）概述

建立高精度的平面控制网,需要测定控制网的边长。过去精密距离测量,都是用因瓦基线尺直接测量待测边的长度,虽然可以达到很高的精度,但测量工作受地形条件的限制,速度慢、效率低。从20世纪60年代起,电磁波测距仪不断更新、完善和愈益精密,它因速度快、效率高取代了因瓦基线尺,被广泛用于水平控制网和工程测量的精密距离测量中。

随着近代光学、电子学的发展和各种新颖光源(如激光、红外光等)相继出现,电磁波测距技术得到迅速发展,出现了以激光、红外光和其他光源为载波的光电测距仪和以微波为载波的微波测距仪。因为光波和微波均属于电磁波的范畴,故它们又统称为电磁波测距仪。

光电测距仪不断地向自动化、数字化和小型轻便化方向发展,大大地减轻了测量工作者的劳动强度,加快了工作速度,所以在工程控制网和各种工程测量中,多使用各种类型的光电测距仪。

光电测距仪按仪器测程大体可分为以下三大类:

(1)短程光电测距仪。

短程光电测距仪的测程在3km以内,测距精度一般在1cm左右,可用来测量三等以下的三角锁网的起始边,以及相应等级的精密导线和三边网的边长,适用于工程测量和矿山测量。这类测程的仪器很多,如瑞士的ME3000,精度可达±$(0.2mm+0.5×10^{-6}D)$;瑞典的AGA-112、AGA-116,美国的HP3820A,英国的CD6,日本的RED2、SDM3E,联邦德国的ELTA2、ELDI2等,精度均可达±$(5mm+5×10^{-6}D)$;民主德国的EOT 2000,我国的HGC-1、DCH-2、DCH-3、DCH-05等。

短程光电测距仪多采用砷化镓(GaAs)或镓铝砷(GaAlAs)发光二极管作为光源(发出红外荧光),少数也用氦-氖(He-Ne)气体激光器作为光源。砷化镓发光二极管是一种能直接发射调制光的器件,即通过改变砷化镓发光二极管的电流密度改变其发射的光强。

(2)中程光电测距仪。

中程光电测距仪的测程在3~15km之间,其适用于二、三、四等控制网的边长测量。如我国的JCY-2、DCS-1,精度可达±$(10mm+1×10^{-6}D)$;瑞士的ME5000,精度可达±$(0.2mm+0.2×10^{-6}D)$;瑞典的AGA-6、AGA-14A等,精度均可达±(5mm+5ppm)。

(3)远程光电测距仪。

远程光电测距仪的测程在15km以上,精度一般可达±$(5mm+1×10^{-6}D)$,能满足国家一、二等控制网的边长测量。如瑞典的AGA-8、AGA-600,美国的Range master,我国研制成功的JCY-3型等。

中、远程光电测距仪多采用氦-氖气体激光器作为光源,也有采用砷化镓激光二极管作为光源,还有采用其他光源的,如二氧化碳(CO_2)激光器等。由于激光器发射激光具有方向性强、亮度高、单色性好等特点,其发射的瞬时功率大,所以在中、远程测距仪中多用激光作载波,称为激光测距仪。

根据测距仪出厂的标称精度的绝对值,按1km的测距中误差,测距仪的精度分为三级,如表3-6所示。

测距仪的精度分级 表3-6

测距中误差(mm)	测距仪精度等级
<5	Ⅰ
5~10	Ⅱ
11~20	Ⅲ

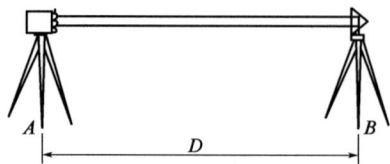

图3-34 电磁波测距

电磁波测距是通过测定电磁波束在待测距离上往返传播的时间t_{2D}计算待测距离D,如图3-34所示,电磁波测距的基本公式为

$$D = \frac{1}{2}ct_{2D} \qquad (3\text{-}26)$$

式中:c——电磁波在大气中的传播速度,m/s。

电磁波在测线上的往返传播时间t_{2D}可以直接测定,也可以间接测定。直接测定电磁波传播时间采用的是一种脉冲波,它由仪器的发送设备发射出去,被目标反射回来,再由仪器接收器接收,最后仪器的显示系统显示出脉冲在测线上往返传播的时间t_{2D}或直接显示出测线的斜距。这种测距仪称为脉冲式光电测距仪。间接测定电磁波传播时间采用的是一种连续调制波,它由仪器发送设备发射出去,被目标反射回来,再由仪器接收器接收,通过发射信号与返回信号的相位比较,即可测定调制波往返于测线的滞后相位差中小于2π的尾数。用n个不同调制波的测相结果,便可间接推算出传播时间t_{2D},并计算(或直接显示)出测线的斜距。这种测距仪器称为相位式光电测距仪。目前这种仪器的计时精度达10^{-10}s以上,从而使测距精度提高到1cm左右,可基本满足精密测距的要求。现今用于精密测距的测距仪多属于相位式测距仪,因此我们仅讨论用于控制测量的相位式光电测距仪。

(二)相位式光电测距仪的基本公式

如图3-35a)所示,测定A、B两点的距离D,将相位式光电测距仪整置于A点(称测站),反射器整置于B点(称镜站)。测距仪发射出连续的调制光波,调制光波通过测线到达反射器,经反射后被仪器接收器接收,如图3-35b)所示。调制光波在经过往返距离$2D$后,相位延迟了ϕ。将A、B两点之间调制光波的往程和返程展开在一直线上,用波形示意图将发射波与接收波的相位差表示出来,如图3-35c)所示。

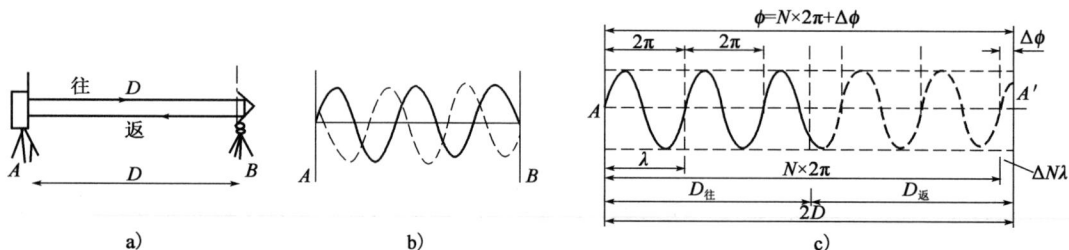

图3-35 相位式光电测距

设调制光波的调制频率为f,它的周期$T=1/f$,相应的调制波长$\lambda=cT=c/f$。由图3-35可知,调制光波往返于测线传播过程所产生的总相位变化ϕ中,包括N个整周变化$N\times 2\pi$和不足一周的相位尾数$\Delta\phi$,即

$$\phi = N \times 2\pi + \Delta\phi \qquad (3\text{-}27)$$

根据相位ϕ和时间t_{2D}的关系式$\phi=\omega t_{2D}$(ω为角频率),则

$$t_{2D} = \frac{\phi}{\omega} = \frac{1}{2\pi f}(N \times 2\pi + \Delta\phi)$$

将上式代入式(3-26)中,得

$$D = \frac{c}{2f}\left(N + \frac{\Delta\phi}{2\pi}\right) = L(N + \Delta N) \tag{3-28}$$

式中:L——测尺长度,$L = \dfrac{c}{2f} = \dfrac{\lambda}{2}$;

　　N——整周数;

　　ΔN——不足一周的尾数,$\Delta N = \dfrac{\Delta\phi}{2\pi}$。

式(3-28)为相位式光电测距的基本公式。由此可以看出,这种测距方法同钢尺量距相类似,用一把长度为 $\dfrac{\lambda}{2}$ 的"尺子"来测量距离,式中 N 为整尺段数,而 $\Delta N \times \dfrac{\lambda}{2}$ 等于 ΔL 为不足一尺段的余长,则

$$D = NL + \Delta L \tag{3-29}$$

式中:　c、f、L——已知值;

$\Delta\phi$、ΔN 或 ΔL——待测定值。

由于测相器只能测定 $\Delta\phi$,而不能测出整周数 N,因此相位式测距公式[式(3-28)或式(3-29)]会产生多值解。可借助于若干个调制光波的测量结果(ΔN_1,ΔN_2,… 或 ΔL_1,ΔL_2,…)推算出 N 值,从而计算出待测距离 D。

ΔL 或 ΔN 和 N 的测算方法有可变频率法和固定频率法。可变频率法是在可变频带的两端取测尺频率 f_1 和 f_2,使 ΔL 或 ΔN_1 和 ΔL_2 或 ΔN_2 等于0。这时在往返测线上恰好包括 N_1 个整波长 λ_1 和 N_2 个整波长 λ_2,同时记录从 f_1 变至 f_2 时出现的信号强度作周期性变化的次数,即整波数差($N_2 - N_1$)。于是由式(3-29),考虑 $L_1 = \lambda_1/2$,$L_2 = \lambda_2/2$ 和 $\Delta L_1 = \Delta L_2 = 0$,则有

$$D = \frac{1}{2}N_1\lambda_1 = \frac{1}{2}N_2\lambda_2 \tag{3-30}$$

解算式(3-30),可得

$$N_1 = \frac{N_2 - N_1}{\lambda_1 - \lambda_2}\lambda_1$$

$$N_2 = \frac{N_2 - N_1}{\lambda_1 - \lambda_2}\lambda_2$$

算出 N_1 或 N_2,将其代入式(3-30)便可求得距离 D,按这种方法设计的测距仪称为可变频率式光电测距仪。

固定频率法是采用两个以上的固定频率为测尺的频率,不同的测尺频率的 ΔL 或 ΔN 由仪器的测相器分别测定出来,然后按一定计算方法求得待测距离 D。这种测距仪称为固定频率式光电测距仪。现今的激光测距仪和微波测距仪大多属于固定频率式光电测距仪。

(三)测尺频率的选择

如前所述,由于在相位式测距仪中存在 N 的多值性问题,只有当被测距离 D 小于测尺长度 $\lambda/2$(即整尺段数 $N=0$)时,才可以根据 $\Delta\phi$ 求得唯一确定的距离值,即

$$D = \frac{\lambda}{2} \times \frac{\Delta\phi}{2\pi} = L \times \Delta N$$

当只用一个测尺频率 f_1=15MHz时,只能测出不足一个测尺长度 $L_1\left(L_1 = \dfrac{c}{2f} = 10\text{m}\right)$ 的尾数,若距离 D 超过 L_1(10m)的整尺段,就无法知道该距离的确切值,而只能测定不足一整尺的尾数值 $\Delta L_1 = L_1 \times \Delta N_1 = \Delta D$,如图3-36所示。若要测出该距离的确切值,必须再选一把大于距离 D 的测尺 L_2,其相应测尺频率为 f_2,测得不足一周的相位差 $\Delta\phi_2$,求得距离的概略值 D' 为

$$D' = L_2 \times \frac{\Delta\phi_2}{2\pi} = L_2 \times \Delta N_2$$

将两把测尺频率分别为 f_1 和 f_2 的测尺 L_1 和 L_2 测得的距离尾数 ΔD 和距离的概略值 D' 组合使用得到该距离的确切值为

$$D = D' + \Delta D \tag{3-31}$$

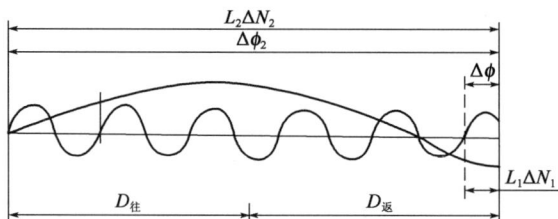

图3-36 测尺频率示意图

综上所述,当待测距离较长时,为了既保证必需的测距精度,又满足测程的要求,在考虑到仪器的测相精度为千分之一的情况下,可以在测距仪中设置几个不同的测尺频率,即相当于设置了几把长度不同、最小分划值也不相同的"尺子",用它们同测某段距离,然后将各自测得的结果组合起来,就可得到单一的、精确的距离值。

1. 直接测尺频率方式

短、中程测距仪(如激光或红外测距仪)常采用直接测尺频率方式,一般用两个或三个测尺频率。其中一个精测尺频率,测定待测距离的尾数部分,保证测距精度;其余的为粗测尺频率,测定距离的概值,满足测程要求。例如,AGA-116型红外短程光电测距仪使用两个测尺频率,精测尺频率为15MHz,测尺长度为10m;粗测尺频率为150kHz,测尺长为1000m。由于仪器的测定相位精度通常为千分之一,即测相结果具有三位有效数字,它对测距精度的影响随测尺长度的增大而增大,则精测尺可测量出厘米、分米和米的数值,粗测尺可测量出米、十米和百米的数值。这两把测尺交替使用,将它们的测量结果组合起来,就可得出待测距离的全长。如果用这两把测尺来测定一段距离,用10m的精测尺测得5.82m,用1000m的粗测尺测得785m,二者组合起来得出785.82m。这种直接使用各测尺频率的测量结果组合成待测距离的方式,称为直接测尺频率方式。

2. 间接测尺频率方式

在测相精度一定的条件下,如果要扩大测程,同时又保持测距精度不变,就必须增加测尺频率,见表3-7。

测量频率与测尺长度 表3-7

测尺频率f	15MHz	1.5MHz	150kHz	15kHz	1.5kHz
测尺长度L	10m	100m	1km	10km	100km
精度	1cm	1dm	1m	10m	100m

由表3-7看出,各直接测尺频率彼此相差较大,而且测程越长时,测尺频率相差越大,此时最高测尺频率和最低测尺频率之间相差达万倍,使电路中放大器和调制器难以对各种测尺频率保持相同的增益和相移稳定性。于是,有些远程相位式光电测距仪改用一组数值上比较接近的测尺频率,利用其差频频率作为间接测尺频率,可得到与使用直接测尺频率方式同样的效果。其工作原理如下:

设用两个测尺频率f_1和f_i分别测量同一距离D,按式(3-26)可写出

$$D = c(N_1 + \Delta N_1)/2f_1$$
$$D = c(N_i + \Delta N_i)/2f_i$$

两式相减并移项后得

$$D = \frac{c}{2(f_1 - f_i)}[(N_1 - N_i) + (\Delta N_1 - \Delta N_i)] \tag{3-32}$$

令$f_1 - f_i = f_{1i}$为间接测尺频率,$N_1 - N_i = N_{1i}$为间接测尺的整波数,$\Delta N_1 - \Delta N_i = \Delta N_{1i}$为间接测尺的余波数,则式(3-32)可改写为

$$D = \frac{c}{2f_{1i}}(N_{1i} + \Delta N_{1i}) = L_{1i}(N_{1i} + \Delta N_{1i}) \tag{3-33}$$

式中:L_{1i}——间接测尺长度,$L_{1i} = \frac{c}{2f_i}$。

式(3-33)表明,同一距离上用两个测尺频率测得不足一整周的尾数ΔN_1和ΔN_i的差($\Delta N_1 - \Delta N_i$)与直接用差频f_{1i}测得的尾数ΔN_{1i}是一致的。于是,可以选择一组相近的测尺频率$f_1, f_2, f_3, \cdots$(见表3-8第1栏)进行测量,测得各自的尾数为$\Delta N_1, \Delta N_2, \Delta N_3, \cdots$。若取$f_1$为精测尺频率,取$f_{12}, f_{13}, \cdots$为间接测尺频率,其尾数$\Delta N_{12}, \Delta N_{13}, \cdots$可按$\Delta N_{1i} = \Delta N_1 - \Delta N_i(i=2, 3, \cdots)$间接算得,则适当选取测尺频率$f_1, f_2, f_3, \cdots$的大小,就可形成一套测尺长度$L$为十进制的测尺系统,如表3-8所示。这种用差频作为测尺频率进行测距的方式称为间接测尺频率方式。

测尺长度L为十进制的测尺系统 表3-8

精尺和粗尺频率f_1和f_i	精尺和间接测尺频率f_1和f_{1i}	测尺长度$L=\frac{1}{2}\lambda$	精度
$f_1 = 15$MHz	$f_1 = 15$MHz	10m	1cm
$f_2 = 0.9f_1$	$f_{12} = f_1 - f_2 = 1.5$MHz	100m	10cm
$f_3 = 0.99f_1$	$f_{13} = f_1 - f_3 = 150$kHz	1km	1m
$f_4 = 0.999f_1$	$f_{14} = f_1 - f_4 = 15$kHz	10km	10m
$f_5 = 0.9999f_1$	$f_{15} = f_1 - f_5 = 1.5$kHz	100km	100m

从表3-8中可以看出,采用间接测尺频率方式,各频率($f_1, f_2, \cdots, f_5$)非常接近,最高频率与最低频率之差仅1.5MHz,这样设计的远程光电测距仪仍能使放大器对各侧尺频率保持一致的增益和相移稳定性。我国研制的JCY-2型激光测距仪和国外的AGA-8型激光测距仪、

EOK2000红外测距仪等均采用的是这种间接测尺频率方式。

3. 测尺频率的确定

测尺频率方式选定之后,就必须解决各测尺长度及测尺频率的确定问题。一般将用于决定仪器测距精度的测尺频率称为精测尺频率,而将用于扩展测程的测尺频率称为粗测尺频率。

对于采用直接测尺频率方式的测距仪,精测尺频率的确定依据测相精度,主要考虑仪器的测程和测量结果的准确衔接,还要使确定的测尺长度便于计算。例如,我国的HGC-1型及长征DCH-1型红外测距仪,确定精测尺长度L_1=10m和粗测尺长度L_2=1000m的精测尺频率和粗测尺频率。

测尺频率可按式(3-34)确定:

$$f_i = \frac{c}{2L_{1i}} = \frac{c_0}{2nL_i} \qquad (3-34)$$

式中:c——光波在大气中的传播速度,m/s;

　　n——大气折射率;

　　c_0——光波在真空中的传播速度,m/s;

　　f_i——调制频率(测尺频率)。

电磁波在真空中的传播速度c_0,即光速,是自然界中一个重要的物理常数。20世纪以来,许多物理学家和大地测量学家用各种可能的方法,多次进行了光速值的测量。1957年国际大地测量及地球物理联合会同意采用新的光速暂定值,建议在一切精密测量中使用,这个光速暂定值为

$$c_0 = 299792458(\pm 1.2)\text{m/s}, \frac{\partial c_0}{c_0} \approx 4 \times 10^{-9}$$

1960年国际权度会议正式决定,规定长度1m等于光波速值的倒数,即1m=$\frac{1}{c_0}$s。

由物理学知,光波在大气中传播时的折射率n,取决于所使用的波长和在传播路径上的气象因素(温度t、气压p和水汽压e)。光波折射率随波长而改变的现象称为色散,也就是说,不同波长的单色光在大气中具有不同的传播速度(相速)。在标准气象情况(温度为0℃,气压为101325Pa,湿度为0%RH,含0.03%CO_2)下,单色光在大气中的折射率n_λ与波长λ的关系式,由巴雷尔-塞尔斯公式给出:

$$n_\lambda = 1 + \left(287.604 + \frac{1.6288}{\lambda^2} + \frac{0.0136}{\lambda^4}\right) \times 10^{-6} \qquad (3-35)$$

式中:λ——群波中各单色波波长的平均值,μm。

但是,光电测距仪中使用的光不是单色光波,而是由很多个频率相近的单色波叠加而成的群波,由于大气存在着色散的特性,各个单色波都以不同的速度(相速)传播着,因此群波的传播速度c_g(群速)和各单色波的相速是不相同的。根据国际大地测量协会的决定,对调制光波一律采用群速c_g:

$$c_g = \frac{c_0}{n_g}$$

在标准气象条件下,相应于群速c_g的调制光的大气折射率n_g^0和n有如下关系式:

$$n_g^0 = n_\lambda - \frac{dn_\lambda}{d\lambda}\lambda \tag{3-36}$$

将式(3-35)及它的微分式代入式(3-36)得

$$n_g^0 = 1 + \left(287.604 + \frac{4.8864}{\lambda^2} + \frac{0.0680}{\lambda^4}\right) \times 10^{-6} \tag{3-37}$$

由式(3-37)计算标准气象条件下调制光波的折射率n_g^0。

在一般的大气条件下,群波的折射率n_g受气温、气压和湿度的影响,实际气象条件下调制光波的折射率n_g在我国一般采用柯尔若希公式:

$$n_g = 1 + \frac{n_g^0 - 1}{1 + \alpha t} \times \frac{p}{101325} - \frac{4.1 \times 10^{-10}}{1 + \alpha t} \times e \tag{3-38}$$

式中:t——大气摄氏温度,℃;

p——大气压力,Pa;

e——大气中水汽压力(湿度),Pa;

α——气体膨胀系数,$\alpha = \frac{1}{273.16}$。

若测距仪选定的参考气象条件为t=15℃,p=101325Pa,e=0Pa,代入式(3-38),即可求出在仪器选定的参考气象条件下的调制光折射率n_g',若以仪器选定参考气象条件为准,则测量时的调制光折射率公式又可以写成

$$n_g = 1 + \frac{n_g' - 1}{1 + \alpha t} \times \frac{p}{101325} - \frac{4.1 \times 10^{-10}}{1 + \alpha t} e \tag{3-39}$$

式中:t、p、e——测距时测得的气象数据。

例如,某台短程红外测距仪采用的半导体GaAs发光二极管发出的光波长为0.93μm。在标准气象条件下求出10m长的精测尺和1000m长的粗测尺的测尺频率值。

由式(3-37)求得n_g^0=1.00029335,再利用式(3-34)即可求得精测尺频率及粗测尺频率为

$$f_1 = \frac{c_0}{2n_g^0 L_1} = 14.985227\text{MHz}$$

$$f_2 = \frac{c_0}{2n_g^0 L_2} = 149.852\text{kHz}$$

若该仪器设计的参考气象条件为t=15℃,p=101325Pa,e=0Pa,求其测尺频率值。这时除按式(3-37)求得n_g^0外,还应按式(3-38)再求参考气象条件的n_g'=1.00027808,然后由式(3-34)求得其相应测尺频率值为

$$f_1 = \frac{c_0}{2n_g' L_1} = 14.985456\text{MHz}$$

$$f_2 = \frac{c_0}{2n_g' L_2} = 149.855\text{kHz}$$

三、视距测量

视距测量是用望远镜内视距丝装置,根据几何光学原理同时测定距离和高差的一种方法。这种方法具有操作方便、速度快、不受地面高低起伏限制等优点,但测距精度较低,一般

相对误差为1/300～1/200。视距测量虽然精度较低,但能满足测定碎部点位置的精度测量要求,因此被广泛应用于碎部测量中。视距测量所用的主要仪器和工具是经纬仪及视距尺。

(一)视距测量原理

1. 视线水平时的距离与高差公式

欲测定A、B两点间的水平距离D及高差h,可在A点安置经纬仪,B点立视距尺,设望远镜视线水平,瞄准B点视距尺,此时视线与视距尺垂直,如图3-37所示。

视距读数如图3-38所示,读出上视距丝读数a、下视距丝读数b。上、下丝读数之差称为视距间隔或尺间隔,为$l=a-b$,则水平距离计算公式为

$$D=Kl \tag{3-40}$$

式中:K——视距常数,在仪器制造时常使$K=100$。

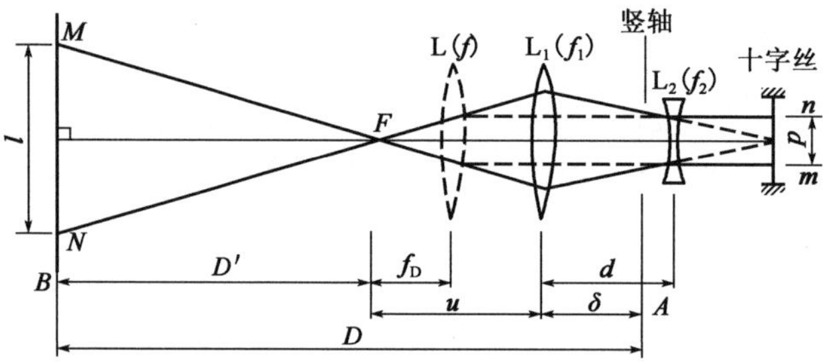

图3-37　视距测量原理

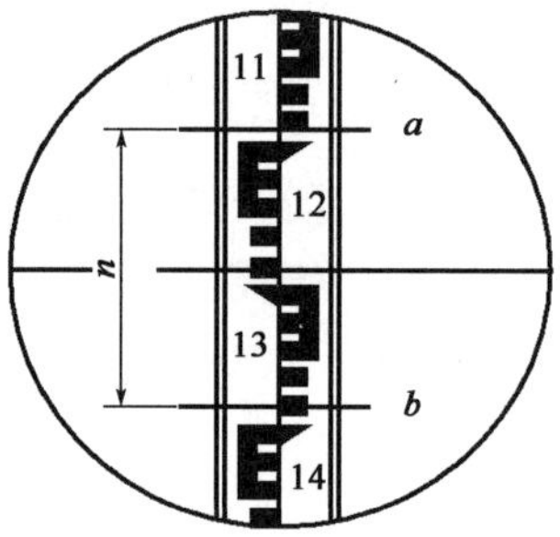

图3-38　视距读数

如图3-39所示,量取仪器高i,读取中丝读数v,可以计算出两点间的高差为

$$h = i - v \tag{3-41}$$

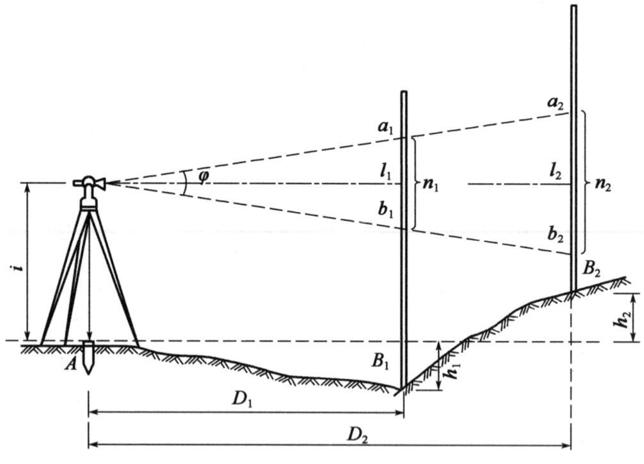

图3-39　视线水平时的视距测量

2. 视线倾斜时的距离与高差公式

在地面起伏较大的地区进行视距测量,必须使视线倾斜才能读取视距间隔。由于视线与视距尺不垂直,故不能直接应用上述公式。

设想将目标尺以中丝读数这一点为中心,转动一个α角,使目标尺与视准轴垂直,由图3-40可推算出视线倾斜时的视距测量计算公式:

$$D = Kl \cdot \cos^2\alpha \tag{3-42}$$

$$h = \frac{1}{2}Kl\sin(2\alpha) + i - v \tag{3-43}$$

式中:K——视距常数;

    α——竖直角;

    i——仪器高;

    v——中丝读数,即目高程。

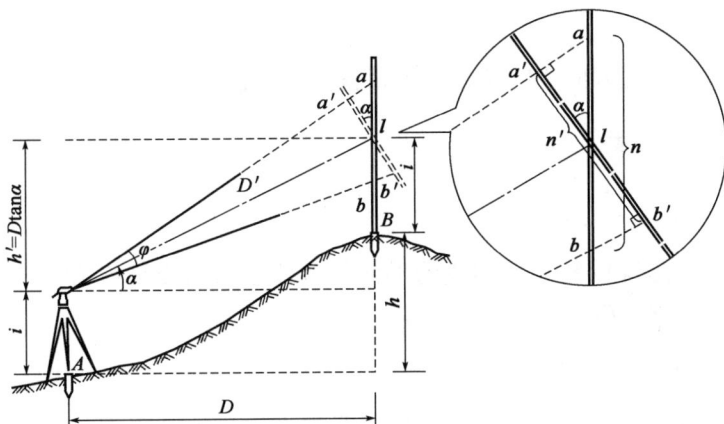

图3-40 视线倾斜时的视距测量

(二)视距测量的观测与计算

施测时,安置仪器于A点,量出仪器高i,转动照准部瞄准B点视距尺,分别读取上、下、中三丝的读数,计算视距间隔。再使竖盘指标水准管气泡居中(如为竖盘指标自动补偿装置的经纬仪,则无此项操作),读取竖盘读数,并计算竖直角。利用上述视距计算公式计算出水平距离和高差。

(三)视距测量误差及注意事项

视距测量的精度较低,在较好的条件下,视距测量所测水平距离的相对误差为1/300~1/200。

1. 视距测量的误差

(1)读数误差。用视距丝在视距尺上读数的误差,与尺子最小分划的宽度、水平距离的远近和望远镜放大倍率等因素有关,因此读数误差的大小视使用的仪器、作业条件而定。

(2)垂直折光影响视距尺不同部分的光线是通过不同密度的空气层到达望远镜的,越接近地面的光线受折光影响越显著。经验证明,当视线接近地面在视距尺上读数时,垂直折光引起的误差较大,并且这种误差与距离的平方成比例地增加。

(3)视距尺倾斜误差受竖直角的影响,尺身倾斜对视距精度的影响较大。

2. 视距测量的注意事项

(1)为减少垂直折光的影响,观测时应尽可能使视线距离地面1m以上。

(2)作业时,要将视距尺竖直,并尽量采用带有水准器的视距尺。

(3)要严格测定视距常数 K, K 值应在100±0.1范围之内,否则应加以改正。

(4)视距尺一般应是以厘米刻划的整体尺,如果使用塔尺,应注意检查各节尺的接头是否准确。

(5)要在成像稳定的情况下进行观测。

四、直线定向

确定一条直线与标准方向之间的角度关系,称为直线定向。

(一)标准方向的种类

1. 真子午线方向(真北方向)

地球表面某点和地球旋转轴所构成的平面与地球表面的交线称为该点的真子午线。真子午线在该点的切线方向称为该点的真子午线方向。

2. 磁子午线方向(磁北方向)

地球表面某点和地球磁场南北极连线所构成的平面与地球表面的交线称为该点的磁子午线。磁子午线在该点的切线方向称为该点的磁子午线方向,一般是磁针在该点自由静止时所指的方向。

3. 轴子午线方向(坐标北方向)

由于地球上各点的子午线互不平行,而是向两极收敛,为方便测量、计算工作,常以平面直角坐标系的纵坐标轴为标准方向,即高斯投影带中的中央子午线方向。在工程中常以坐标纵轴方向为标准方向,即指北方向。

4. "三北"方向的关系

三种标准方向之间的关系如图3-41所示。

(1)磁偏角。

磁偏角:真子午线与磁子午线之间的夹角,即 δ。

东偏(正):磁子午线偏真子午线以东,为东偏。

西偏(负):磁子午线偏真子午线以西,为西偏。

(2)子午线收敛角。

子午线收敛角:真子午线与轴子午线之间的夹角,即 γ。

东偏(正):轴子午线偏真子午线以东,为东偏。

西偏(负):轴子午线偏真子午线以西,为西偏。

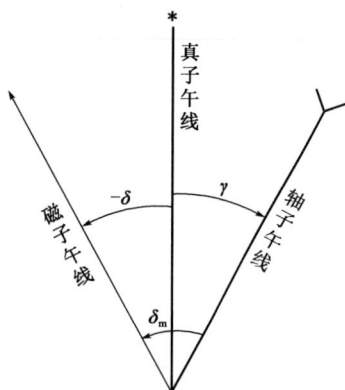

图3-41 三种标准方向之间的关系

（二）直线方向的表示方法

通常用方位角和象限角来表示直线的方向。

1. 方位角

从标准方向北端起，按顺时针方向量到某直线的夹角称为方位角。方位角一般用 α 表示，角值范围为 $[0°, 360°]$。方位角按标准方向的不同又可分为真方位角、磁方位角和坐标方位角（简称方位角），如图3-42所示。

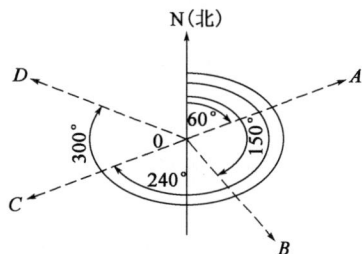

2. 正、反坐标方位角

一条直线有正、反两个方向，通常以直线前进的方向为正方向。由图3-43可以看出，一条直线的正、反方位角的数值相差 $180°$，即

$$\alpha_{正} = \alpha_{反} \pm 180° \tag{3-44}$$

图3-42　坐标方位角

3. 象限角

测量上有时用象限角来确定直线的方向。象限角是指由标准方向的北端或南端起量至某直线所夹的锐角，常用 R 表示，角值范围为 $[0°, 90°]$。

4. 坐标方位角和象限角的换算关系

坐标方位角和象限角均是表示直线方向的方法，它们之间既有区别又有联系。在实际测量中经常会将它们互换应用，由图3-44可以推算出它们之间的互换关系，见表3-9。

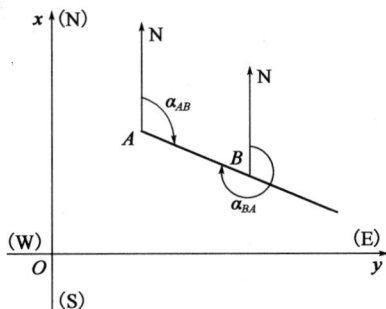

图3-43　正、反坐标方位角

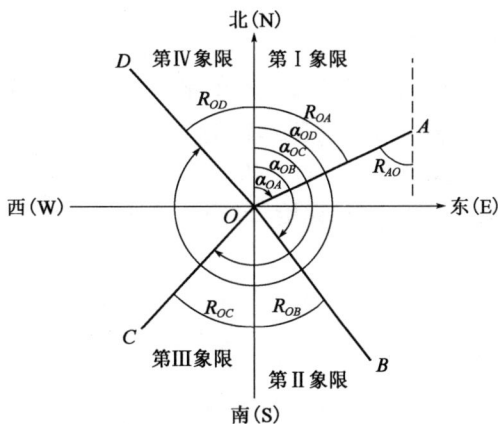

图3-44　坐标方位角与象限角

坐标方位角和象限角的换算　　表3-9

直线方向	由坐标方位角 α 求象限角 R	由象限角 R 求坐标方位角 α
第Ⅰ象限（北东）	$R=\alpha$	$\alpha=R$
第Ⅱ象限（南东）	$R=180°-\alpha$	$\alpha=180°-R$
第Ⅲ象限（南西）	$R=\alpha-180°$	$\alpha=180°+R$
第Ⅳ象限（北西）	$R=360°-\alpha$	$\alpha=360°-R$

例 3-1　某直线 AB，已知正坐标方位角 $\alpha_{AB}=334°31'48''$，试求 α_{BA}、R_{AB}、R_{BA}。

解　$\alpha_{BA}=334°31'48''-180°=154°31'48''$

$R_{AB}=360°-334°31'48''=25°28'12''(\text{NW})$

$R_{BA}=180°-154°31'48''=25°28'12''(\text{SE})$

（三）罗盘仪及其使用

罗盘仪主要是用来测量直线的磁方位角的仪器，也可以粗略地测量水平角和竖直角，还可以进行视距测量。

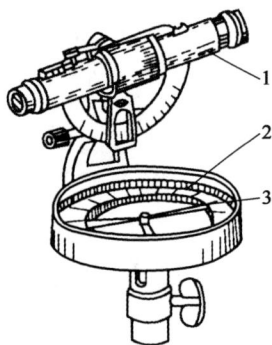

1. 罗盘仪的构造

罗盘仪主要由刻度盘、望远镜和磁针三部分组成，如图 3-45 所示。

2. 直线磁方位角的测量

（1）将仪器搬到测线的一端，并在测线另一端插上标杆。

（2）安置仪器。

①对中：将仪器装于三脚架上，并挂上垂球，然后移动三脚架，使垂球尖对准测站点，此时仪器中心与地面点处于同一条铅垂线上。

图 3-45　罗盘仪
1-望远镜；2-刻度盘；3-磁针

②整平：松开仪器球形支柱上的螺旋，调整上、下俯仰度盘位置，使度盘上的两个水准气泡同时居中，旋紧螺旋，固定度盘，此时罗盘仪主盘处于水平位置。

（3）瞄准读数。

①转动目镜调焦螺旋，使十字丝清晰。

②转动罗盘仪，使望远镜对准测线另一端的目标，调节调焦螺旋，使目标成像清晰稳定，再转动望远镜，使十字丝对准立于测点上的标杆的最底部。

③松开磁针制动螺旋，等磁针静止后，从正上方向下读取磁针指北端所指的读数，即为测线的磁方位角。

④读数完毕后，旋紧磁针制动螺旋，将磁针顶起，以防磁针磨损。

3. 使用罗盘仪的注意事项

（1）在磁铁矿区或离高压线、无线电天线、电视转播台等较近的地方有电磁干扰现象，不宜使用罗盘仪。

（2）观测时，铁器等物体（如斧头、钢尺、测钎等）不要接近仪器。

（3）读数时，眼睛的视线方向与磁针应在同一竖直面内，以减小读数误差。

（4）观测完毕后，搬动仪器应拧紧磁针制动螺旋，固定好磁针，以防损坏磁针。

工作任务 8   距离测量精度评定

学习目标

掌握距离测量精度的评定方法。

相关知识

根据工作任务5中的基本知识,我们知道衡量观测值精度的指标有多种,距离测量的精度用相对中误差评定。

一、用中误差衡量观测值的精度

例如,使用钢尺分别测量L_1和L_2两段距离,每段距离分别测量5次,观测结果如表3-10所示。

5次观测结果   表3-10

观测次数	观测值L_1(m)	观测次数	观测值L_2(m)
1	99.992	1	200.005
2	99.994	2	200.006
3	100.005	3	199.994
4	100.003	4	199.997
5	100.006	5	199.992

(1)根据表3-10求解两组观测值的算术平均值分别为

$$l_1 = \frac{[L]_1}{n} = 100\text{m}$$

$$l_2 = \frac{[L]_2}{n} = 200\text{m}$$

(2)根据表3-10分别求出两组观测值改正数的平方和分别为

$$[vv]_1 = 170$$
$$[vv]_2 = 170$$

(3)利用式(3-15)分别求得两组观测值得中误差为

$$m_1 = \pm\sqrt{\frac{[vv]_1}{n-1}} = \pm\sqrt{\frac{170}{4}} \approx \pm 6.52\text{mm}$$

$$m_2 = \pm\sqrt{\frac{[vv]_2}{n-1}} = \pm\sqrt{\frac{170}{4}} \approx \pm 6.52\text{mm}$$

从上述结果可以看出,对距离L_1和L_2分别进行两组观测,观测值的中误差是相等的,这是否可以认为这两组的观测精度是相同的呢? 当然是不行的,虽然二者的中误差相等,但不能简单地认为它们的精度一样,因为量距误差与测量的长度有关,因此,当观测量的精度与观测量自身的大小相关时,应用相对误差来衡量观测值的精度。

二、用相对误差衡量观测值的精度

利用式(3-16),分别求出二者的相对误差:

$$K_1 = \frac{m_1}{l_1} = \frac{0.00625}{100} = \frac{1}{16000}$$

$$K_2 = \frac{m_2}{l_2} = \frac{0.00625}{200} = \frac{1}{32000}$$

从上述结果可以看出,后者精度明显高于前者。

工作任务9　地面点坐标计算

学习目标

掌握坐标方位角的推算方法;掌握坐标正、反算的方法。

相关知识

一、坐标方位角的推算

α_{AB}为起始边方位角。若β_B为左角,如图3-46所示,则$B1$边的方位角为

$$\alpha_{B1} = \alpha_{AB} + \beta_B - 180° \tag{3-45}$$

若β_B为右角,如图3-47所示,则$B1$边的方位角为

$$\alpha_{B1} = \alpha_{AB} - \beta_B + 180° \tag{3-46}$$

根据式(3-45)或式(3-46)推算出的方位角范围应在$[0°,360°]$,若方位角大于$360°$,则应减去$360°$;若方位角为负值,则应加上$360°$。

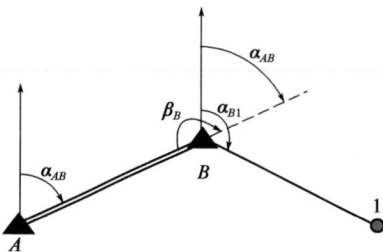

图3-46　β_B为左角　　　　　图3-47　β_B为右角

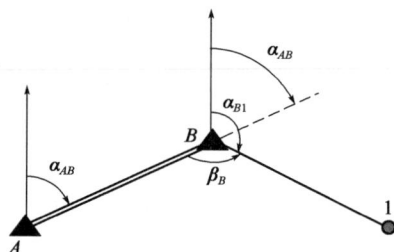

二、坐标正算

根据已知点坐标、边长及坐标方位角计算未知点的坐标,称为坐标正算。

如图3-48所示,已知A点坐标为(X_A, Y_A),AB边的边长为D_{AB},AB边的方位角为α_{AB},B为未

知点,求B点坐标(X_B,Y_B)。

$$\Delta x_{AB} = X_B - X_A = D_{AB}\cos\alpha_{AB} \qquad (3\text{-}47)$$

$$\Delta y_{AB} = Y_B - Y_A = D_{AB}\sin\alpha_{AB} \qquad (3\text{-}48)$$

则可以得到B点坐标为

$$X_B = X_A + \Delta x_{AB} = X_A + D_{AB}\cos\alpha_{AB} \qquad (3\text{-}49)$$

$$Y_B = Y_A + \Delta y_{AB} = Y_A + D_{AB}\sin\alpha_{AB} \qquad (3\text{-}50)$$

上述各式中,Δx_{AB}、Δy_{AB}分别为纵、横坐标的增量。

三、坐标反算

已知两点坐标,求两点之间的距离与该边的方位角,称为坐标反算。

如图3-48所示,已知A点坐标为(X_A,Y_A),B点坐标为(X_B,Y_B),则AB边的边长D_{AB}、AB边的方位角α_{AB}分别为

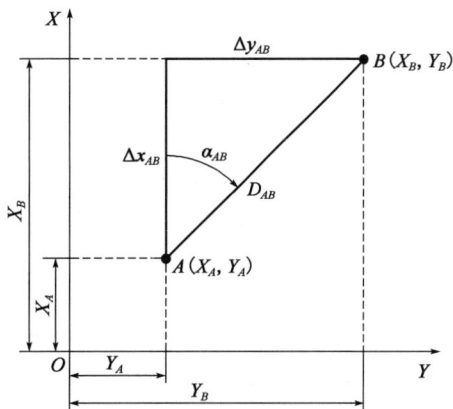

图3-48　坐标正、反算

$$D_{AB} = \sqrt{(X_B - X_A)^2 + (Y_B - Y_A)^2} \qquad (3\text{-}51)$$

$$\alpha_{AB} = \arctan(\Delta y_{AB}/\Delta x_{AB}) \qquad (3\text{-}52)$$

在利用坐标反算公式[式(3-52)]计算AB边的方位角α_{AB}时,应根据Δx_{AB}、Δy_{AB}的正、负,判断其所在的象限。直线AB的方位角α_{AB}与Δx_{AB}、Δy_{AB}的正、负及象限的关系如下:

(1)若$\Delta x_{AB} > 0$,$\Delta y_{AB} > 0$,则α_{AB}位于第Ⅰ象限,$\alpha_{AB} = \arctan(\Delta y_{AB}/\Delta x_{AB})$。

(2)若$\Delta x_{AB} < 0$,$\Delta y_{AB} > 0$,则α_{AB}位于第Ⅱ象限,$\alpha_{AB} = 180° - \arctan(\Delta y_{AB}/\Delta x_{AB})$。

(3)若$\Delta x_{AB} < 0$,$\Delta y_{AB} < 0$,则α_{AB}位于第Ⅲ象限,$\alpha_{AB} = 180° + \arctan(\Delta y_{AB}/\Delta x_{AB})$。

(4)若$\Delta x_{AB} > 0$,$\Delta y_{AB} < 0$,则α_{AB}位于第Ⅳ象限,$\alpha_{AB} = 360° - \arctan(\Delta y_{AB}/\Delta x_{AB})$。

(5)若$\Delta x_{AB} > 0$,$\Delta y_{AB} = 0$,则$\alpha_{AB} = 0°$或$360°$。

(6)若$\Delta x_{AB} = 0$,$\Delta y_{AB} > 0$,则$\alpha_{AB} = 90°$。

(7)若$\Delta x_{AB} < 0$,$\Delta y_{AB} = 0$,则$\alpha_{AB} = 180°$。

(8)若$\Delta x_{AB} = 0$,$\Delta y_{AB} < 0$,则$\alpha_{AB} = 270°$。

工作任务10　全站仪的工作原理及操作

学习目标

了解全站仪的工作原理;掌握全站仪的使用方法和操作步骤。

相关知识

全站仪的基本功能

一、全站仪概述

全站仪的全称为全站型电子速测仪(Electronic Theomoter Total Station),它是由光电测

距仪、电子经纬仪和数据处理系统组合而成,集机械、光学、电子等多方面技术于一体的一种测量仪器。由于只需要一次安置,仪器便可以完成在该测站上所有的测量工作,故被称为全站仪。

全站仪发展的初期,是将电子经纬仪与光电测距仪安装在一起,并可以拆卸、分离成经纬仪和测距仪两个独立的部分,称为积木式全站仪。后来又改为将光电测距仪的光波发射、接收系统的光轴和经纬仪的视准轴组合为同轴的整体式全站仪,并且配置了电子计算机的中央处理单元(CPU)、储存单元和输入输出设备(I/O),能根据外业观测数据(角度、距离),实时计算并显示出所需要的测量成果,包括点与点之间的方位角、水平距离、高差或点的三维坐标等。输入输出设备可以与计算机交互通信,使测量数据直接由计算机接收,并进行计算、编辑和绘图。测量作业所需要的已知数据也可以由计算机输入全站仪。

全站仪既可以同时进行角度(水平角、竖直角)测量和距离(斜距、水平距离、高差)测量,也可以进行各种放样元素(水平距离、高差、高程、坐标等)的放样工作;同时,它还具有一般常用测量参数设置、数据处理等功能。因此,全站仪具有多功能、高精度、自动化等方面的优点,是其他常规测量仪器无法比拟的。借助全站仪,人们不仅可以使测量的外业工作高效化,而且可以实现整个测量作业的高度自动化。

20世纪初,经纬仪经历了从游标经纬仪到光学经纬仪的发展,其中光学度盘替代了游标盘;光学测微器替代了游标读数;望远镜由外调焦倒像发展为内调焦正像。40年代末,精密电磁波测距技术有了突破性进展,光电测距仪、激光测距仪相继问世,并用于生产。但仪器体积大、笨重、耗电量大,故难以推广。60年代末,以半导体发光管为光源的小型红外测距仪问世。70—80年代,电磁波红外测距技术得到迅速发展和普及应用,它几乎取代了钢尺量距。90年代初,红外测距仪的发展已趋于稳定,并形成了各档次的系列产品。测距精度已有 $\pm(5\text{mm}+5\times D\times10^{-6})$、$\pm(3\text{mm}+2\times D\times10^{-6})$、$\pm(2\text{mm}+2\times D\times10^{-6})$、$\pm(1\text{mm}+1\times D\times10^{-6})$($D$ 以 km 为单位)等。测距仪因其体积小、质量小、测程长、精度高而得到了广泛应用。

在电磁波测距技术发展的同时,人们在不停地探索地面测量自动化的道路,角度测量自动化的思想也应运而生。其实质是将光学度盘改造为光电扫描度盘,将人工光学测微读数改造为光电自动记数和显示记数,即将目视读数发展为自动显示和自动记录,由此电子经纬仪得以发展。电子经纬仪与测距仪的结合,称为电子速测仪;再配以电子记录装置,称为全站型电子速测仪。1968年联邦德国 OPTON 厂最早将电子经纬仪与电磁波测距仪设计为一体,研制了 Reg Elda 14 全站型电子速测仪。由于受到当时电子元器件的限制,仪器体积较大,且较重。之后瑞典 AGA 厂研制了 Geodimeter 700 激光电子速测仪,其光源为氦-氖激光器,测距精度可达 $\pm(5\text{mm}+1\times D\times10^{-6})$,测角精度为 $\pm2''$,竖直角精度为 $\pm10''$。目前,整体式全站仪已成为全站仪产品的主流,其产品已有几十种型号,且其精度、测程、质量、体积各项指标都在稳步提升,以满足各种工程的需要。各等级仪器的测角精度有 $0.5''$、$1''$、$2''$、$3''$、$5''$、$10''$等。

全站仪因能在测站上同时测量、显示、记录水平角、竖直角、水平距离、斜距、高差、高程、坐标等全部内容而受到测绘工作者青睐,如果将全站仪再配以电子平板等测图系统,则可自动(现场)成图,这套系统又称为全站仪(综合)测绘系统。这正是野外测量自动化的模式。

全站仪的优势就在于,它采集的全部测量数据能自动传输给记录卡、电子手簿(以便室内成图);或传输给电子平板,在现场自动成图,再经过一定的室内编辑,即可由电子平板(或台式计算机)控制绘图仪出图。因此,如果将全站仪分别仅当作测距仪和电子经纬仪来使用,是对全站仪的极大浪费。全站仪测绘系统在测量工作自动化的进程中起着重要的作用,也将成为地理信息系统(GIS)数据更新的重要手段。随着全站仪硬件设备及软件的日臻成熟,全站仪在我国经济建设、国防建设和科学技术诸方面发挥着越来越大的作用,因此,掌握全站仪及其相关的一些基础知识是非常重要的,也是必须的。

二、全站仪的工作原理

全站仪将测距仪与电子经纬仪组合在一起,除可自动显示角度、距离的数据外,还可以通过仪器内部的微处理机,直接得到地面点的空间坐标。因此,全站仪的工作原理就是利用激光或红外光进行光电测距,利用电子经纬仪测量竖直角及水平角,再通过自身所带的应用程序计算出空间坐标,并显示和储存角度、距离、坐标数据。

（一）红外测距

目前红外测距均采用相位法。设用测距仪测定 A、B 两点间的距离 D,在 A 点安置测距仪,在 B 点安置反射镜。由测距仪发射调制光波,经过距离 D 到达反射镜,再经反射回到仪器接收系统。如果能测出调制光波在距离 D 上往返传播的时间 t,则距离 D 即可按式(3-53)求得:

$$D = \frac{1}{2} ct \tag{3-53}$$

式中:c——调制光波在大气中的传播速度,m/s。

（二）电子经纬仪测角

电子经纬仪与光学经纬仪具有类似的外形和结构特征,因此使用方法也有许多相同之处。两者最主要的区别在于读数系统。光学经纬仪的度盘是在360°的全圆上均匀地刻上度、分刻划并标有注记,利用光学测微器读出角度秒值。电子经纬仪则采用光电扫描度盘和自动显示系统。目前,电子经纬仪采用的光电扫描测角系统大致有三类:编码度盘测角系统、光栅盘测角系统和动态(光栅盘)测角系统。电子经纬仪的工作原理见图3-49。

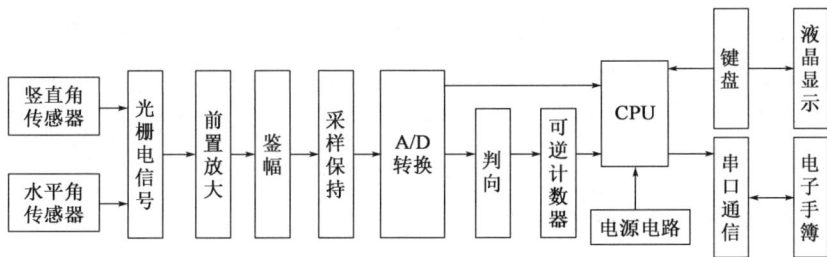

图3-49 电子经纬仪的工作原理

1. 绝对式编码度盘测角原理

编码度盘为绝对式光电扫描度盘,即在编码度盘的每一个位置上都可以直接读出度、分、秒的数值,故编码测角原理又称绝对式测角原理。

2. 增量式光栅测角原理

光栅尺或光栅盘是指均匀地刻有许多一定间隔(一般为相等间隔)细线的直尺或圆盘。刻在直尺上用于直线测量的为直线光栅,如图3-50a)所示;刻在圆盘上的等角距的光栅称为径向光栅,如图3-50c)所示。光栅的基本参数是刻线的密度(刻线条数/mm)和栅距(相邻两刻线之间的距离)。图3-50a)中,光栅的栅线宽度为a,缝隙宽度为b,通常$a=b$,栅距$d=a+b$,它们分别对应某一角度值。栅线为不透光区,缝隙为透光区,在光栅盘的上、下对应位置上装有光源、指示光栅和接收器(光电二极管),称为读数头,可随照准部相对于光栅盘转动。由计数器累计读数头所转动的栅距数,从而求得所转动的角度值。因为光栅盘上没有绝对度数,只是累计移动光栅的条数计数,故称为增量式光栅度盘,其读数系统为增量式读数系统。

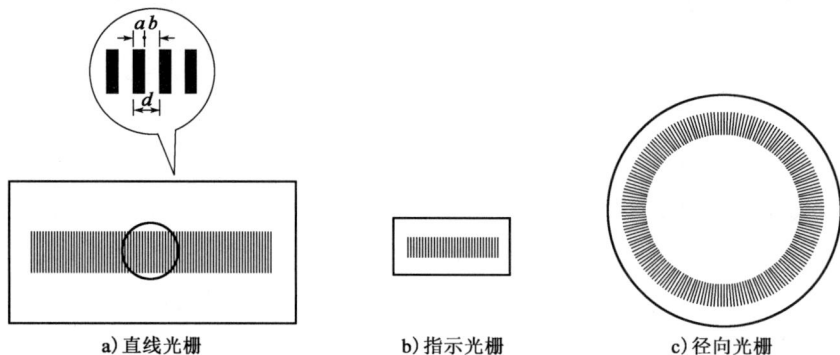

a)直线光栅　　　　b)指示光栅　　　　c)径向光栅

图3-50　光栅度盘

一般光栅的栅距很小,但其分划值却较大,如80mm直径的度盘上刻有12500条线(刻线密度为50线/mm),其栅距分划值为$1'44''$。为提高测角精度,必须提高光栅固有的分辨率,即必须对光栅的栅距进行细分。但直接对这样小的栅距进行细分也很困难,须设法将栅距放大,常采用莫尔条纹技术进行放大。

三、全站仪的使用

目前,各单位所使用的全站仪品牌很多,但操作要领大同小异。徕卡全站仪不但具有良好的电子系统,而且光学系统极好,成像清晰、稳定,是工程单位使用较为普遍的电子全站仪之一。以下就徕卡TC300系列全站仪的结构特征、操作方法、程序功能及其应用等方面对其进行介绍。

(一)徕卡TC300系列全站仪概述

徕卡TC300系列全站仪在工程测量和放样工作中较为适用,其主要部件见图3-51。其主要特点如下:

(1)拥有人机对话键盘,清晰的LCD大屏幕彩色显示屏。

(2)TCR为内装有可见光束激光测距仪,可实现无棱镜测距。

(3)仪器侧面装有热键(快捷键),使用方便。

（4）无限位垂直、水平微动螺旋。

（5）装有激光对中器。

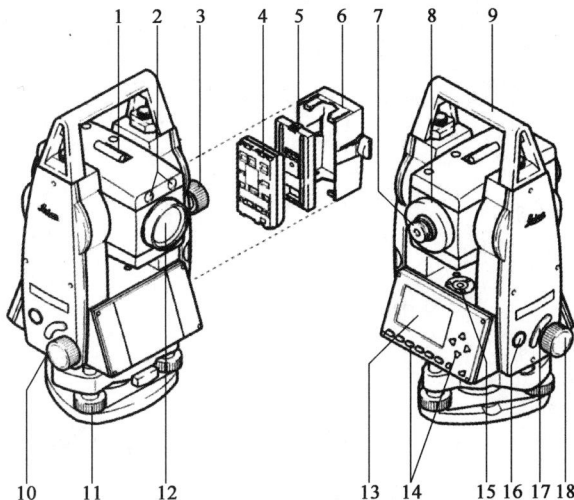

图 3-51 徕卡 TC300 系列全站仪的主要部件

1-粗瞄器；2-内装导向光装置(选件)；3-垂直微动螺旋；4-电池；5-GEB111电池盒垫块；6-电池盒；7-望远镜目镜；8-调焦环；9-仪器提把；10-RS232 串行接口；11-脚螺旋；12-望远镜物镜；13-显示屏；14-键盘；15-圆水准器；16-电源开关键；17-热键；18-水平微动螺旋

（二）全站仪的辅助设备

1. 反射棱镜

在用全站仪进行除角度测量之外的所有测量工作时,反射棱镜是必不可少的辅助设备。构成反射棱镜的光学部分是直角光学玻璃锥体。它如同在正方体玻璃上切下的一角,透射面呈等边三角形,反射面呈等腰直角三角形。反射面上镀银,面与面之间相互垂直。对于这种结构的棱镜,无论光线从哪个方向入射透射面,棱镜都将入射光线反射回入射光的发射方向,因此测量时,只要棱镜的透射面大致垂直于测线方向,仪器便会得到回光信号。由于光在玻璃中的折射率为1.5～1.6,而光在空气中的折射率近似等于1,也就是说,光在玻璃中的传播速度要比空气中慢,因此光在反射棱镜中传播所用的超量时间会使所测距离增大某一数值,通常称之为棱镜常数。棱镜常数的大小与棱镜直角玻璃锥体的尺寸和玻璃的类型有关。

2. 键盘

全站仪的键盘为测量时的操作指令和数据输入的部件,键盘上的键分为硬键和软件键(简称软键)两种。每一个硬键有一固定的功能,或兼有第二、第三功能;软键与屏幕最下一行显示的功能菜单或子菜单相配合,可使一个软键在不同的功能菜单下有许多种功能。

键盘不仅可以设置及调用相关程序,而且可以显示角度、距离、坐标等数据以及系统整平等情况。

整平情况可借助双轴倾斜传感器指示。从发光二极管发出的光透射玻璃圆水准器,射在水准气泡上的光被反射或折射掉,其余的直射到接收基板上,接收基板上装有4只彼此相隔

90°的光敏二极管。当仪器完全整平时,气泡的投影位于接收基板的中央;仪器稍有一点倾斜时,气泡就相应移动,光敏二极管接收的光能量会发生变化,通过各二极管上光能量之比,即可得到纵轴倾角(以铅垂线方向为零)。

纵轴倾斜可以发生在任何方向。"双轴"是指定仪器的视准轴的水平投影方向为 X 轴,仪器的横轴方向为 Y 轴。由传感器测定的纵轴倾斜分别以 X 轴和 Y 轴方向的倾斜角度处理器自动按倾角改正水平度盘的读数显示,即纵轴倾斜的自动补偿。水平度盘读数改正所依据的公式为

$$R = R' + i \cdot \tan \alpha \tag{3-54}$$

式中: R'——原水平度盘读数;

i——纵轴在 Y 轴方向的倾角(左倾为正,右倾为负);

α——瞄准目标时视线的竖直角;

R——经过改正后所显示的水平度盘读数。

3. 存储器

把测量数据先在仪器内存储起来,然后传送到外围设备(电子记录手簿和计算机)中,是全站仪的基本功能之一。全站仪的存储器有机内存储器和存储卡两种。

4. 通信接口

全站仪可以将内存中的存储数据通过 RS232C 串行接口和通信电缆传输给计算机,也可以接收由计算机传输来的测量数据及其他信息,称为数据通信。

(三)全站仪的操作

全站仪的操作可分为:观测前的准备工作、角度测量、距离(斜距、水平距离、高差)测量、常规(坐标)测量、导线测量、交会定点测量和放样测量等。角度测量和距离测量属于基本测量工作,导线测量等由专用的软件(程序)控制。应用这些软件,再配合基本测量工作,就可以获得测量的成果。不同型号的全站仪的使用方法基本相同,但也有一些差别。

全站仪测站设置
过程模拟

用徕卡 TC300 全站仪进行基本测量工作的操作方法如下。

1. 观测前准备工作

(1)装入电池。

测量时将电池装上使用,测量结束后应卸下。在测量前首先应检查内部电池的充电情况,如电量不足,要及时充电,避免由于电池的原因影响测量作业的进度。

(2)安置仪器。

开启电源,显示屏显示仪器型号、编号和软件版本,数秒后,仪器自动转入自检,并显示电池电量情况,同时提醒操作员仪器需要整平。接下来进行仪器的安置,包括对中和整平两项工作。徕卡 TC300 全站仪采用激光对中器和电子水准管,故必须先开启电源才能进行对中、整平操作。

(3)设置作业及参数。

仪器对中整平以后,应该根据项目的情况设置作业。在设置作业时,一项完整的作业包

括作业名、操作员、作业时间、气象、大气压(或海拔)等参数的设置。当参数设置完成后,才能开始相应任务的作业。

(4)开始测量。

根据作业任务选择相应程序,并进行设站,定向完成后便可开始测量。

2. 角度测量

设A、B、C三点中测站为B,需要测定相对于A、C的水平角,瞄准左边的目标A(第一目标)后,按"PAGE DOWN"键使显示主菜单第二页,按"归零"软键,使水平度盘读数为零,竖直度盘则按视线倾角显示相应的天顶距读数。瞄准右边目标C(第二目标),水平度盘显示读数即为水平角。水平角和竖直角可以同时测得,如图3-52所示。

3. 方位角测设

当在已知点上设站瞄准另一已知点时,则该方向的坐标方位角为已知值,此时,可设置水平度盘读数为已知方位角值,称为水平度盘定向。此后,瞄准其他方向时,水平度盘显示读数即为该方向的方位角值。此法常用于极坐标法的点位坐标测定。

在图3-52中,HZ代表水平角,V代表竖直角,水平角即为相应方位角。其实,当定向完成后,旋转照准部,相应方位角也随之改变并显示出来。

4. 测距参数设置

徕卡TC300全站仪测距设置的界面如图3-53所示。其中,LaserPointer指的是激光投点,后面的on代表打开,可以将可见的红色激光束投射到目标点上;Prism Const指的是棱镜常数;Round代表加入该常数,其在Type prisme中设置(徕卡TC300全站仪的参数:+34.4mm。如果量得棱镜常数为14mm,则输入"−14+34.4=20.4")。

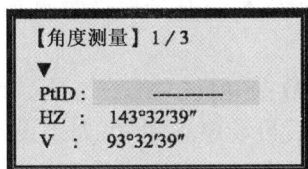

```
【角度测量】1/3
▼
PtID :    ──────────
HZ  :  143°32'39"
V   :   93°32'39"
```

图3-52 角度测量

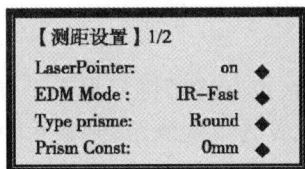

```
【测距设置】1/2
LaserPointer:        on  ◆
EDM Mode:        IR−Fast ◆
Type prisme:       Round ◆
Prism Const:        0mm  ◆
```

图3-53 测距设置

参数设置完毕,按回车键保存当前设置并返回到测量屏幕(测量程序)。所选取的参数会自动存储,直到再次被更改为止,所以不需要每次测距时都重新设置,必要时可查看。

5. 气象改正

光在大气中的传播速度受气温和气压的影响,因此,在用全站仪测量时,需要进行气象改正。气象改正数的比例改正系数按式(3-55)计算:

$$ppm = 278.96 - \frac{0.2904p}{1 + 0.003661t} \qquad (3-55)$$

式中:p——气压值,hPa;

t——测量环境的气温,℃。

徕卡TC300全站仪只需设置气象参数,系统就会根据该参数进行自动改正,气压参数的设置可以直接输入气压值,也可以输入海拔,系统会自动根据海拔换算出相应的气压值。

徕卡TC300全站仪按照式(3-56)至式(3-58)计算斜距、水平距离和高差,并自动加入球气差。水平距离计算是相对测站高程而言的,并不是镜站高程。

计算斜距的公式:

$$D = D_0(1 + \text{ppm} \times 10^{-6}) + M \tag{3-56}$$

计算水平距离的公式:

$$S = D \cdot \cos\alpha \tag{3-57}$$

计算高差的公式:

$$h = S \cdot \tan\alpha + i - v + f \tag{3-58}$$

式中:D——仪器显示的斜距;

D_0——未加改正的距离;

ppm——比例改正系数,其计算公式见式(3-54);

M——棱镜常数;

S——测站平均高程面上的水平距离;

α——竖直角;

i——仪器高;

v——目高程;

f——球气差。

6. 距离测量

距离测量是与角度(水平角、竖直角)测量同时进行的,测量时,望远镜的十字丝中心瞄准棱镜中心。距离测量的三种显示方式(斜距、水平距离或高差)是在预先设置参数时确定的。其中,斜距是光电测距单元的原始观测值,水平距离和高差是根据竖直角传感器由斜距计算而得。

瞄准目标棱镜后,按"DIST"键只显示不储存数据,但按"ALL"键数据自动存储,等同于快捷键。如果测量前设置为单次测距,则显示距离后自动停止测量;如果设置为跟踪测距,则重复测量和显示。也可设置测距次数,重复观测至所设置的观测次数为止,并显示距离平均数。

四、全站仪程序功能及其应用

电子全站仪除了能测定地面点之间的水平角、竖直角、斜距、水平距离、高差等直接观测值以及进行有关这些观测值的改正(如水平度盘读数的纵轴倾斜改正、竖直角的指标差改正、距离测量的气象改正)外,一般还可设置一些简单的计算程序(软件),能在测量现场实时计算出待定点的三维坐标[平面坐标(x,y)和高程H]、点与点之间的水平距离、高差和方位角,或根据已知的设计坐标计算出放样数据。这些程序具体为控制测量、常规测量、放样测量、悬高测量、面积测量、数据的存储管理等。

(一)控制测量

数字测量的图根控制可采用"一步法"测量,即图根控制测量与碎步测量同步进行。但对于高等级的数字测量,还是必须先进行控制测量,建立测量控制网,然后在控制网的基础上,开始图根控制和碎部测图工作。控制网是指由在测区内选定的若干个控制点构成的几何图形。

传统的控制网可划分为三角网、导线网、测边网、边角网、水准网、三角高程网等,种类繁多,形式各异。对控制网的处理要求进行数据编辑、概算、观测质量评价、平差和精度分析等,有时还必须对控制网结构进行拓扑分析。

随着计算机的发展,全站仪观测精度的不断提高,控制网自动平差、优化等自动化软件也不断完善,利用全站仪进行控制测量也就越来越普遍。

1. 导线测量

如果需要测定待定点的坐标,根据已知两点或多点测量其余各点并将所测点连成一条路线,依次用三维坐标测量的方法测定前进方向的点的坐标,实质上就是支导线测量,可以采用方位角设置法或者坐标设置法。

支导线测量的具体操作方法如下:

(1)在起始的测站点按常规坐标测量方法测定目标点的坐标后,关闭电源,将仪器安置于目标点,原测站点安置棱镜作为后视点,测量时注意量取仪器高及棱镜高并输入仪器。

(2)瞄准后视点,测量方位角、竖直角、距离。

(3)在前视目标点设置棱镜,量目标点高程并输入仪器。

(4)瞄准前视目标点,按坐标测量键,测定该点的坐标。

(5)重复(1)~(4)操作,完成下一点的测量。

如果为附合或闭合导线,可以利用相应平差程序进行平差处理。全站仪有坐标数据储存的功能,储存时可以输入点号,以作区别,且控制测量数据可存储在控制成果数据管理区。

2. 交会测量

交会法一般分为前方交会、后方交会和边长交会。在某一待定点上,通过观测2个以上的已知点,以求得待定点的坐标,在全站仪测量中称为后方交会。如果对已知点仅观测水平方向,则至少应观测3个已知点,这符合经典后方交会的定义。由于全站仪瞄准目标后可以边、角同测,因此,如果对2个已知点观测距离已构成测边交会,即边长交会,就能计算测站点的坐标。而测距时必定同时观测水平角,有了多余观测,则要进行闭合差的调整才能计算坐标。后方交会软件可以处理这样的多余观测。

后方交会的具体操作方法如下:

(1)安置全站仪于待定点上后,输入仪器高。

(2)按程序("PROG")调用键选择后方交会软件,按屏幕提示输入各已知点的三维坐标、目标高程等信息后便可开始测量。

(3)当观测方案已具备计算的条件,即能够满足交会条件时,便可开始测量。

(4)依次瞄准各已知点,按"测量"键。

(5)各点观测完毕,经过软件计算,输出测站点的三维坐标。

(二)常规测量

常规测量也称三维坐标测量,是用极坐标法(支点法)测定点的平面坐标(x, y),用三角高

程法测定点的高程 H。

三维坐标测量的操作方法如下：

(1)在测站上安置全站仪,用小钢尺量取仪器高,后视点安置棱镜,按"设站"输入测站点点名及测站点的三维坐标,同时输入仪器高 i。

(2)按"定向"软键,系统会提示输入后视点,即定向点,如果系统找到该点,则直接调用;如果没有找到,系统将提示操作员输入该点坐标。瞄准后视点,按回车键完成定向,并自动保存定向数据和换算出方位角。

(3)在目标点安置棱镜三脚架或棱镜杆,量取目标点高程,通知测站,测站操作员输入目标点高程。

(4)瞄准目标点棱镜中心,按"DIST"键则只测量不保存,键盘上将显示系统自动计算过的目标方位角、目标点三维坐标、距离等信息;如果要保存测量数据,按全功能键"ALL"。测量并保存可以直接按快捷键或"ALL"键。

在一个测站上,可以测定许多目标点的三维坐标。如果目标点高程不变(如采用固定高度的棱镜杆),则观测各目标点时,仅需重复上述第(4)步操作即可。当棱镜高发生改变时,需要输入改变后的棱镜高。

图标说明（左侧）：
利用内存数据设置后视点
直接键入设置放样角
直接键入后视点坐标数据
全站仪放样模拟

(三)放样测量

放样测量具体可以采用极坐标法放样、正交法放样、增量法放样等方法进行。放样就是根据在大比例尺地形图上所设计的点的坐标,将全站仪置于实地布设的导线点上,把各设计点直接测设在实地上,再根据各点的位置定出相应线的位置。

在具体作业时,一般是在开测前先将所要放样点及导线点的坐标输入全站仪,再进行实地放样。随着全站仪各种配套软件的发展,坐标数据的传输可以通过直接从计算机导入全站仪实现,但目前各种全站仪的数据接口不一致,不便于数据的直接导入。

(四)悬高测量

测量棱镜不能到达的点(如高压电线、桥梁桁架等),可先直接瞄准其上方或下方的基准点上的棱镜,测量斜距,然后瞄准悬高点,测出高差,称为悬高测量,或称遥测高程。

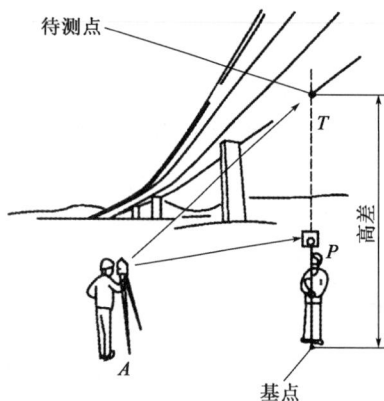

如图3-54所示,设测站为 A,目标点 T 为高压电线的垂曲最低点,显然棱镜不可能到达该点。在其底下地面安置反光棱镜 P,量取棱镜高 v,瞄准棱镜中心 P,测定斜距 S 及天顶距 Z_P;瞄准 T 点,测定天顶距 Z_T,则目标点 T 离地面的高度为悬高。具体的操作方法如下:

(1)在测站上安置全站仪,目标下方(或上方)安置棱镜,量棱镜高 v 并输入仪器。

(2)瞄准棱镜,按"距离测量"键,显示斜距及棱镜中心的天顶距。

图3-54 悬高测量

（3）瞄准目标点，按"悬高测量"键，显示目标点离地面高度即悬高。悬高 H 计算的公式为

$$H = v + \frac{S \cdot \sin Z_P}{\tan Z_T} - S \cdot \cos Z_P \tag{3-59}$$

式中：H——目标点沿铅垂线到地面的高度，m；

v——棱镜高，m；

S——全站仪中心至棱镜中心的（显示）斜距，m；

Z_P——棱镜中心的天顶距，m；

Z_T——目标点（悬高点）的天顶距，m。

（五）面积测量

直接调用徕卡 TC300 全站仪的面积测量程序，顺序观测多边形的各顶点，测量测站至各顶点的距离及相应夹角，程序就会自动计算所围多边形面积并显示所测点的数量、所围区域面积及边长等。利用全站仪进行面积测量，可以实时获得多边形的面积。

如图 3-55 所示，用面积测量程序可以实时测量目标点 1 到目标点 5 所围区域的面积。该程序对测量的目标点数没有限制。只要测量 3 个目标点就能实时计算出所围面积。

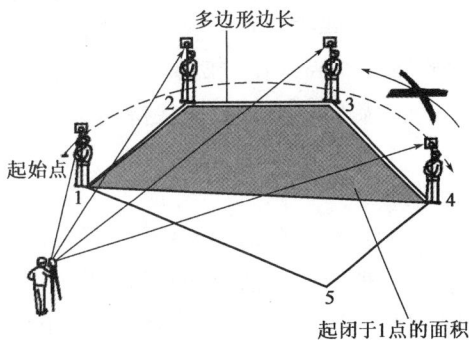

测量完成后，启动"结果"，仪器马上显示出所测点的数量、所围区域面积及边长，如图 3-56 所示。

注意：测量面积时，只能按一个方向顺序测量各顶点，最后必须闭合。如图 3-55 所示，按 1→2→3→4→5→1 的顺序进行观测。

图 3-55 面积测量

（六）数据的存储管理

已知点的三维坐标数据可以存入存储器中，以便作为测站点坐标、后视点坐标或放样点坐标调用。下面以徕卡 TC300 全站仪为例说明数据的存储管理方法。

直接调用全站仪的数据管理器，如图 3-57 所示，其包括编辑数据、初始化、数据下载、数据统计 4 个子程序。

图 3-56 测量结果　　图 3-57 数据管理

1. 编辑数据

编辑数据指编辑、新建、查看和删除作业、测量数据、已知点数据和编码表等。

2. 初始化

初始化指完全删除内存中的内容，包括单独的作业和全部数据区（如已知点、测量数据）。

3. 数据下载

数据下载指把所选择的数据组按无协议方式传输到接口和测试的过程。

4. 数据统计

数据统计指关于作业和内存分配的统计。作业是一个不同类型数据的集合，包括已知点、测量数据、编码、计算结果等。作业的定义包括输入作业的名称和使用者。此外，系统还会自动产生当时或建立作业时的日期和时间。

五、全站仪使用的注意事项及使用要点

全站仪使用的注意事项及使用要点如下：

（1）对于新购置的仪器，应结合仪器认真阅读仪器使用说明书，电池第一次充电时间应在24h以上。

（2）仪器应由专人保管，专业人员使用。

（3）仪器安置在三脚架上之前，应检查三脚架的3个伸缩螺旋是否已旋紧，只有在用连接螺旋将仪器固定在三脚架上之后才能放开仪器。搬站、装箱时应该握住仪器的支架，不能握住镜筒，旋转照准部时应保持匀速，切忌急速转动。

（4）望远镜不能直接照准太阳，当阳光强烈时，应该使用滤光片，防止损坏内部电子元件。

（5）高温天气时，应该撑伞作业，以免仪器内部温度升高，造成使用寿命缩短。高精度测量时，一般要给仪器遮挡直射的阳光，同时注意仪器对环境温度的要求。

（6）仪器装箱时，应先将电源关闭。长途运输仪器时，应设防震垫，以防震动和冲撞。

（7）长期不用仪器时，应定期通电，具体按说明书建议进行操作。

（8）清洁镜头时，先用毛刷刷去尘土，然后用洁净的浸有无水酒精（乙醇）的棉布擦拭。

（9）清除箱中尘土时，不要使用汽油或稀释剂，应用浸有中性洗涤剂的清洁布擦洗。

（10）其他使用要点同光学经纬仪。

工作任务11　全站仪的检验与校正

学习目标

了解和分析全站仪的误差；了解全站仪通常需要检验的项目；根据仪器自带的说明书掌握校正的基本方法。

全站仪的检验

工作任务

任务描述：在仪器第一次使用之前、精密测量之前、长途运输之后、长期使用前后或温度变化超过10℃时，都应该测定全站仪误差。另外，仪器在使用过程中，由于其内部的电子元

件和光学部件的老化及变位,或运输过程中的振动等,仪器性能指标会发生变化,以致影响测量成果的质量,因此也必须进行定期的检验。

测量依据:《全站型电子速测仪检定规程》(JJG 100—2003)、《中、短程光电测距规范》(GB/T 16818—2008)、《光电测距仪检定规程》(JJG 703—2003)。

相关知识

全站仪的误差由测距误差和测角误差两部分组成。在分析误差和检验时,两部分是分开进行的。只有个别项目在两者之间有关联,如在测距部的发射光轴与测角部望远镜的视准轴一致性的问题上。

一、测距误差

测距误差可分为两类:一类是与距离远近无关的误差,即测相误差、仪器加常数误差、仪器和棱镜的对中误差以及周期误差等,它们合称为固定误差;另一类是与距离成比例的误差,即真空光速值的测定误差、频率误差和大气折射率误差,它们合称为比例误差。

(一)固定误差

测相误差就是测定相位差的误差,主要包括测相系统本身的误差、照准误差、幅相误差、由噪声引起的误差等。

仪器加常数误差中的加常数K是一个与所测距离无关的常数。通常将它测定出来,预置在仪器中,对所测的距离D'自动进行改正以便得到改正后的距离D,即

$$D = D' + K \tag{3-60}$$

仪器和棱镜的对中误差:用光学对中器对中,对中误差一般小于1mm;用对中杆和垂球对中,对中误差一般可小于2mm。对于精密测距,要求测前对光学对中器进行严格校正,观测时应仔细对中,不要使用对中杆。

周期误差是以一定距离为周期重复出现的误差,它的周期一般是精测波长的1/2,但也有例外。周期误差主要是由于仪器内部电信号的串扰而产生的。

(二)比例误差

由于目前真空光速值的测定精度已相当高,故真空光速值的测定误差的影响可以忽略不计。

频率误差的产生主要有两方面的原因:一是振荡器设置的调制频率有误差,即频率的准确度问题;二是在使用过程中,由于晶体老化、温度变化、电源及电子电路等的影响,振荡器的频率发生漂移,即频率的稳定度问题。

大气折射率误差的来源主要是测定气温和气压的误差,这就要求所测定气温和气压应能准确地代表测线的气象条件。

二、测角误差

全站仪的测角部实质上就是一台电子经纬仪,它的测角误差与光学经纬仪基本相同,主要是轴系误差,包括视准轴误差、横轴误差和竖轴误差,还有水平度盘偏心差、竖直度盘偏心差、竖盘指标差以及光学对中器的误差等。

在实际应用中,应主要注意视准轴误差和竖盘指标差。

视准轴误差是由于横轴与视准轴不垂直造成的,视准轴误差对水平方向观测值的影响随竖直角的增大而增大,具体计算公式为

$$x_c = \frac{c}{\cos \alpha} \tag{3-61}$$

式中:c——照准误差;

α——竖直角。

当视线处于水平方向时,盘左竖直度盘精确读数应该是90°。实际读数可能比90°大,也可能比90°小,其差值就是竖盘指标差。

任务实施

仪器检验项目包括光电测距系统的检验、电子测角系统(或电子经纬仪)的检验、数据采集系统的检验、自动瞄准及跟踪系统的检验。

(一)光电测距系统的检验

光电测距系统的检验包括外观检视,发射、接收、照准三轴正确性的检验,棱镜光学对中器的检验,气象仪表的外观检验,棱镜常数的检验。

(二)电子测角系统(或电子经纬仪)的检验

电子测角系统(或电子经纬仪)的检验包括外观及键盘功能检验,水准管轴与竖轴的垂直度检验,照准部旋转正确性检验,照准误差c、横轴误差i、竖盘指标差x的检验,照准部旋转时仪器基座的稳定度检验,测距轴与视准轴的重合性检验,光学对中器视轴与竖轴重合度检验。

(三)数据采集系统的检验

数据采集系统的检验内容包括存储卡的初始化、存储卡容量检查、文件创建与删除、测量与数据记录、数据查阅、数据传输、设置与保护、解除与保护。

(四)自动瞄准及跟踪系统的检验

对于具有自动瞄准及跟踪功能的全站仪及电子经纬仪,应根据仪器使用说明书的有关规定对仪器的自动瞄准精度进行检验。

有关校正的方法参照仪器使用说明书中的相关内容。

工作任务12　平面控制测量

学习目标

了解控制测量的基本概念；掌握导线测量的外业工作程序和具体实施步骤；掌握导线测量的内业计算方法与步骤。

相关知识

一、平面控制测量概述

在测量工作中，为了限制误差的积累与传递，保证整个测区的精度均匀，满足地形测图与工程施工的精度需要，必须遵循测量工作的基本原则，即"从整体到局部、由高级到低级、先控制后碎部"。实质上就是在测量工作开始时，首先在整个测区进行整体控制测量，然后根据控制网加密控制点。控制测量是指在整个测区范围内，选定若干个具有控制作用的点(称为控制点)，构成一定的几何图形(称为控制网)，使用精密的测量仪器和工具，进行外业施测，获得满足技术要求的外业数据的过程。最后进行内业计算，对外业观测数据进行平差计算，求出控制点的平面坐标和高程。

控制测量分为平面控制测量和高程控制测量。高程控制测量在项目二中已经介绍，本项目介绍平面控制测量。

(一)平面控制测量的定义

用较高精度测量控制点平面坐标(x,y)的测量工作称为平面控制测量。传统的平面控制测量主要为三角测量，随着全站仪和GNSS定位技术的出现，现在平面控制测量多采用导线测量和GNSS静态测量。

(二)平面控制网的分类

1. 国家平面控制网

在全国范围内布设的平面控制网，称为国家平面控制网。国家平面控制网包括三角网、导线网和GNSS网，它们的精度分级在国家测量规范、规程中都有详细介绍。国家平面控制网遵循"分级布设、逐级控制"的原则。

2. 城市平面控制网

根据工程建设的需要，在国家平面控制网基础上，建立的用以满足地形测图和工程施工放样的不同等级的控制网，称为城市平面控制网。城市平面控制网精度等级的划分在相应的国家测量规范、规程中都有详细介绍。

3. 小区域平面控制网

在较小区域范围内建立的平面控制网,称为小区域平面控制网。用于工程建设的平面控制一般都是建立小区域平面控制网,根据测区面积的大小和工程建设的实际需要,小区域平面控制网需要按精度要求分级布网。在整个测区范围内建立的精度最高的平面控制网,称为首级平面控制网。直接为测图建立的平面控制网,称为图根控制网;组成图根控制网的点,称为图根控制点。

目前,在工程建设中建立小区域平面控制网普遍采用的方法为导线测量和 GNSS 测量。下面主要介绍如何在带状工程中利用导线测量建立小区域平面控制网。

二、边角法导线测量

导线是由测区内选定的控制点组成的连续折线,如图 3-58 所示。这些转折点(A、B、1、2、3、C、D)称为导线点;相邻两点之间的连线(AB、$B1$、12、23、$3C$、CD)称为导线边;相邻两点之间的水平距离(D_{AB}、D_{B1}、D_{12}、D_{23}、D_{3C}、D_{CD})称为导线边长;相邻导线边之间的水平角(β_B、β_1、β_2、β_3、β_C)称为转折角,其中当转折角 β 在导线前进方向的左侧时称为左角,当转折角 β 在导线前进方向的右侧时称为右角;α_{AB} 称为起始边 AB 的坐标方位角。导线测量的实质是测定各导线边的边长和各转折角,然后根据起始点的已知坐标和起始边的坐标方位角,计算各导线点的坐标。

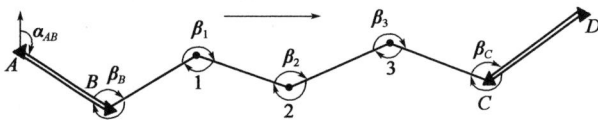

图 3-58　导线示意图

（一）导线的布设形式

根据测区的情况和要求,导线可以布设成以下几种常用形式。

1. 闭合导线

如图 3-59 所示,由某一已知控制点出发,最后又回到该点,组成一个闭合多边形。它适用于面积较宽阔的独立地区的测图控制。

2. 附合导线

如图 3-60 所示,自某一已知控制点出发,最后附合到另一高级控制点上。它适用于带状地区的测图控制,此外也广泛用于公路、铁路、管道、河道等工程的勘测与施工控制点的建立。

3. 支导线

如图 3-61 所示,从一已知控制点出发,既不闭合也不附

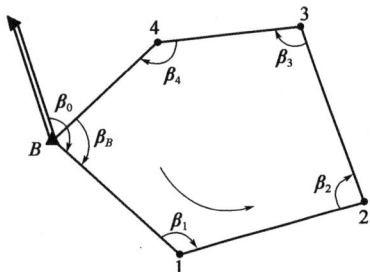

图 3-59　闭合导线示意图

合于另一控制点上的单一导线,这种导线没有已知点可以校核,错误不易被发现,所以导线的点数不得超过3个。

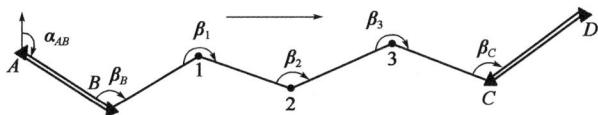

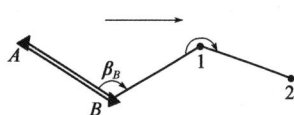

图3-60　附合导线示意图　　　　　　　　　　　图3-61　支导线示意图

4. 导线网

如图3-62所示,从若干个已知控制点开始的导线在一个或几个共同点上交叉或会合,所构成的网状图形称为导线网。

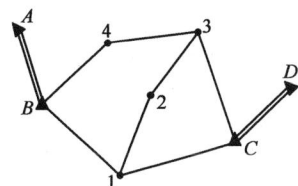

(二)导线测量的技术要求

工程测量中各级导线的主要技术指标要求参见表3-11。

图3-62　导线网示意图

导线测量主要技术要求　　　　　　　　　　　　　　　　表3-11

等级	导线长度 (km)	平均边长 (km)	测距中误差 (mm)	测距相对中误差	测角中误差 (")	导线全长相对闭合差	方位角闭合差 (")	测回数		
								DJ$_1$	DJ$_2$	DJ$_6$
三等	14	3	20	1/150000	1.8	1/55000	$\pm 3.6\sqrt{n}$	6	10	—
四等	9	1.5	18	1/80000	2.5	1/35000	$\pm 5\sqrt{n}$	4	6	—
一级	4	0.5	15	1/30000	5	1/15000	$\pm 10\sqrt{n}$	—	2	4
二级	2.4	0.25	15	1/14000	8	1/10000	$\pm 16\sqrt{n}$	—	1	3
三级	1.2	0.1	15	1/7000	12	1/5000	$\pm 24\sqrt{n}$	—	1	2

注:表中n为测站数;当测区测图的最大比例尺为1:1000时,一、二、三级导线的导线长度、平均边长可适当放宽,但最大长度应不大于表中规定相应长度的2倍。

(三)导线测量的外业工作

导线测量工作分外业工作和内业工作。外业工作一般包括准备工作、踏勘选点、埋设标志、水平角测量、水平距离测量和导线联测;内业工作是根据外业的观测成果经过计算,最后求得各导线点的平面直角坐标。下面是外业中的几项工作。

1. 准备工作

在进行导线测量之前,要先做好准备工作,准备工作分为两部分:一是人员、仪器的准备;二是资料的准备。

2. 踏勘选点

根据收集的资料,在中比例尺地形图上进行控制网设计并确定联测方案。在布网方案初步确定后,可对控制网进行精度估算,必要时须对初定控制点进行调整。然后到野外实地踏勘、核对、修改和落实点位。

根据已知点的分布情况并结合测区地形,确定导线的布设形式,依据导线测量的选点原则在野外进行选点。实地选点时应注意以下几点:

(1)导线点应选在地势较高、视野开阔的地点,以便于施测周围地形。

(2)相邻两导线点间要互相通视,以便于测量水平角。

(3)导线应沿着平坦、土质坚实的地面设置,以便于测量距离。

(4)导线边长要选得大致相等,相邻边长不应相差过大。

(5)导线点位置须能安置仪器,以便于保存。

(6)导线点应尽量选在靠近路线位置。

3. 埋设标志

野外选点结束后,根据实际情况对选好的导线点进行埋石建标,并按一定的顺序进行编号。为了便于日后寻找使用,最好将重要的导线点及其附近的地物绘成草图,并注明尺寸。如图3-63所示,做好"点之记"。

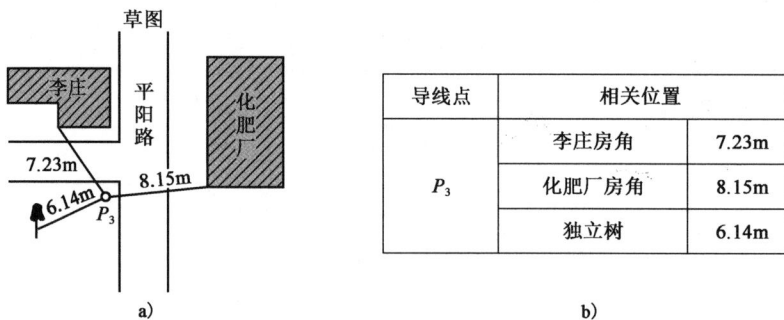

导线点	相关位置	
P_3	李庄房角	7.23m
	化肥厂房角	8.15m
	独立树	6.14m

图3-63 导线"点之记"

4. 水平角测量

导线转折角观测一般采用测回法进行,导线转折角有左角和右角之分,这是相对于导线前进的方向确定的。在导线前进方向左侧的角称为左角,在导线前进方向右侧的角称为右角。

对导线各转折角进行测量的过程中,一定要注意画出导线草图,标注导线前进方向,记录清楚所测的转折角是左角还是右角。

5. 水平距离测量

水平距离测量同水平角测量一样是导线测量的基本工作之一。对于一级以上的导线应采用光电测距仪进行测量,一级以下的导线也可以采用普通钢尺量距。

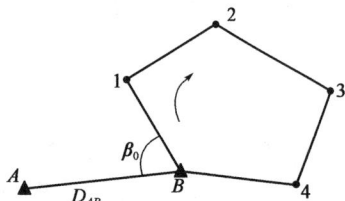

图3-64 导线联测

6. 导线联测

导线联测是指将新布设的导线与测区周围高等级的控制点联系起来,以取得导线计算的起算数据(起算点的坐标和起算边的方位角)的过程。如图3-64所示,β_0为该闭合导线的连接角。

三、闭合导线的内业计算

导线测量外业工作完成之后，即可进行内业计算。在内业计算之前应全面检查导线测量的外业记录，检查数据是否齐全，有无错误，测角、量边是否符合精度要求，起算数据是否准确无误。根据外业草图绘制导线图并把外业测量数据标注在图中对应的位置，如图3-65所示。

导线的内业计算实质上是根据起算数据和外业观测成果，通过平差计算对测量误差进行必要的调整，推算出各导线边的方位角，计算出各导线边的坐标增量，最后求得各导线点的平面坐标。

如图3-65所示的闭合导线，A、B点为已知控制点，坐标分别为$A(600.00, 400.00)$、$B(500.00, 500.00)$，1、2、3点为待求导线点，试求各导线点坐标。

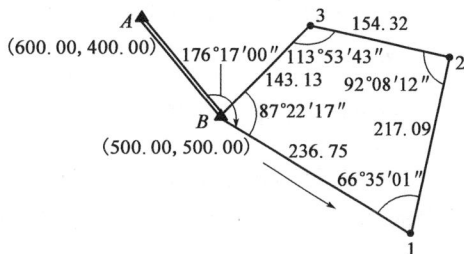

图3-65　闭合导线

（一）角度闭合差的计算与调整

闭合导线从几何上看，为多边形。其内角和在理论上应满足下列关系：

$$\Sigma\beta_{理} = (n-2) \times 180° \tag{3-62}$$

1. 计算角度闭合差

由于测角时不可避免地存在误差，实测得到的内角和与理论值之和不相等，这样就产生了角度闭合差，用f_β来表示，则

$$f_\beta = \Sigma\beta_{理} - \Sigma\beta_{测} \tag{3-63}$$

2. 计算角度闭合差容许值

不同级别的导线其角度闭合差的容许值是不同的，对于图根导线：

$$f_{\beta容} = \pm40''\sqrt{n} \tag{3-64}$$

式中：n——多边形内角个数。

3. 计算改正数

计算出角度闭合差f_β和容许值$f_{\beta容}$之后，需要判断f_β与$f_{\beta容}$的大小。如果$f_\beta > f_{\beta容}$，说明误差超限，应进行检查并分析原因；如果$f_\beta \leqslant f_{\beta容}$，说明角度观测符合要求，即可进行角度闭合差的调整，使调整后的角值满足理论上的要求。

由于导线的各内角采用的是相同的仪器和方法，且是在相同的条件下观测的，所以对于每一个角度来讲，可以认为它们产生的误差大致相同，因此在调整角度闭合差时，可将闭合差按相反的符号平均分配于每个观测内角中。设V_β为各观测角的改正数，则改正数V_β为

$$V_\beta = -\frac{f_\beta}{n} \tag{3-65}$$

当不能均分时，可将余数凑整到导线短边夹角或邻角上，这是因为在短边测角时由仪器对中、照准所引起的误差较大。各内角的改正数之和与角度闭合差的绝对值相等，但符号相反，即$\Sigma V_\beta = -f_\beta$。

4. 计算改正后的角度值

$$\bar{\beta}_i = \beta_i + V_\beta \qquad (3-66)$$

改正后的各内角值之和应等于理论值,即 $\sum \bar{\beta}_i = (n-2) \times 180° = \sum \beta_{理}$。

(二)导线各边坐标方位角的推算

外业观测角度经过调整后,即可开始计算导线各边的坐标方位角,坐标方位角的计算见工作任务9。

(三)坐标增量的计算

坐标增量的实质是相邻两导线点坐标 (x, y) 的差值,也就是纵、横坐标的增量,用 ΔX 和 ΔY 表示,坐标增量用导线各边的方位角和对应的导线边长进行计算。

(四)坐标增量闭合差的计算与调整

1. 坐标增量闭合差的计算

如图3-66所示,导线边的坐标增量可以看成在坐标轴上的投影线段。从理论上讲,闭合多边形各边在 X 轴上的投影,其 $+\Delta X$ 的总和与 $-\Delta X$ 的总和应相等,即各边纵坐标增量的代数和应等于零。同样在 Y 轴上的投影,其 $+\Delta Y$ 的总和与 $-\Delta Y$ 的总和也应相等,即各边横坐标量的代数和也应等于零。也就是说闭合导线的纵、横坐标增量之和在理论上应满足下述关系:

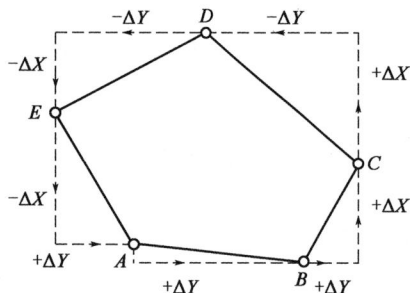

图3-66 闭合导线坐标增量示意图

$$\begin{cases} \sum \Delta X_{理} = 0 \\ \sum \Delta Y_{理} = 0 \end{cases} \qquad (3-67)$$

但测角和量距都不可避免地存在误差,因此根据观测结果计算的 $\sum \Delta X_{测}$、$\sum \Delta Y_{测}$ 都不等于零,我们把纵、横坐标增量计算值的和与理论值的和之差,分别称为纵、横坐标增量闭合差 f_x、f_y,即

$$\begin{cases} f_x = \sum \Delta X_{测} - \sum \Delta X_{理} \\ f_y = \sum \Delta Y_{测} - \sum \Delta Y_{理} \end{cases} \qquad (3-68)$$

式中:f_x——纵坐标增量闭合差;

f_y——横坐标增量闭合差。

从图3-67中可以看出 f_x 和 f_y 的几何意义。f_x 和 f_y 的存在使得闭合多边形出现了一个缺口,起点 A 和终点 A' 没有重合,设 AA' 的长度为 f_D,称为导线全长闭合差,而 f_x 和 f_y 正好是 f_D 在纵、横坐标轴上的投影长度,所以

$$f_D = \sqrt{f_x^2 + f_y^2} \qquad (3-69)$$

2. 导线精度的衡量

导线全长闭合差f_D的产生,是由于测角和量距中有误差存在,所以一般用它来衡量导线的观测精度。但是导线全长闭合差是一个绝对闭合差,且导线越长,所量的边数与所测的转折角数就越多,影响导线全长闭合差的值也就越大,因此,须采用相对闭合差来衡量导线的精度。设导线的总长为ΣD,则导线全长相对闭合差K为

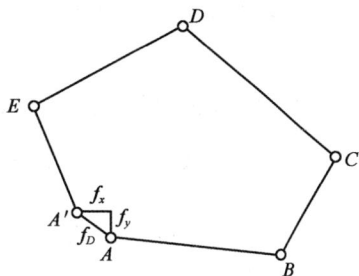

图3-67 闭合导线坐标增量闭合差示意图

$$K = \frac{f_D}{\Sigma D} = \frac{1}{\Sigma D/f_D} \tag{3-70}$$

若$K \leqslant K_{容}$,则表明导线的精度符合要求;否则应查明原因,进行补测或重测。

3. 坐标增量闭合差的调整

如果导线的精度符合要求,则可对坐标增量闭合差进行调整,使改正后的坐标增量满足理论上的要求。由于是等精度观测,所以增量闭合差的调整原则是将它们以相反的符号按与边长成正比例分配在各边的坐标增量中。设$V_{\Delta X_i}$、$V_{\Delta Y_i}$分别为纵、横坐标增量的改正数,即

$$\begin{cases} V_{\Delta X_i} = -\dfrac{f_x}{\Sigma D} D_i \\ V_{\Delta Y_i} = -\dfrac{f_y}{\Sigma D} D_i \end{cases} \tag{3-71}$$

式中:ΣD——导线边长总和;

D_i——导线某边长$(i=1,2,\cdots,n)$。

所有坐标增量改正数的总和,其数值应等于坐标增量闭合差,而符号相反,即

$$\begin{cases} \Sigma V_{\Delta X_i} = V_{\Delta X_1} + V_{\Delta X_2} + \cdots + V_{\Delta X_n} = -f_x \\ \Sigma V_{\Delta Y_i} = V_{\Delta Y_1} + V_{\Delta Y_2} + \cdots + V_{\Delta Y_n} = -f_y \end{cases} \tag{3-72}$$

改正后的坐标增量应为

$$\begin{cases} \Delta \overline{X}_i = \Delta X_{i_i} + V_{\Delta X_{i_i}} \\ \Delta \overline{Y}_i = \Delta Y_{i_i} + V_{\Delta Y_{i_i}} \end{cases} \tag{3-73}$$

(五)坐标推算

用改正后的坐标增量,可以根据导线起点的已知坐标依次推算其他导线点的坐标,即

$$\begin{cases} X_i = X_{i-1_i} + \Delta \overline{X}_i \\ Y_i = Y_{i-1_i} + \Delta \overline{Y}_i \end{cases} \tag{3-74}$$

四、附合导线的内业平差计算

附合导线的内业计算步骤与闭合导线的内业计算步骤基本相同,但附合导线的两端都有已知点相连接,所以附合导线在计算角度闭合差、坐标增量闭合差时与闭合导线计算方法不太一样。

1. 附合导线角度闭合差的计算

如图3-60所示,由于附合导线两端分别连接一条起算边,假设 A、B、C、D 四点坐标已知,则可分别求出 AB 和 CD 两条边的边长和方位角,AB、CD 称为附合导线的始边和终边。

根据外业测得导线各转折角的值,再结合起始边 AB 的方位角,可以推算出 CD 边的方位角 α'_{CD},而 CD 边的坐标方位角 α_{CD} 是已知的,由于存在测角误差,二者的值不相等,二者之差称为附合导线的角度闭合差 f_β,即

$$\begin{cases} f_\beta = \alpha'_{CD} - \alpha_{CD} = (\alpha_{始} - \alpha_{终}) + \Sigma\beta_{左} - n \times 180° \\ f_\beta = \alpha'_{CD} - \alpha_{CD} = (\alpha_{始} - \alpha_{终}) + \Sigma\beta_{右} + n \times 180° \end{cases} \tag{3-75}$$

注意:对附合导线的角度闭合差进行调整时,若观测角 β 为左角,则和闭合导线一样分配;若 β 为右角,则与闭合差同号平均分配。

2. 附合导线坐标增量闭合差的计算

如图3-60所示,B 点和 C 点称为导线的起点和终点,二者均为已知的控制点。附合导线纵、横坐标增量的代数和,理论上应等于终点与起点的纵、横坐标差值,即

$$\begin{cases} \Sigma\Delta X_{理} = X_{终} - X_{始} \\ \Sigma\Delta Y_{理} = Y_{终} - Y_{始} \end{cases} \tag{3-76}$$

但是由于量边和测角误差的存在,依据观测值推算出来的纵、横坐标增量的代数和 $\Sigma\Delta X_{测}$、$\Sigma\Delta Y_{测}$ 与式(3-76)的理论值通常是不相等的,二者之差即为纵、横坐标增量闭合差:

$$\begin{cases} f_x = \Sigma\Delta X_{测} - \Sigma\Delta X_{理} = \Sigma\Delta X_{测} - (X_{终} - X_{始}) \\ f_y = \Sigma\Delta Y_{测} - \Sigma\Delta Y_{理} = \Sigma\Delta Y_{测} - (Y_{终} - Y_{始}) \end{cases} \tag{3-77}$$

坐标增量闭合差的调整、导线精度计算与闭合导线相似。

五、闭合导线计算实例

有一闭合导线,已知1点坐标为(500.00,500.00),1—2边的方位角 $\alpha_{12} = 130°17'00''$,外业观测数据见表3-12,试推算2、3、4点坐标并填入计算表格。

(一)绘制计算草图

在图上填写已知数据和观测数据,如表3-12所示。

(二)角度闭合差的计算和调整

根据式(3-63),在表3-12中,$f_\beta = \Sigma\beta_{理} - \Sigma\beta_{测} = -45''$。

求出角度闭合差后应根据所测导线的等级按技术上所规定的容许角度闭合差公式计算角度的容许误差 $f_{\beta容}$。如果 f_β 值不超过容许误差的限度,说明角度观测符合规范要求,可进行角度闭合差的调整,使调整后的角值满足理论上的要求。

表 3-12

闭合导线平差计算表

点号	转折角观测值 (° ′ ″)	角度改正数 (″)	改正后角值 (° ′ ″)	坐标方位角 (° ′ ″)	边长 (m)	纵坐标增量 计算值 (m)	改正数 (cm)	改正后值 (m)	横坐标增量 计算值 (m)	改正数 (cm)	改正后值 (m)	纵坐标 x(m)	横坐标 y(m)	点号
1	2	3	4	5	6	7	8	9	10	11	12	13	14	15
1												500.00	500.00	1
				131 17 00	236.75	-156.20	-3	-156.23	+177.91	-8	+177.83			
2	66 35 01	+11	66 35 12									343.77	677.83	2
				17 52 12	217.09	+206.62	-3	+206.59	+66.62	-8	+66.54			
3	92 08 12	+11	92 08 23									550.36	744.37	3
				290 00 35	154.32	+52.80	-2	+52.78	-145.00	-6	-145.06			
4	113 53 45	+12	113 53 57									603.14	599.31	4
				223 54 32	143.13	-103.12	-2	-103.14	-99.26	-5	-99.31			
1	87 22 17	+11	87 22 28									500.00	500.00	1
				131 17 00										2
Σ	359 59 15	+45	360 00 00		751.29	+0.10	-10	0.00	+0.27	-27	0.00			

辅助计算：

$$f_\beta = \Sigma\beta_测 - \Sigma\beta_理$$
$$= 359°59'15'' - 360°00'00''$$
$$= -45''$$
$$f_{\beta容} = \pm60''\sqrt{4} = \pm120''$$
$$f_\beta < f_{\beta容}$$
$$V_\beta = -\frac{f_\beta}{n}$$

$$f_x = \Sigma\Delta X = +0.10\text{m}$$
$$f_y = \Sigma\Delta Y = +0.27\text{m}$$
$$f_D = \sqrt{f_x^2 + f_y^2} = 0.29\text{m}$$
$$K = \frac{f_D}{\Sigma D} = \frac{0.29}{751.29} \approx \frac{1}{2590}$$
$$K_容 = \frac{1}{2000},\ K < K_容$$
$$V_{\Delta X} = -\frac{f_x}{\Sigma D}\cdot D,\ V_{\Delta Y} = -\frac{f_y}{\Sigma D}\cdot D$$

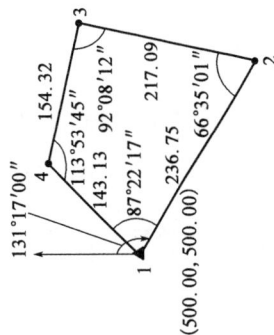

闭合导线略图：点1(500.00, 500.00)、点2、点3、点4
131°17′00″　154.32　3　92°08′12″
113°53′45″　143.13　217.09
87°22′17″　236.75　66°35′01″

由于导线的各内角采用的是相同的仪器和方法，且是在相同的条件下观测的，所以对于每一个角度来讲，可以认为它们产生的误差大致相同，因此在调整角度闭合差时，可将闭合差按相反的符号平均分配到每一个观测内角中，设 $V_{\beta i}$ 为各观测角的改正数，β_i' 为观测角，β_i 为改正后的观测角值，则

$$V_{\beta i} = -\frac{f_\beta}{n}$$

$$\beta_i = \beta_i' + V_{\beta i} \quad (i = 1, 2, \cdots, n)$$

当上式不能被整除时，可将余数凑整到导线的短边相邻的角中，这是由于在短边测角时仪器对中、照准所引起的误差较大。

（三）坐标方位角推算

根据起始边的坐标方位角及改正后的内角值，依次推算各边的坐标方位角，即

$$\alpha_{前} = \alpha_{后} + \beta_{左} - 180° \quad 或 \quad \alpha_{前} = \alpha_{后} - \beta_{右} + 180°$$

（四）坐标增量的计算

平面直角坐标系中，两点坐标相应的坐标差称为坐标增量，分别以 ΔX 和 ΔY 表示，则

$$X_i - X_{i-1} = \Delta X_{i-1,i}$$
$$Y_i - Y_{i-1} = \Delta Y_{i-1,i}$$

导线边的距离为 $D_{i-1,i}$，其方位角为 $\alpha_{i-1,i}$，则

$$\Delta X_{i-1,i} = D_{i-1,i} \cdot \cos \alpha_{i-1,i}$$
$$\Delta Y_{i-1,i} = D_{i-1,i} \cdot \sin \alpha_{i-1,i}$$

该例题中：

$$\Delta X_{12} = D_{12} \cdot \cos \alpha_{12} = 236.75 \times \cos 131°17'00'' = -156.20$$

$$\Delta Y_{12} = D_{12} \cdot \sin \alpha_{12} = 236.75 \times \sin 131°17'00'' = 177.91$$

$$\Delta X_{23} = D_{23} \cdot \cos \alpha_{23} = 217.09 \times \cos 17°52'12'' = 206.62$$

$$\Delta Y_{23} = D_{23} \cdot \sin \alpha_{23} = 217.09 \times \sin 17°52'12'' = 66.62$$

$$\Delta X_{34} = D_{34} \cdot \cos \alpha_{34} = 154.32 \times \cos 290°00'35'' = 52.81$$

$$\Delta Y_{34} = D_{34} \cdot \sin \alpha_{34} = 154.32 \times \sin 290°00'35'' = -145.00$$

$$\Delta X_{41} = D_{41} \cdot \cos \alpha_{41} = 143.13 \times \cos 223°54'32'' = -103.12$$

$$\Delta Y_{41} = D_{41} \cdot \sin \alpha_{41} = 143.13 \times \sin 223°54'32'' = -99.26$$

（五）坐标增量闭合差的计算和调整

1. 坐标增量闭合差的计算

$$f_x = \sum \Delta X = +0.10\text{m}, f_y = \sum \Delta Y = +0.27\text{m}$$

$$f_D = \sqrt{f_x^2 + f_y^2} = 0.29\text{m}$$

2. 导线精度的衡量

导线全长相对闭合差 $K = f_D / \Sigma D = 0.29/751.29 \approx 1/2590$。

若 $K \leqslant K_容$，则表明导线的精度符合要求；否则，应查明原因，进行补测或重测。

3. 坐标增量闭合差的调整

该例题中，改正后的坐标增量应为

$$\Delta X_i = \Delta X_{i前} + V_{\Delta Xi}$$
$$\Delta Y_i = \Delta Y_{i前} + V_{\Delta Yi}$$
$$\Delta X_1 = \Delta X_1 + V_{\Delta X1} = -3$$
$$\Delta Y_1 = \Delta Y_1 + V_{\Delta Y1} = -8$$
$$\Delta X_2 = \Delta X_2 + V_{\Delta X2} = -3$$
$$\Delta Y_2 = \Delta Y_2 + V_{\Delta Y2} = -8$$
$$\Delta X_3 = \Delta X_3 + V_{\Delta X3} = -2$$
$$\Delta Y_3 = \Delta Y_3 + V_{\Delta Y3} = -6$$
$$\Delta X_4 = \Delta X_4 + V_{\Delta X4} = -2$$
$$\Delta Y_4 = \Delta Y_4 + V_{\Delta Y4} = -5$$

（六）坐标推算

该例题中：

$$X_2 = X_1 + \Delta X_{12} = 500 - 156.23 = 343.77$$
$$Y_2 = Y_1 + \Delta Y_{12} = 500 + 177.83 = 677.83$$
$$X_3 = X_2 + \Delta X_{23} = 343.77 + 206.59 = 550.36$$
$$Y_3 = Y_2 + \Delta Y_{23} = 677.83 + 66.54 = 744.37$$
$$X_4 = X_3 + \Delta X_{34} = 550.36 + 52.78 = 603.14$$
$$Y_4 = Y_3 + \Delta Y_{34} = 744.37 - 145.06 = 599.31$$
$$X_1 = X_4 + \Delta X_{41} = 603.14 - 103.14 = 500.00$$
$$Y_1 = Y_4 + \Delta Y_{41} = 599.31 - 99.31 = 500.00$$

根据 X_1、Y_1 依次推出 2、3、4 点坐标，再根据 4 点坐标推求 1 点坐标，检核坐标推算过程。

六、坐标法导线测量

在公路工程施工中，全站仪已得到普遍应用，因此，导线测量可由传统的边角测量转化为坐标测量，从而建立平面控制。

（一）坐标法导线测量的外业观测方法

如图 3-68 所示某附合导线，A、B、C、D 为已知高级点，坐标分别为 (x_A, y_A)、(x_B, y_B)、(x_C, y_C)、(x_D, y_D)，1、2、3、4 点为某一工程项目布设的平面控制点。从高级点 B 向高级点 C 方向施测。实测步骤如下：

（1）安置全站仪于 B 点，以 A 点为定向点，在 1 点安置棱镜，施测 1 点坐标为 (x_1, y_1)。

（2）搬站至 1 点，以 B 点为定向点，在 2 点安置棱镜，施测 2 点坐标为 (x_2, y_2)；以此类推，依次测 3 点坐标为 (x_3, y_3)，4 点坐标为 (x_4, y_4)。

（3）搬站至4点，以3点为定向点，在C点安置棱镜，实测C点坐标为(x'_c, y'_c)。

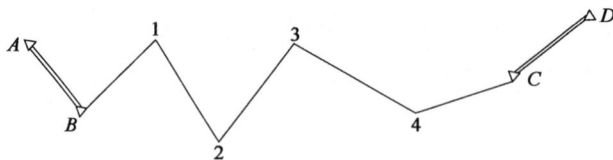

图3-68 某附合导线

（二）坐标法导线测量的内业观测方法

在图3-68中，C点坐标为已知值(x_c, y_c)，C点坐标的观测值为(x'_c, y'_c)，则有导线闭合差：

$$f_x = x'_C - x_C$$
$$f_y = y'_C - y_C$$

故导线全长闭合差为

$$f_D = \sqrt{f_x^2 + f_y^2}$$

式中：D——导线边长。

导线全长闭合差f_D随导线长度的增大而增大，所以，导线测量的精度用导线全长相对闭合差K评定，即

$$K = \frac{f_D}{\sum D} = \frac{1}{\sum D / f_D}$$

实测导线全长相对闭合差应小于该等级导线全长相对闭合差容许值。

精度满足要求时，按下式计算各点坐标改正数：

$$V_{xi} = -\frac{f_x}{\sum D} \cdot \sum D_i$$

$$V_{yi} = -\frac{f_y}{\sum D} \cdot \sum D_i$$

式中：V_{xi}、V_{yi}——第i个导线点实测坐标改正数；

$\sum D_i$——第i个导线点以前的导线边长的代数和。

工程案例

案例7 中线复测

一、道路中线恢复测量的主要任务

道路中线恢复测量的任务是根据设计文件提供的路线平面图和路线中线逐桩坐标、点之记、固定桩以及已经恢复的交点桩和转点桩等有关资料，按照施工要求的加桩密度，在实地测定设计的公路中线施工控制桩的位置，作为路基施工的依据。

二、道路中线恢复测量的方法

在进行公路中线勘测设计时，根据公路的等级不同，设计文件提供的设计资料也是不同

的。对于高等级公路如高速公路、一级公路和部分二级公路,设计文件中有路线中线逐桩坐标表,可用坐标法进行放样;对于低等级公路,设计文件中没有路线中线逐桩坐标表,可利用路线导线上的控制点如转点和交点通过距离和角度的放样进行直线段测设,曲线段可以建立局部计算坐标系,计算曲线段上各施工控制桩的坐标,利用坐标法进行放样。因此进行中线放样时,设计资料不同所采用的放样方法也是不一样的。但是坐标法已经成为目前放样的基本方法。

(一)中线恢复测量的资料

公路平面设计文件和资料主要包括:①路线平面图;②路线交点和转点固定桩资料;③路线交点和转点点之记;④计算各曲线段施工控制桩在局部坐标系中的坐标。

(二)中线上直线段施工控制桩的恢复

根据已经标定在实地上的交点桩和转点桩的位置和桩号,可分段恢复施工控制桩,按照施工要求确定加桩桩距,先恢复中线直线段,再恢复中线曲线段,曲线段先测设主点桩,再按桩距测设加桩。

如图 3-69 所示,ZD_1、ZD_2 为某一段路线导线上相邻的两个路线导线控制桩,要求放出ZD_1、ZD_2 之间桩号为 10m 整数倍的中线施工控制桩。测设方法为:安置全站仪于 ZD_1 瞄准ZD_2,水平制动,计算放样点至 ZD_1 的水平距离(桩号差),沿此方向线每隔 10m 立棱镜,观测者指挥立镜者前后左右移动棱镜,使棱镜处于望远镜的视线方向上,同时按距离放样方法使测站点至放样点的距离等于其桩距差。按此方法每隔 10m 设桩。

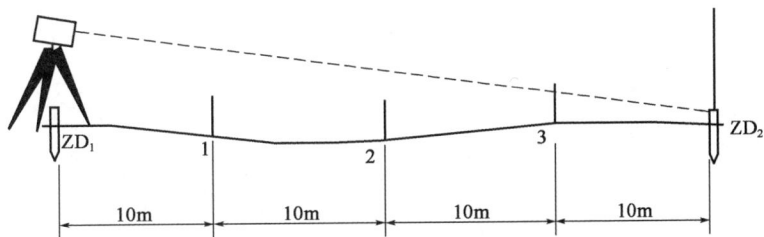

图 3-69　道路直线段控制桩恢复

(三)曲线段施工控制桩的恢复

对于公路,由于平面线形标准低,所以在交点处的平曲线线形受地形限制,使得平曲线的线形形式较多。在采用坐标法放样时,曲线上施工控制桩的坐标计算有不同的特点。

案例8　涵洞平面放样

根据涵洞设计图,在实地上把涵洞的中心线先确定下来。根据涵洞设计尺寸,把涵洞的基础、涵身、洞口基础、洞口墙身在实地上放样出来,用桩做标记,并用白灰画线。

一、涵洞中心线的确定

立仪器于涵洞中桩,根据设计的斜交角度,旋转水平度盘至涵洞中心线方向,在该方向上

图3-70　涵洞中心线确定

定出涵洞$L_上$和$L_下$的长度,定桩。在远离涵长的该方向上确定4个方向桩(A、B、C、D),上、下游各2个,注意在定桩时应该使桩相对固定,如图3-70所示。

二、涵身基础放样

涵身基础放样是依据涵洞中心线与涵洞设计图里的基础尺寸,利用经纬仪和钢尺在实地上确定基础的轮廓线。

如图3-71所示,基础放样的步骤如下:

(1)立仪器于O点,瞄准路线方向,拨转涵洞角度,量取距离$L/2$,定出涵洞上游长度A点,同理定出B点。

(2)立仪器于A点,瞄准O点,旋转$90°$方向,量取距离$l/2$,定出台基内侧边缘点1。

(3)从1点在该方向上量取距离a,定出2点。同理,可定出3、4点。

(4)在1、2、3、4点定桩并用白灰将四点连线,涵身基础线则放样完毕。

(5)同理,可以放样另一侧的涵身基础线。

三、台身放样

如图3-71所示,基础放样完毕后,在基础线内量取台身的尺寸并画线。

四、洞口放样

如图3-72所示,洞口为八字翼墙的放样方法。

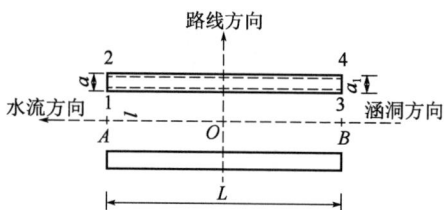

图3-71　涵洞台身基础放样

图3-72　涵洞洞口放样

具体步骤如下:

(1)立仪器于A点,对中、整平。

(2)瞄准涵台台身内侧方向,倒镜$180°$,拨转$30°$为翼墙方向,在该方向上量取设计图尺寸$\dfrac{W}{\cos 30°}$,得墙身顶端内侧边缘点。

(3)继续旋转水平度盘$60°$,从A点量取距离2,然后量取距离3,再量取距离4,倒镜$180°$,从A点量取距离1。

(4)同理,可以得出洞口端部的5个点。

(5)最外的两条线为基础轮廓线,靠近的两条线为墙身底部线,中间等宽的部位为墙顶线。用桩定设,画白灰线。

涵洞的各构造物的端点坐标计算出后也可以直接利用全站仪进行坐标放样。

案例9 桩位放样

在具体的施工过程中,桩位放样的方法有许多种,现在多采用全站仪继续桩位的坐标放样。

不同型号全站仪的操作方法有一定的区别,下面以徕卡TC1610全站仪为例说明坐标放样的方法,对于其他型号的全站仪可参照其说明书。

1. 坐标放样的基本原理

如图3-73所示,已知O、B、P三点坐标为(E_O,N_O,H_O)、(E_B,N_B,H_B)、(E_P,N_P,H_P),其中O、B两点在地面上的位置确定,P点的地面位置待定。O点为测站点,B点为后视点,P点为放样点。安置全站仪于O点后视B点,计算OB直线的坐标方位角α_{OB}:

$$\alpha_{OB} = \arctan\frac{|E_B - E_O|}{|N_B - N_O|} \tag{3-78}$$

同理可计算OP直线坐标方位角α_{OP},则

$$\angle BOP = \alpha_{OP} - \alpha_{OB}$$
$$D_{OP} = \sqrt{\Delta E_{OP}^2 + \Delta N_{OP}^2}$$

输入后视方向OB的坐标方位角和放样点P的坐标后,仪器自动计算并显示放样的角度$\angle BOP$和放样的距离D_{OP}、高差。

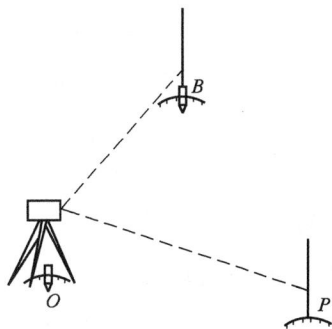

图3-73 全站仪坐标放样示意图

上述数据实际上是通过全站仪内部的软件计算得到的,使用非常方便。

2. 坐标放样前的基本设置工作

(1)测量模式的选择和棱镜常数的设置。

(2)仪器高和目高程的输入。

(3)测站点坐标和高程的输入。

(4)已知测站点至定向点坐标方位角的设置或者输入定向点的坐标。

(5)大气改正数的输入。

设置工作完成之后即可进行坐标放样。

3. 坐标放样基本操作步骤

(1)安置仪器于测站点O,进行对中、整平等基本操作,对仪器进行基本设置,设置参数包括棱镜常数、仪器高、棱镜高、角度单位、距离单位、显示格式、测站坐标。

(2)按"PROG"键调用仪器内部点位放样程序SETTING OUT,屏幕显示如图3-74所示。

调用此程序的方法有两种:

①输入用行号末尾给出的号码直接调用。

②用"↑"键或者"↓"键使箭头指向所要的程序行,并按"CONT"键确认即可,确认后显示屏显示如图3-74所示。

（3）检查输入的测站点坐标，在放样状态时只能对前面设置的测站坐标、仪器高、棱镜高等参数进行检核，不能修改。如检查发现参数输入错误，可退出放样程序回到基本测量模式重新输入，检查无误确认后按"CONT"键，屏幕显示如图3-75所示。

（4）按"↓"键，使箭头指在hr行，如果目高程（棱镜高）为2.2m，则按"↓"键，使箭头指在offs行。否则用数字键输入棱镜高hr值，按回车键，使箭头指向offs行。

（5）offs值为竖直方向偏距，输入"0"，按回车键（如果offs值已经等于0，可按"↓"键），屏幕显示如图3-75所示。

```
        PROG:
     >Coord.Input    1
      Set Station     2
     Orientation    3      ∧
       ∨SETTING OUT
       Eo:123.000
       No:456.000
      →Ho:401.000
```

图3-74　屏幕显示(1)

```
            ∧
     ∨SETTING OUT
       →PrNr:   91
    hr:  2.200     ∧SETTING OUT
             hr:2.200
            offs:0.000
      →Get CORD>Modul
```

图3-75　屏幕显示(2)

（6）由于采用键盘输入，按"←"键或"→"键，使显示Keyb，按"CONT"键确认，屏幕显示如图3-76所示。

（7）输入放样点的坐标。设放样点坐标为：$E=223$，$N=666$，$H=408$。用数字键输入"223"，按回车键确认；用数字键输入"666"，按回车键确认；用数字键输入"408"，按回车键确认。检查无误后，按"CONT"键确认后，屏幕显示如图3-76所示。

（8）松开水平制动螺旋，转动仪器照准部，使ΔHZ的值接近0°，然后水平制动，再调节水平微动螺旋，使ΔHZ的值等于00′00″。

（9）保持望远镜视线水平方向不变，指挥持棱镜者将棱镜置于此水平方向上，并使棱镜至测站的距离大致等于放样点的距离。按"DIST"键，屏幕显示如图3-77所示。

（10）沿此视线方向"向远"移动棱镜（ΔD为正值，"向远"移动棱镜；ΔD为负值，"向近"移动棱镜），直至ΔD等于0。此时立棱镜点即为放样点的平面位置。

（11）按"DSP"键，屏幕显示如图3-77所示。

```
   ∨SETTING OUT
        E …
        N …
    →H …        SETTING OUT  1
          PtNr:    91
         ΔHZ:  -4.3310
         ΔD: ……
```

图3-76　屏幕显示(3)

```
      SETTING OUT    1
       PtNr:    91
      ΔHZ:   0.000
   ΔD: 2.966     SETTING OUT  1
       PtNr:    91
       ΔH: 0.870
       H:  407.130
```

图3-77　屏幕显示(4)

（12）保持放样点的平面位置不变，钉设标志，在标志处上下移动棱镜（ΔH为正，向上移动棱镜；ΔH为负向，向下移动棱镜），使测出的ΔH等于0，此时H等于408m（本例），最后定出放样点。

工作任务13 单项技能训练——经纬仪的认识与操作

实训工单1

实训内容	经纬仪的认识与操作				
仪器、工具					
班级		时间		地点	
实训内容及步骤					备注

实训工单 2

实训内容	测回法观测水平角、竖直角				
仪器、工具					
班级		时间		地点	

实训内容及步骤	备注

实训工单 3

实训内容	经纬仪的检验和校正				
仪器、工具					
班级		时间		地点	

实训内容及步骤	备注

实训工单4

实训内容	距离测量——钢尺一般量距				
仪器、工具					
班级		时间		地点	
实训内容及步骤					备注

实训工单 5

实训内容	全站仪坐标采集				
仪器、工具					
班级		时间		地点	
实训内容及步骤					备注

课后
思考题

项目3　课后
思考题答案

3-1　简述经纬仪构造。

3-2　用测回法对某一角度观测6测回,则第4测回零方向的水平度盘应配置为多少度。

3-3　经纬仪十字丝分划板上丝和下丝的作用是什么?

3-4　经纬仪的主要轴线有哪些?

3-5　什么是照准部偏心差?

3-6　用经纬仪盘左、盘右两个盘位观测水平角,取其观测结果的平均值,可以消除哪些误差对水平角的影响?

3-7　在高斯平面直角坐标系中,如何定义纵轴?

3-8　A点的高斯坐标为$x_A =112240m$,$y_A =19343800m$,则A点所在6°带的带号及中央子午线的经度分别为多少?

3-9　用光学经纬仪测量水平角与竖直角时,度盘与读数指标的关系如何?

3-10　衡量导线测量精度的一个重要指标是什么?

3-11　测量使用的高斯平面直角坐标系与数学使用的笛卡尔坐标系的区别是什么?

3-12　坐标方位角的取值范围是多少?

3-13　某段距离丈量的平均值为100m,其往返较差为+4mm,其相对误差是多少?

3-14　直线方位角与该直线的反方位角相差多少?

3-15　转动目镜对光螺旋的目的是什么?

3-16　地面上有A、B、C三点,已知AB边的坐标方位角$\alpha_{AB}=35°23'$,测得左夹角$\angle ABC=89°34'$,则CB边的坐标方位角α_{CB}等于多少?

3-17　测量仪器望远镜视准轴的定义是什么?

3-18　观测水平角时,照准不同方向的目标,应如何旋转照准部?

3-19　地面某点的经度为东经85°32',该点应在三度带的第几带?

3-20　测定点的平面坐标的主要工作是什么?

3-21　高斯平面直角坐标系中直线的方位角是按以下哪种方式量取的?

3-22　某导线全长620m,算得$f_x =0.123m$,$f_y =-0.162m$,导线全长相对闭合差K是多少?

3-23　已知AB两点的边长为188.43m,方位角为146°07'06″,则AB的x坐标增量是多少?

3-24　竖直角的取值范围是多少?

3-25　某直线的坐标方位角为121°23'36″,则反坐标方位角是多少?

3-26　导线坐标计算的一般步骤是什么?

3-27　已知图3-78中AB的坐标方位角,请观测图中四个水平角,试计算边长$B→1$、$1→2$、$2→3$、$3→4$的坐标方位角。

3-28　已知$\alpha_{AB} =89°12'01″$,$x_B =3065.347m$,$y_B =2135.265m$,坐标推算路线为$B→1→2$,测得坐标推算路线的右角分别为$\beta_B =32°30'12″$,$\beta_1 =261°06'16″$,水平距离分别为$D_{B1} =123.704m$,$D_{12} =98.506m$,试计算1、2点的平面坐标。

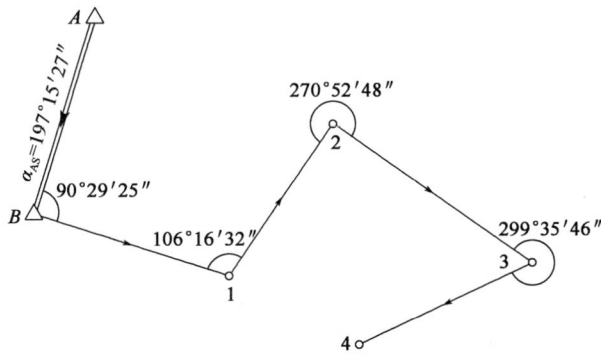

图3-78　题3-27图

3-29　试完成下列测回法水平角观测手簿的计算,将计算结果填入表3-13中。

题3-29表　　　　　　　　　　　　　　　　表3-13

测站	目标	竖盘位置	水平度盘读数 (°　′　″)	半测回角值 (°　′　″)	一测回平均角值 (°　′　″)
一测回 B	A	左	0　06　24		
	C		111　46　18		
	A	右	180　06　48		
	C		291　46　36		

3-30　完成下列竖直角观测手簿的计算,不需要写公式,全部计算均在表3-14中完成。

题3-30表　　　　　　　　　　　　　　　　表3-14

测站	目标	竖盘位置	竖盘读 (°　′　″)	半测回竖直角 (°　′　″)	指标差 (″)	一测回竖直角 (°　′　″)
A	B	左	81　18　42	8　41　18		
		右	278　41　30	8　41　30		
	C	左	124　03　30	−34　03　30		
		右	235　56　54	−34　03　06		

项目4
ITEM FOUR

GNSS测量原理及应用

全球导航卫星系统(Global Navigation Satellite System，GNSS)，泛指所有的导航卫星系统，包括全球的、区域的和增强的，如美国的GPS、俄罗斯的格洛纳斯导航卫星系统(GLONASS)、欧洲的伽利略导航卫星系统(Galileo)、中国的北斗导航卫星系统。

20世纪后期，中国开始探索适合国情的导航卫星系统发展道路，逐步形成了"三步走"发展战略：2000年底，建成北斗一号系统，向中国提供服务；2012年底，建成北斗二号系统，向亚太地区提供服务；2020年，建成北斗三号系统，向全球提供服务。

假设有一测区如图4-1所示，现需要进行测区的地形图测量。由前文内容可知，在进行传统测量时，需要先在目标测区内选取控制点进行控制测量，然后结合地物、地貌的特征进行碎部测量。在这个过程中，容易遇到点与点之间必须通视、误差容易累积、工作量大等问题。在这种情况下，采用GNSS实施测绘就能弥补传统测量仪器的不足。

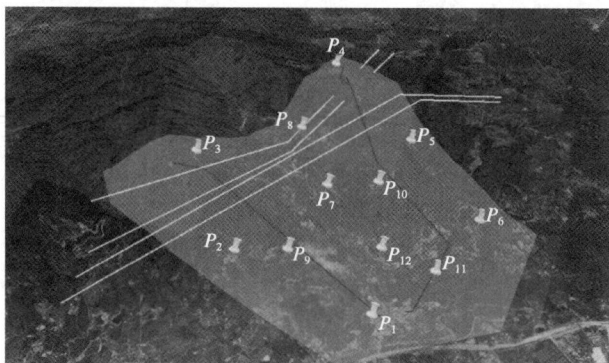

图4-1　测区示意图

工作任务1　GNSS测量原理

学习目标

理解GNSS测量原理。

相关知识

在使用GNSS系统进行测量之前,有必要先了解它是怎样快速、准确地测量地面点的空间位置的。GNSS结合卫星和通信技术,利用导航卫星进行测时和测距。

GNSS系统包括三大部分:卫星、地面监控站和接收机,如图4-2所示。地面监控站的主要作用是监测和维护卫星。对用户来说,无须对地面监控站有过多了解,只要知道其功能是保障卫星的正常运转即可。

目前,GNSS的卫星已完成全球覆盖,如图4-3所示。每颗卫星都装备有原子钟、无线电收发机及其他设备。无线收发机从地面监控站取得并传输有关卫星身份、位置和时间等的信息和指令。每颗卫星可用L_1和L_2两个不同频率进行传输。与地面监控站不同,用户必须了解数据采集期间可用卫星的位置、几何分布状态和数量。这些因素会影响GNSS测量的可靠性和精确度。

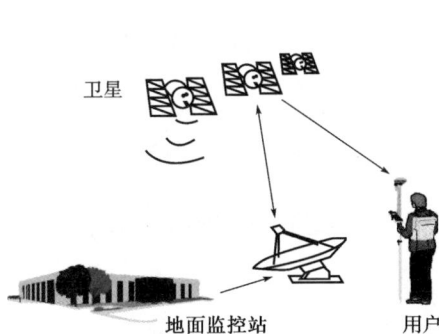

图4-2　GNSS系统的组成　　　　　　　图4-3　GNSS卫星星座

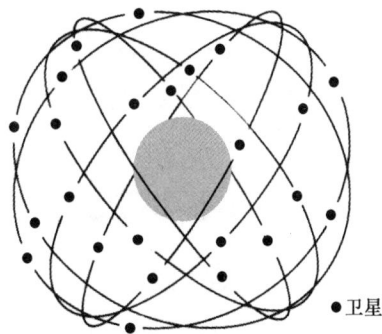

GNSS接收机的功能为接收和存储来自GNSS卫星的信号。有些接收机还具备诸如计算点位坐标并以多种定位基准和直角坐标系统加以显示、通过串行端口输出原始数据和计算所得位置坐标及显示卫星可用性信息等附加功能。更高级的接收机可以从另一个正在同步采集数据的GNSS接收机那里接收原始数据,并将此数据与其本身数据结合,实时计算出接收机所在的精确位置。

利用GNSS进行绝对定位的基本原理是:以GNSS卫星与用户接收机天线之间的几何距离观测量ρ为基础,并根据卫星的瞬时坐标(X_i,Y_i,Z_i),确定用户接收机天线所对应的点位,即观测站的位置,如图4-4所示。

设接收机天线的相位中心坐标为(X,Y,Z),则有

$$\rho=\sqrt{(X_i-X)^2+(Y_i-Y)^2+(Z_i-Z)^2} \tag{4-1}$$

在原子钟与用户接收机钟完全同步,并且忽略大气折射影响的情况下,所测卫星至观测站间的几何距离ρ为

$$\rho = C \cdot \Delta t \tag{4-2}$$

式中:C——光速,m/s;

Δt——GNSS卫星发射的信号到达用户接收机的传播时间,即时间延迟,s。

卫星的瞬时坐标$(X_i、Y_i、Z_i)$可以根据收到的导航电文求得,所以式(4-1)中只有X、Y、Z是未知量,只要同时接收3颗GNSS卫星导航电文,联立方程组即可解出测站点坐标(X, Y, Z)。

由于GNSS采用了单程测距原理,而原子钟和用户接收机钟又难以保持严格同步,因此,实际观测的卫星与用户接收天线之间的距离ρ会受原子钟与用户接收机钟同步差的影响,故为伪距。原子钟差可以通过导航电文中所给的有关参数加以修正,但用户接收机的钟差一般难以预先准确知道。所以,通常把它作为一个未知数,与测站点坐标一起在数据处理中进行解算,即在一个测站上要实时解出4个未知量,也就是至少要同时观测4颗卫星。

GNSS绝对定位受到卫星轨道误差、钟差及信号传播误差等因素的影响,因而精度较低,不能满足一般工程定位测量的要求。GNSS相对定位,也称差分GNSS定位,是目前GNSS定位中精度最高的一种定位方法。如图4-5所示,相对定位是指在两个或若干个观测站上安置GNSS接收机,同步观测相同的GNSS卫星,测定接收机之间相对位置(坐标差)的定位方法。两点间的相对位置可以用一条基线向量表示,故相对定位也被称为测定基线向量或基线测量。

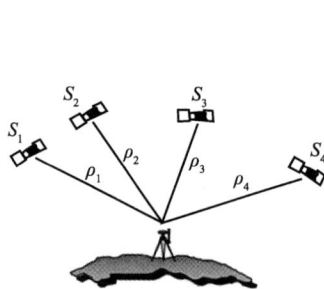

图4-4　GNSS绝对定位　　　　图4-5　GNSS相对定位

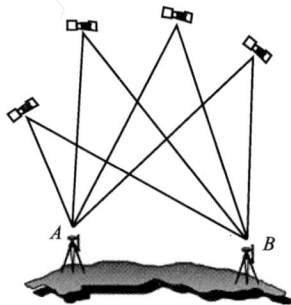

在两个或多个观测站同步观测相同卫星的情况下,卫星的轨道误差、原子钟差、用户接收机钟差以及大气折射误差等对观测量有一定影响,因此利用这些观测量的不同组合进行相对定位,即可有效地消除或削弱上述误差的影响,从而提高相对定位的精度。

工作任务2　GNSS静态测量

学习目标

掌握GNSS控制网的布网方法;能够进行GNSS静态测量;理解GNSS网的基线解算以及网平差计算。

工作任务

任务描述：对图4-1所示区域进行控制测量。要求布设7个GNSS控制点，用静态相对定位的方法施测并布设一个D级GNSS控制网。

测量依据：《全球导航卫星系统（GNSS）测量规范》（GB/T 18314—2024）。

目前GNSS静态定位被广泛地用于大地测量、工程测量、地籍测量、物探测量及各种类型的变形监测等中。在以上这些应用中，其主要被用于建立各种级别不同用途的控制网。下面重点介绍GNSS静态定位在控制测量中的应用。

静态定位模式就是将接收机安置在基线端点上，观测中保持接收机固定不动，以便能通过重复观测取得足够的多余观测数据，从而提高定位的精度。这种作业模式一般采用2套或以上GNSS接收设备，分别安置在一条或数条基线端点上，同步观测4颗及以上卫星。

相关知识

一、GNSS定位的坐标系统

为了描述卫星运动，处理观测数据和表示测站位置，需要建立坐标系统。GNSS采用的是WGS-84世界大地坐标系，系地心坐标系。其原点是地球的质心，Z轴指向BIH1984.0定义的CTP方向，X轴指向BIH1984.0定义的零度子午面和CTP赤道的交点，Y轴和Z轴、X轴构成右手直角坐标系。见图4-6。

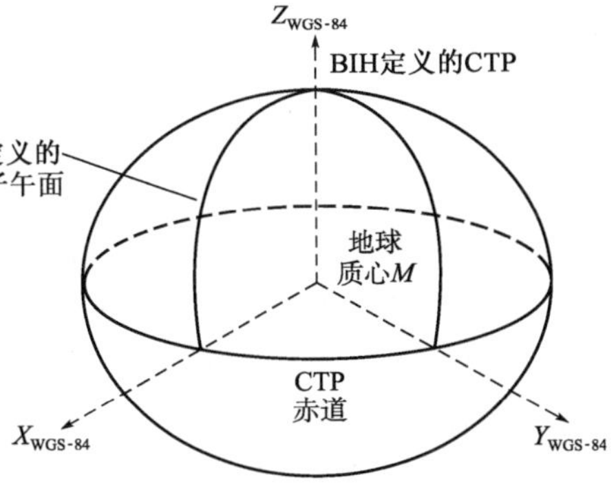

图4-6 WGS-84坐标系

虽然对于各种先进的空间大地测量技术均采用地心坐标系，然而绝大多数国家仍采用各自的参心大地坐标系作为测制各种大、中比例尺地形图的控制，即地面点的空间位置用大地经度L、大地纬度B和大地高H表示。为了满足工程测量和大、中比例尺地形图制图的需要，根据地图投影的理论，参心大地坐标系可通过某种投影转化为某投影面上的平面坐标。在我国采用高斯-克吕格投影，简称高斯投影。由于所采用的地球椭球不同，或地球椭球虽相同，但椭球定位和定向不同，目前我国存在1980年国家大地坐标系、1954年北京坐标系、新1954年北京坐标系及各种地方独立坐标系等。

二、GNSS控制网的等级

《全球导航卫星系统(GNSS)测量规范》(GB/T 18314—2024)中按照精度和用途将GNSS测量分为A、B、C、D、E五级。B、C、D、E级精度应不低于表4-1中的要求。

B、C、D、E级GNSS测量等级精度　　　　　　表4-1

级别	点位中误差		相邻点基线分量中误差		相邻点间平均距离(km)
	水平分量(mm)	垂直分量(mm)	水平分量(mm)	垂直分量(mm)	
B	5	10	5	10	50
C	10	15	10	20	15
D	15	30	20	40	5
E	15	30	20	40	2

规范还要求,用于建立三等大地控制网,以及建立区域、城市及工程测量的基本控制网等的GNSS测量应满足C级GNSS测量的精度要求;用于建立四等大地控制网的GNSS测量应满足D级GNSS测量的精度要求;用于中小城市、城镇以及测图、房产、建筑施工等的控制测量等的GNSS测量应满足D、E级GNSS测量的精度要求。

在GNSS网总体设计中,精度指标是比较重要的参数,它的数值将直接影响GNSS网的布设方案、观测数据的处理以及作业的时间和经费。在实际设计工作中,用户可根据所作控制的实际需要合理制定。制定既不能过低的精度而影响网的精度,也不能盲目追求过高的精度而造成不必要的支出。

三、GNSS点点位的选取

由于GNSS测量观测站之间不必相互通视,而且网的图形选择也比较灵活,所以选点工作较一般控制测量更简便。选点人员在实地选点前,应搜集有关资料,包括测区1:50000或更大比例尺地形图,已有各类控制点、卫星定位连续运行基准站的资料等,还应充分了解和研究测区情况,特别是交通、通信、供电、气象、地质及大地点等情况。

B、C、D、E级GNSS点点位选取的基本要求如下:

(1)应便于安置接收设备和操作,视野开阔,视场内障碍物的高度角不宜超过15°。

(2)应远离大功率无线电发射源和微波无线电信号传送通道(如电视台、电台、微波站等),其距离应大于200m;远离高压输电线等大功率电力传输设备,其距离应大于50m。

(3)应避开强烈反射卫星信号的物件(如大型建筑物、大面积水域、大面积露石块地、沙地等)。

(4)应交通方便,并有利于其他测量手段扩展和联测。

(5)应地面基础稳定,易于标石的长期保存。

(6)应充分利用符合要求的已有控制点。

(7)选点时宜尽可能使测站附近的局部环境(地形、地貌、植被等)与周围的大环境保持一致,以减少气象元素的代表性误差。

为了固定点位,以便长期利用GNSS测量成果和进行重复观测,选点人员按要求选定点位后,各级GNSS点均应埋设固定的标石或标志。点的标石或标志必须稳定、坚固以利于长久保存和利用。在基岩露头地区,可直接在基岩上嵌入金属标志。规范中对标石的类型和适用级别作了具体规定。各类标石均设有中心标志,以精确定位。

每个点位标石埋设结束后,应该做好相应的点位记录。在埋石工作完成后要提供GNSS网选点网图、点之记、土地占用批准文件、点位标准托管书和选点与埋石技术总结。

四、GNSS控制网

(一)同步网

当投入作业的接收机数目多于2台时,可以在同一时段内,用几个测站上的接收机同步观测。此时,由同步观测边所构成的几何图形,称为同步网或同步环路。

不过在 m 台接收机同时观测的 S 条同步基线中,只有 $(m-1)$ 条独立基线,其余基线均可推算而得,属于非独立基线。同一条基线,其直接解算结果与独立基线推算所得结果之差,就产生了坐标闭合差条件,用它可评判同步网的观测质量。

(二)异步网

由多个同步网相互连接的GNSS网,称为异步网。其中各同步网之间的连接方式有点连式、边连式、网连式和混连式4种。

1. 点连式

如图4-7所示,点连式是指在观测作业时,相邻的同步图形间只通过1个公共点相连。这样,当有 m 台仪器共同作业时,每观测一个时段,就可以测得 $(m-1)$ 个新点,当这些仪器观测了 s 个时段后,就可以测得 $[1+s(m-1)]$ 个点。点连式观测作业方式的优点是作业效率高,图形扩展迅速;缺点是图形强度低,如果连接点发生问题,将影响到后面的同步图形。

2. 边连式

如图4-8所示,边连式是指在观测作业时,相邻的同步图形间有一条边(即2个公共点)相连。这样,当有 m 台仪器共同作业时,每观测一个时段,就可以测得 $(m-2)$ 个新点,当这些仪器观测了 s 个时段后,就可以测得 $[2+s(m-2)]$ 个点。边连式观测作业方式具有较好的图形强度和较高的作业效率。

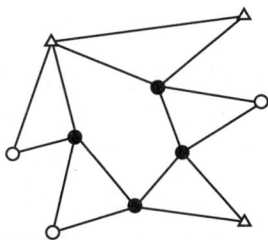

图4-7　点连式

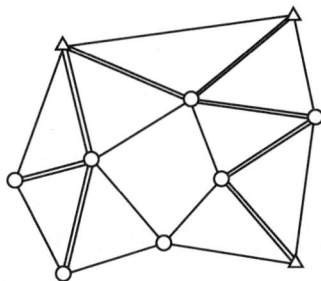

图4-8　边连式

3. 网连式

网连式是指在作业时,相邻的同步图形间有3个(含3个)以上的公共点相连。这样,当有 m 台仪器共同作业时,每观测一个时段,就可以测得 $(m-k)$ 个新点,当这些仪器观测了 s 个时段后,就可以测得 $[k+s(m-k)]$ 个点。采用网连式观测作业方式所测设的 GNSS 网具有很高的图形强度,但网连式观测作业方式的作业效率较低。

4. 混连式

在实际的 GNSS 作业中,可以根据具体情况,有选择地灵活采用这几种方式作业,这种观测作业方式就是混连式。混连式观测作业方式是在实际作业中最常用的作业方式,它实际上是一个点连式、边连式和网连式的结合体。

任务实施

一、GNSS控制网的实施方案

如图4-9所示,实地踏勘目标测区,根据要求设置7个控制点,结合接收机台数,3个点构成一个同步环,同步环连接形成异步网。

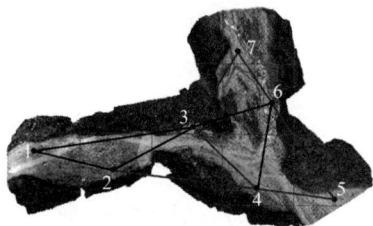

图4-9 异步网示意图

二、观测作业

下面以中海达 HD8200X 静态接收机为例,介绍其观测作业的过程。

(一)接收机的操作

HD8200X 静态接收机主机控制面板有按键2个,F键(功能键)和电源键;指示灯3个,分别为电源灯、卫星灯和状态灯,如图4-10所示。

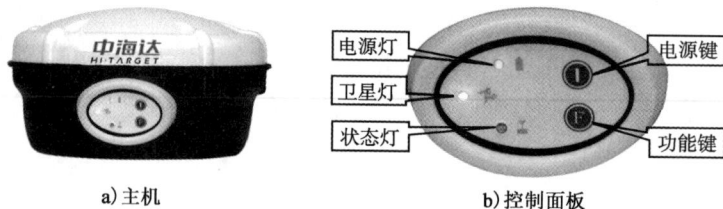

a)主机 b)控制面板

图4-10 中海达 HD8200X 静态接收机

按住电源键1s开机(开机后,若连续"嘀嘀"响10s,则表示内存不足5MB,请及时清除机内不需要的文件;若内存不足2MB,则状态灯一直闪烁且主机不再记录文件)。长按电源键3s则关机。

双击功能键,两次点击间隔时间为0.1~1.25,进入"采样间隔"设置,再单击功能键,有1s、5s、10s、15s循环选择,按电源键确定。若超过10s未按确定,则自动确定。

长按功能键3s以上，进入"卫星截止角"设置，再单击功能键有5°、10°、15°、20°循环选择，按电源键确定。若超过10s未按确定，则自动确定。

单击功能键，当未进入文件记录状态时，语音提示当前卫星数、采样间隔和卫星截止角。若已经进入文件记录状态，则仅卫星灯闪烁，闪烁次数表示当前卫星颗数。

同时按下功能键和电源键，会恢复到出厂初始设置，采样间隔5s，卫星截止角度10°，并重新建立文件采集。

（二）外业操作步骤

（1）在测量点架设仪器，对点器严格对中、整平。

（2）量取仪器高3次，各次间差值不超过3mm，取中数。仪器高应由测量点标石中心量至仪器上盖与下盖结合处的防水橡胶圈中线位置。HD8200X静态接收机主机天线半径0.099m，相位中心高0.04m。

（3）记录点名、仪器号、仪器高（注明斜高还是垂直高），开始记录时间。

（4）开机，卫星灯闪烁表示正在搜索卫星。卫星灯由闪烁转入长亮状态表示已锁定卫星。状态灯每隔数秒采集，间隔默认是5s闪一下，表示采集了一个历元。

（5）测量完成后关机，记录关机时间。

（6）下载、处理数据。

（三）观测记录

在外业观测过程中，所有的观测数据和资料均需完整记录。记录可通过以下两种途径完成：

1. 自动记录

观测记录由接收设备自动形成，记录在存储介质（如数据存储卡）上，其内容包括：

（1）载波相位观测值及相应的观测历元。

（2）同一历元的测码伪距观测值。

（3）GNSS卫星星历及卫星钟差参数。

（4）实时绝对定位结果。

（5）测站控制信息及接收机工作状态信息。

2. 手动记录

手动记录是指在接收机启动及观测过程中，有操作者随时填写的观测手簿，如表4-2所示。其中，记事栏应记载观测过程中发生的重要问题，包括问题出现的时间及处理方式。为保证记录的准确性，观测手簿必须在作业过程中及时填写，不得事后补记。观测记录是GNSS精密定位的依据，必须妥善保存。

GNSS外业观测手簿

表 4-2

点号		点名		图幅编号	
观测记录员		观测日期		时段号	
接收机型号及编号		天线类型及其编号		存储介质类型及编号	
原始观测数据 文件名		Rinex格式数据 文件名		备份存储介质 类型及编号	
近似纬度	°　′　″　N	近似经度	°　′　″　E	近似高程	m
采样间隔	s	开始记录时间	h　min	结束记录时间	h　min
天线高测定		天线高测定方法及略图		点位略图	
测前：　　　　　测后： 测定值_____m　　_____m 修正值_____m　　_____m 天线高_____m　　_____m 平均高_____m　　_____m					
时间(UTC)		跟踪卫星数		位置精度因子(PDOP)	
记事					

三、数据处理

《全球导航卫星系统(GNSS)测量规范》(GB/T 18314—2024)第12.1.1条规定：C、D、E级GNSS网基线解算可采用随接收机配备的商用软件。静态GNSS测量外业结束以后需要进行数据处理，这里我们结合中海达HDS2003数据后处理软件的使用来介绍解算GNSS静态后差分数据的一般过程。

(一)新建项目

打开安装在计算机上的"HDS2003数据处理软件包"，启动后处理软件。

点击"项目"→"新建"，进入任务设置窗口。在"项目名称"中输入项目名称，可以选择项目存放的文件夹，"项目文件"中显示的是现有项目文件的路径，点击"确定"完成新项目的创建工作，如图4-11和图4-12所示。

系统将弹出"项目属性设置"对话框，用户可以设置项目细节、控制网等级，如图4-13所示。

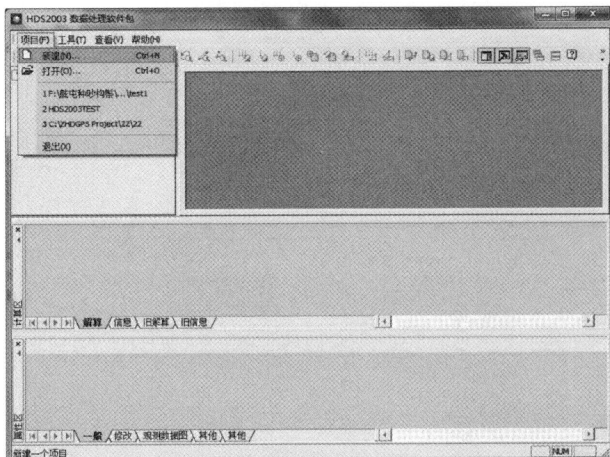

图4-11　选择项目

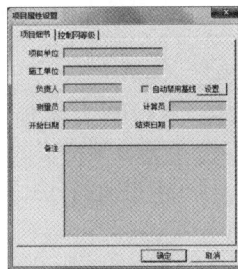

图4-12　新建项目　　　　图4-13　"项目属性设置"对话框

（二）导入数据

任务建完后，开始加载GNSS数据观测文件。点击"项目→"导入"，在弹出的对话框中选择需要加载的数据类型，点击"确定"或者双击"选择"进入"文件选择"对话框，见图4-14。导入数据后的窗口如图4-15所示。

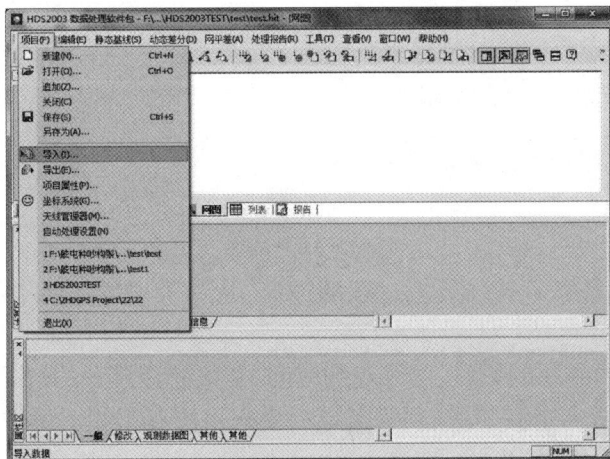

图4-14　导入数据

图 4-15　数据导入后窗口

(三)处理基线

当数据加载完成后,系统会显示所有的 GNSS 基线向量,各条基线的有相关信息暂时为空。同时,综合网图会显示整个 GNSS 网的情况。

进行基线处理:点击"静态基线"→"处理全部基线",系统将采用默认的基线处理设置,处理所有的基线向量,见图 4-16。

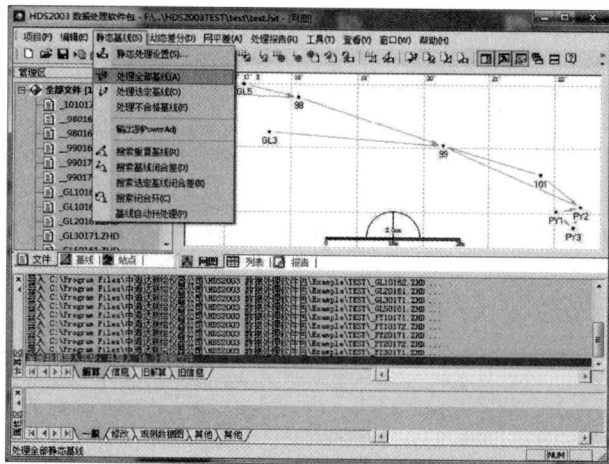

图 4-16　处理基线

处理过程中会显示整个基线处理过程的进度,从中可以看出每条基线的处理情况,见图 4-17。

基线解算的时间由基线的数目、基线观测时间、基线处理设置的情况,以及计算机的速度决定。处理完全部基线向量后,基线列表窗口中会列出所有基线解的情况,网图中原来未解算的基线也由原来的浅色变为深色,见图 4-18。

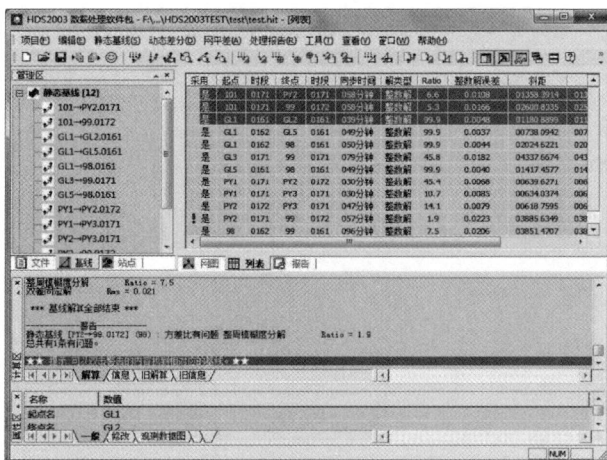

图4-17　基线处理过程及进度显示

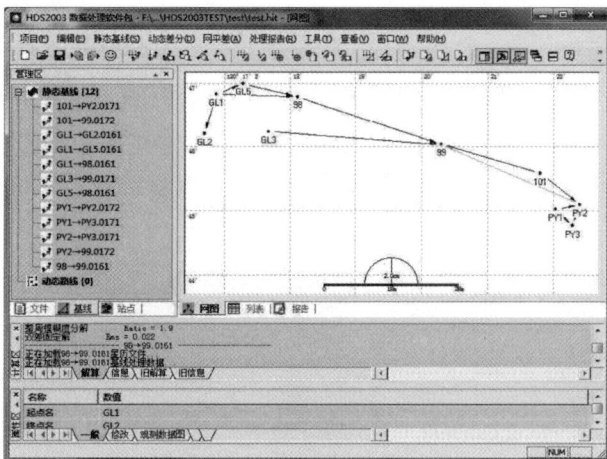

图4-18　基线解算的情况显示

（四）平差前的设置

首先在管理区中切换到"站点"，在树形视图右边双击"观测站点"中的已知点，再在"属性区"中选择"修改"标签，进入测站进行坐标设置。如果采用二维平差，则固定方式采用"x,y"或"x,y,H"方式输入；如果采用三维平差，则采用"B,L"或"B,L,H"方式输入。如果只做高程拟合，则选择H，选择好后在对应的格中输入已知的坐标值，相应的精度可以填在后面，并在是否固定中选择"是"（不选择表示固定坐标不能生效，网平差时将不使用）。用同样的方法把所有的已知点坐标都输入完毕，如图4-19所示。

点击"网平差"→"网平差设置"，进入"平差参数设置"窗口，确认选择"二维平差"选项，若需要进行高程拟合，则需确认选择"高程拟合"，如图4-20所示。

图4-19 平差前的设置   图4-20 平差参数设置

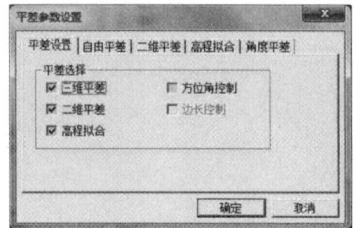

(五)进行网平差

点击"网平差"→"进行网平差",软件会按照上一步的参数设置进行平差或高程拟合。"观测站点"窗口下对应的每一个观测站点中,"自由误差"为自由网平差结果误差,"二维误差"为二维平差结果误差,"三维误差"为三维平差结果误差,"拟合误差"为水准高程拟合结果误差,如图4-21所示。

图4-21 进行网平差

(六)成果输出

假定这样的网平差结果是满足用户要求的,则将它打印输出,并作为成果提交。

点击"处理报告"→"生成网平差报告",如图4-22所示。

平差结果中的全部内容以HTML形式输出成一个报告,如图4-23所示。

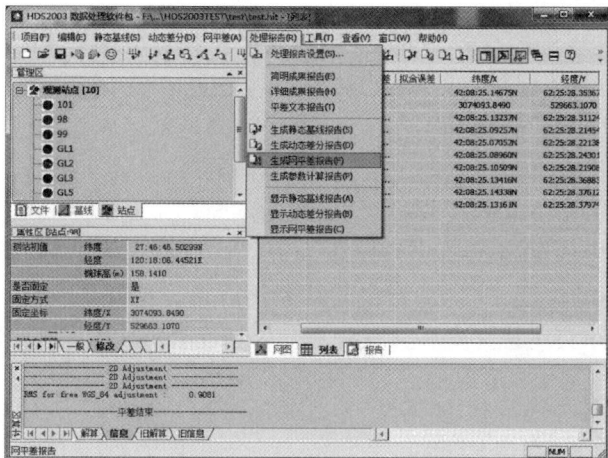

图4-22　生成网平差报告

图4-23　平差报告显示

工作任务3　GNSS-RTK测量

学习目标

理解GNSS-RTK的测量原理；能够进行GNSS-RTK测量和放样。

相关知识

RTK基准站构成

当目标区域控制测量完成后，若需要进行碎部测量，根据前面关于传统测量的介绍可知，首先需要结合地物、地貌的特征进行碎部点的选择。当选择碎部点之后，怎么利用GNSS测量来确定若干碎部点的空间位置呢?

若使用GNSS静态测量进行碎部测量,用户在一个测站点要停留1~3h或更久。在时间允许的前提下,它才会在数据采集结束后,转去下一个测站点;随后数据汇集在一起才能进行后处理;数据处理完成方可得到测量结果。但这样就满足不了碎部测量和工程放样的要求。

目前,GNSS测量开始向动态方向发展,设备体积更小,且便于携带。由于GNSS移动站与基准站之间的数据采用无线电链接,在数据采集的同时即可对其进行实时处理。数据处理的新技术使得在数秒钟之内测定出精确位置成为可能。这些技术进步允许用户在测区往来行走,迅速确定有关目标的位置,即刻见到自己的劳动成果。这就是实时动态测量,即实时动态(Real-Time Kinematic,RTK)定位技术。该技术既保留了GNSS测量的高精度,又具有实时性,故也将具有RTK性能的GNSS形象地称为GNSS全站仪。

一、GNSS-RTK的测量原理

GNSS-RTK测量模式要求有至少两台同时工作的GNSS接收机。在两台接收机组成的GNSS实时动态测量系统中,其中一台接收机被指定为基准站,另外一台为移动站,如图4-24所示。

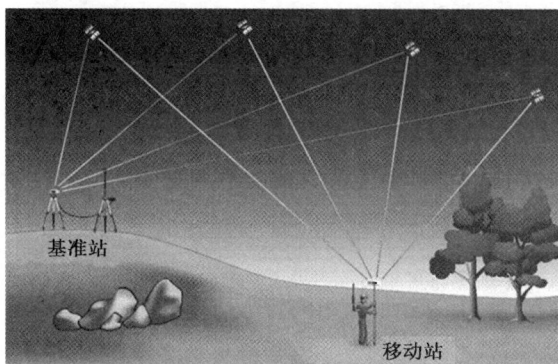

图4-24 GNSS-RTK测量

基准站接收机通常放置于一个已知点上。实际操作中,基准站系统采集来自可用卫星的原始数据。该原始数据经包装后,由串行端口送往待命的无线电发射机。无线电发射机对包装后的原始数据进行广播,任何接收机都可以接收。这就是RTK系统中基准站接收机的工作原理。

移动站接收机是系统的实用部分。移动站通常可放置于背包中,携带方便。使用者通过掌上电脑(电子手簿)或数据采集器与接收机交换数据。实际操作中,移动站电台接收基准站发来的包含基准站接收GNSS原始数据的信息,并将接收到的基准站原始数据经由串行端口转往移动站接收机。与此同时,移动站接收机会在其当前位置采集本机的原始数据。最后,移动站接收机利用已知基准站位置和基线向量来计算移动站位置坐标。这就是RTK系统中移动站接收机的工作原理。

根据上述基准站和移动站的运作,用户可携带移动站系统在测区往来行走,又快又准地进行定位测量和放样测设工作。由于即时计算点位坐标,用户对系统的正常工作可实时监察做到心中有数。基准站传输原始数据时并不限制接收对象,所以适配某一基准站工作的移动站数量不受限制。

二、RTK测量的实施

GNSS-RTK野外作业的过程可简单分为几步:设置基准站、求解坐标转换参数、碎部测量(点放样、线放样)。

下面结合中海达V8 GNSS RTK系统的使用来介绍GNSS-RTK测量的实施。

(一)GNSS-RTK数据接收机的认识与操作

在V8 GNSS RTK系统中,基准站和移动站的数据接收机可以通过无线数据传播或电台传播模式进行通信联系。无线数据传播是指基准站和移动站的GNSS接收机通过通信运营商的无线网络进行通信联系,每个设备中有一张移动或联通的SIM卡,GNSS设备中的GNSS模块在与卫星进行通信并采集到位置数据后,通过设备中的通信模块(GPRS或CDMA)以SIM卡为介质,利用运营商无线网络传输到运营商服务器上,再由运营商服务器通过互联网传输到企业服务器。电台传播是指基准站和移动站的GNSS接收机通过电台进行通信联系,基准站系统和移动站系统都包括电台部件,如图4-25所示。

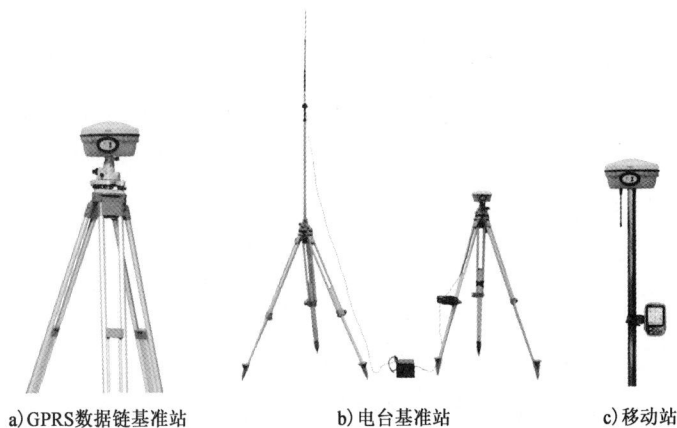

a)GPRS数据链基准站 b)电台基准站 c)移动站

图4-25 基准站和移动站

中海达V8 GNSS接收机主机控制面板有按键2个,即F键(功能键)和电源键;指示灯3个,即电源灯、卫星灯、状态灯。按键功能见表4-3。

按键功能说明 表4-3

功能	按键操作	内容
工作模式	双击功能键	进入"基准站""移动台""静态"工作模式选择
数据链	长按功能键	进入"GSM"/"CDMA""UHF"/"GSM"/"CDMA"模块、"外挂"数据链模式选择
UHF模式	单击功能键	进入"UHF电台频道"设置

RTK基准站架设

续上表

功能	按键操作	内容
设置确定	单击电源键	语音提示当前工作模式、数据链方式和电台频率、频道,同时电源灯显示电源电量
自动设置基站	按"电源键+功能键"开机	先按功能键,再按电源键开机,直到听见"叮咚"声再松开功能键,然后有语音提示确定、当前接收机状态
复位接收机	长按功能键	复位主板

（二）GNSS-RTK作业

1. 架设基准站

基准站可架设在已知点或未知点上,先进行对中、整平。若使用外挂电台作业,将基准站主机、电台、发射天线、电池组以相应电缆连接。选择一个无干扰的信道,使外挂电台和移动站内置的UHF电台信道一致。使用内置GPRS数据链作业时,架设前给基准站和移动站主机安装SIM卡。

打开GNSS主机电源,在GNSS主机的面板上进行操作,选择数据链模式并设置GNSS接收机为基准站模式。

基准站架设点必须满足以下要求:

(1)高度角在15°以上,开阔,无大型遮挡物。

(2)无电磁波干扰(200m内无微波站、雷达站、手机信号站等,50m内无高压线)。

(3)在用电台作业时,位置比较高,基准站到移动站之间最好无大型遮挡物。

2. 打开手簿主程序

点击手簿桌面的"Hi-RTK Road.exe"快捷图标,打开手簿主程序。

3. 新建项目

通常情况下,每做一个工程都需要新建一个项目。

(1)点击"项目"→点击"新建"→输入项目名称→点击"✓",如图4-26、图4-27所示。

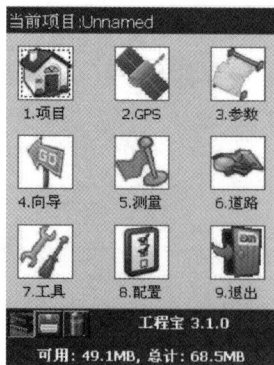

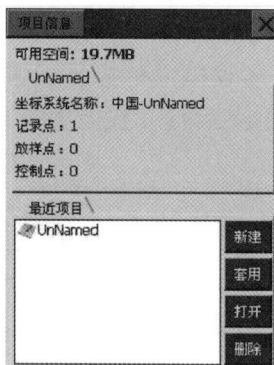

图4-26　新建项目　　　　　图4-27　输入项目名称

（2）点击左上角下拉菜单"坐标系统"设置坐标系统参数。

"文件"：输入坐标系统文件名，默认和项目名称一致，用于保存下方的测量参数，如图4-28所示。

"椭球"：源椭球一般为WGS-84，目标椭球和已知点的坐标系统一致，如果目标坐标为自定义坐标系，则可以不更改此项选择，设置为默认值"北京54"。

"投影"：选择投影方法，输入投影参数。中国用户投影方法一般选择"高斯三度带"，输入"中央子午线"，通常需要更改的只有中央子午线经度，中央子午线经度是指测区已知点的中央子午线；若自定义坐标系，则输入该测区的平均经度，经度误差一般要求小于30′，如图4-29所示。

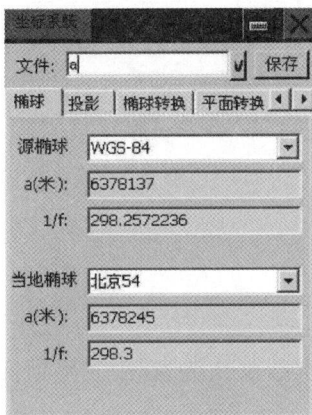

图4-28　输入文件名　　　　图4-29　选择投影方法

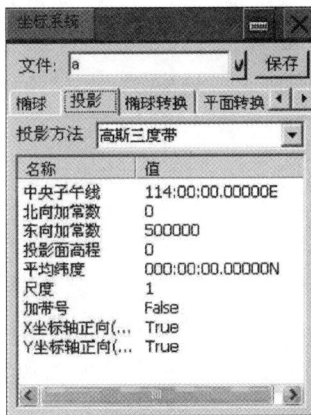

（3）点击右上角的"保存"按钮，保存设置好的参数。

4. GNSS和基准站主机连接

点击"GPS"→左上角下拉菜单→"连接GPS"，设置手簿型号、连接方式、端口、波特率、GNSS类型，点击"连接"，点击"搜索"出现机号后，选择机号，点击"连接"，如果连接成功会在接收机信息窗口显示连接GNSS的机号。

"手簿"：根据说明选择使用的手簿类型，如图4-30所示。右边的问号表示在进行选择时的提示信息，下同。

"连接"：包括串口、蓝牙、网络等连接方式，可根据需要进行选择。

"端口"：软件会根据手簿类型自动选择端口，只有手簿类型选择"General"时，端口才需要手工选择。

"波特率"：选择波特率，通常连接中海达设备时使用19200。

"GPS类型"：中海达型号和主板型号。

"搜索"：搜索接收机号，如有接收机号则可以不搜索，如图4-31所示。

"停止"：当搜索到想要连接的接收机号后，点击"停止"。

"连接"：点击"连接"，连接想要设置的接收机。

"退出"：退出蓝牙搜索界面。

"自动重连":当蓝牙断开时间很短时,手簿会重新连接主机。

"保存已有":记忆上次搜索到的接收机号,第二次连接时可直接连接而不用搜索。

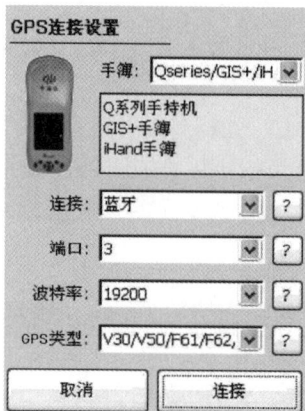

图4-30　GPS连接设置

图4-31　搜索接收机号

5. 设置基准站

(1)点击左上角下拉菜单,点击"设基准站"。

(2)输入基准站点名、基准站仪器高,如图4-32所示。

(3)点击"平滑"(即单点定位求平均数,平滑次数默认为10次),平滑完成后点击右上角"✓",如图4-33所示。

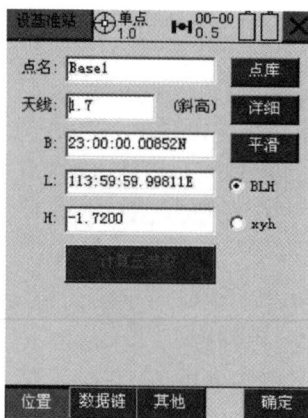

图4-32　设基准站

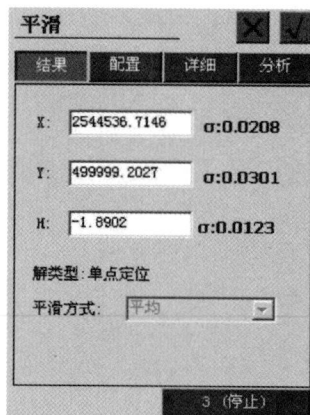

图4-33　平滑

如果基准站架设在已知点上,且转换参数已知,则可不点击"平滑",直接输入该点的WGS-84的B、L、H坐标,或事先打开转换参数,输入该点的当地X、Y、H坐标,这样基准站就以该点的WGS-84的B、L、H坐标为参考发射差分数据。

(4)点击"数据链",选择数据链类型,输入相关参数。

基准站数据链用于设置基准站和移动站之间的通信模式及参数,包括"内置电台""内置网络""外部数据链"等。

①如图4-34所示,基准站使用内置电台功能时,只需设置数据链为"内置电台",并设置频道。

②如图4-35所示,基准站使用内置网络功能时,点击右端网络模式下拉菜单,选择网络类型(GPRS、CDMA、GSM中的一种)。

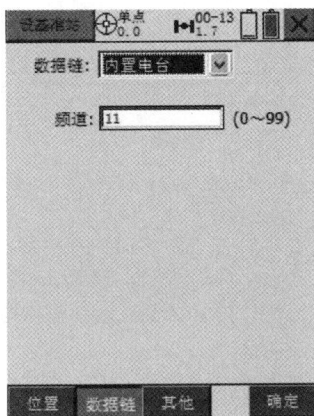

图4-34　设置数据链　　　　　图4-35　选择网络类型

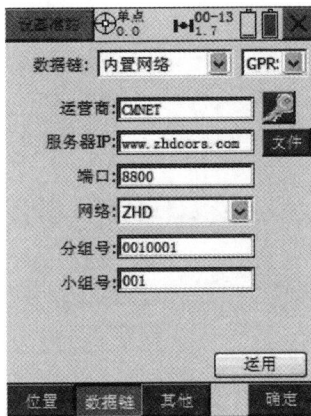

"运营商":用GPRS时输入"CMNET",用CDMA时输入"card,card"。

"服务器IP"和"端口":手动输入服务器IP、端口号,也可以从"文件"中提取,弹出服务器地址列表,从列表中选取所需要的服务器,如图4-36所示。

"网络":包括ZHD和CORS。

a. 使用中海达服务器时,使用ZHD;"分组号"和"小组号"分别为7位数和2位数,小组号要求小于255,基准站和移动站需要设成一致才能正常工作,如图4-37所示。

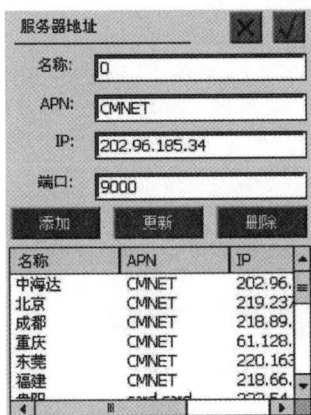

CORS网络
及测量原理

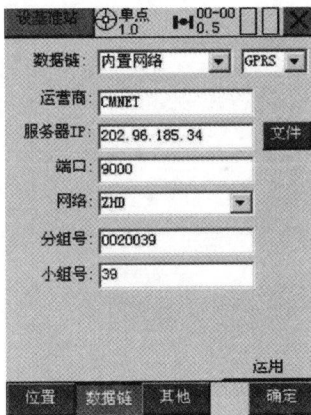

图4-36　服务器地址　　　　　图4-37　设置分组号、小组号

b. 接入CORS网络时,选择"CORS",如图4-38所示。输入CORS的服务器IP、端口,也可以点击"文件"提取,点击右边的"设置"按钮,弹出"CORS连接参数"界面,点击"节

点"获取CORS源列表,选择"源节点",输入"用户名"和"密码"。"测试"是指测试是否能接收到CORS信号,如果能接收到数据,点击右上角"√",如图4-39所示。点击"其他",选择差分电文格式,当连接CORS网络时,需要将移动站位置报告给计算主机,以进行插值获得差分数据,若正在使用此类网络,应该根据需要,选择"发送GGA",然后选择发送间隔,时间一般默认为"1"s。

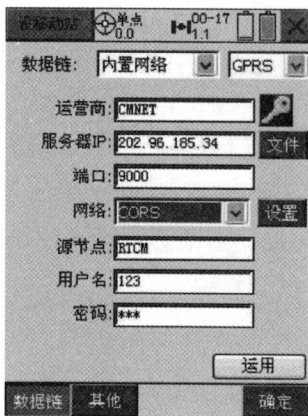

图4-38 输入用户名及密码　　　图4-39 CORS连接参数

③基准站使用外部数据链功能时,可接外挂电台,进行直通模式试验,如图4-40所示。

(5)点击"其他",选择差分模式、电文格式(默认为RTK、CMR,不需要改动),如图4-41所示。

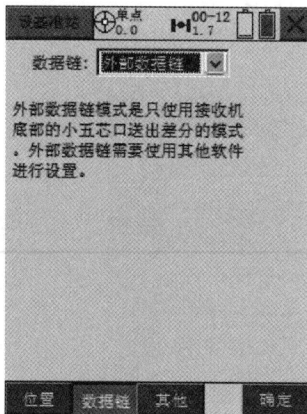

图4-40 外部数据链功能　　　图4-41 差分模式和电文格式

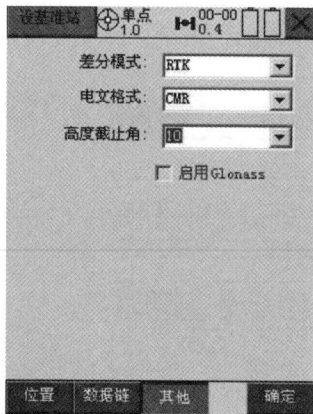

(6)点击右下角"确定"按钮,软件提示"设置成功"。

(7)查看主机差分灯是否每秒闪一次黄灯,用电台时,如果电台收发灯每秒闪一次,则基准站设置成功。

(8)点击左上角菜单,点击"断开GPS"按钮,断开手簿与基准站GNSS主机的连接。

6. GNSS和移动站主机连接

(1)连接手簿与移动站GNSS主机。

使用UHF电台时,将差分天线与移动站GNSS主机连接好;使用GPRS/CDMA时,不需要差分天线。打开移动站GNSS主机电源,调节仪器工作模式,等待移动站锁定卫星。点击左上角下拉菜单→"连接GPS",将手簿与移动站GNSS主机连接好。当手簿与移动站GNSS主机连接成功时,会在"接收机信息"窗口显示连接GNSS的机号,连接方法和基准站类似。

(2)移动站设置。

点击"移动站设置",弹出"设置移动站"对话框。在"数据链"界面选择、输入的参数和基准站一致。按右下角"确定"按钮,软件提示移动站设置成功,点击右上角"×",返回软件主界面。

7. 采集控制点源坐标

点击主界面上的"碎部测量"按钮,进入"碎部测量"界面,如图4-42所示。

查看屏幕上方的解状态,当GNSS达到RTK固定解后,在需要采集点的控制点上,对中、整平GNSS天线,点击右下角的 。在弹出的"记录点信息"对话框内,输入"点名"和"天线高",如图4-43所示。下一点采集时,点名序号会自动累加,而天线高与上一点保持相同。点击"确认",此点坐标将存入记录点坐标库中。在至少两个已知控制点上保存两个已知点的源坐标到记录点坐标库。

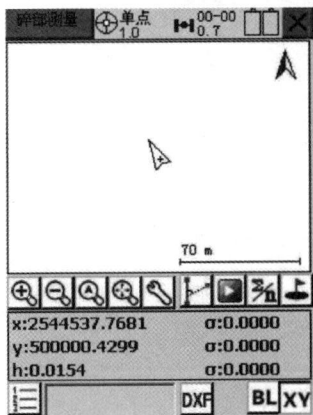

图4-42　"碎部测量"界面(1)

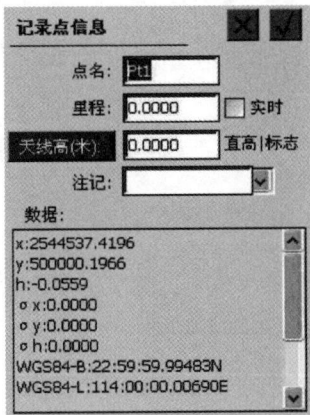

图4-43　输入"点名"和"天线高"

RTK数据采集

RTK数据导出

点击界面上方的⊕ 单点1.0,可快速进入位置视图,显示当前点的位置信息,包括位置、速度、解状态、时间等信息。解状态主要分为以下几种模式(除固定坐标外,精度从高至低排列):已固定表示固定坐标(基准站)、RTK固定解、RTK浮动解、伪距解、单点定位、未知数据类型(表示没有GNSS数据)。"1.0"表示差分龄期,指移动站收到基准站信号进行解算的时间。当使用电台通信时,一般1为最好;当使用GPRS通信时,2为最好。

点击界面上方的 00-00 0.7,可快速进入卫星信息视图,除卫星分布图、卫星信噪比图外,还有"质量"视图界面显示用于查看GNSS卫星分布状态、卫星信噪比、设置高度截止角、接收何种卫星信号。"00-00"的前端数据表示公用卫星数,后端数据表示收到卫星数;"0.7"表示PDOP值,即卫星分布几何强度因子,归因于卫星的几何分布,数值越小定位精度越高,一般小于3为比较理想的状态。

8.参数计算

回到主界面,点击"参数",在左上角下拉菜单中点击"参数计算",进入"参数计算"界面,如图4-44所示。

选择参数"计算类型",包括"七参数""一步法""四参数+高程拟合""三参数"。

如果使用"转换参数+高程拟合",需要选择"高程拟合模型"。小于3个已知点,高程只能作固定差改正(接收机测到的高程加上固定常数作为使用高程,常数可以为负数);大于或等于3个已知点,则可作平面拟合(对应于多个水准点处的高程异常,生成一个最佳的拟合平面,当此平面平行于水平面时,平面拟合等同于固定差改正);大于或等于6个已知点,则可作曲面拟合(对应于多个水准点处的高程异常,生成一个最佳的拟合抛物面。曲面拟合对起算数据的要求比较高,如果拟合程度太差,可能造成工作区域中的高程改正数发散)。而作平面拟合或曲面拟合时,必须在求转换参数前预先进入"参数"再进入"高程拟合"菜单进行设置。

"添加":添加点的源坐标和目标坐标,源坐标可手工输入或从GNSS、点库、图上获取,目标坐标可手工输入,或从点库中获取,输入后点击"保存",如图4-45所示。

图4-44　选择计算类型　　　　图4-45　添加坐标

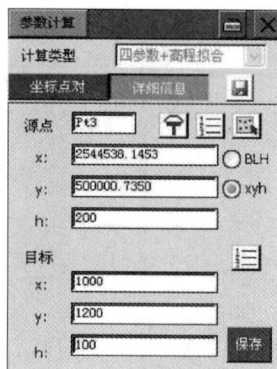

"编辑":对选中的点坐标进行编辑。

"解算":解算从源坐标到目标坐标的转换参数。软件会自动计算出各点的残差值HRMS(当前点的平面中误差)、VRMS(当前点的高程中误差),一般当残差值小于3cm时,认为点的精度可靠。平面中误差、高程中误差表示点的平面和高程残差值,如果超过要求的精度限定值,说明测量点的原始坐标或当地坐标不准确。残差大的控制点,不选中点前方的"√",不让其参与解算,这对测量结果的精度有决定性的影响,如图4-46所示。

"运用"将当前计算结果保存,并更新当前项目参数。同时,弹出更新过数据后的坐标系统页面,供用户确认,如图4-47所示。使用四参数时:尺度参数一般都非常接近1,约为1.000或0.999;使用三参数时:三个参数一般都要求小于120;使用七参数时:七个参数都要求比较小,最好不超过1000。确认无误后,点击右上角"保存",再点击右上角"×",返回主界面。

"取消":取消参数计算结果,返回"参数计算"界面。

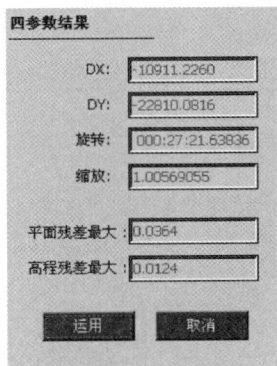

图4-46 计算残差值

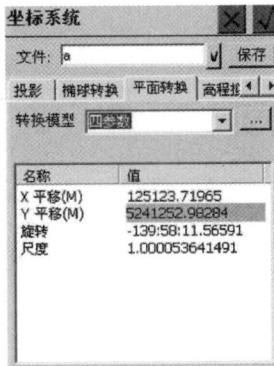

图4-47 更新坐标系统

9. 碎部测量和点放样

(1)碎部测量。

点击主界面上的【碎部测量】,进入"碎部测量"界面,如图4-48所示。在需要采集点的碎部点上,对中、整平GNSS天线,根据界面上显示的测量坐标及其精度、解状态,决定是否进行采集点,一般在RTK固定解,点击 ![图标] 手动记录点,软件先进行精度检查,若不符合精度要求,会提示是否继续保存。点击"√"保存,随后弹出详细信息界面,可检查点的可靠性;点击"×"取消,不保存数据,如图4-49所示。

(2)点放样。

点击左上角下拉菜单,点击"点放样",弹出"点放样"界面,点击左下角(表示放样下一点),输入放样点的坐标或点击"点库"从坐标库取点进行放样,如图4-50所示。

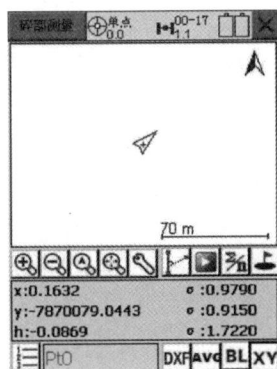

图4-48 "碎部测量"界面(2)

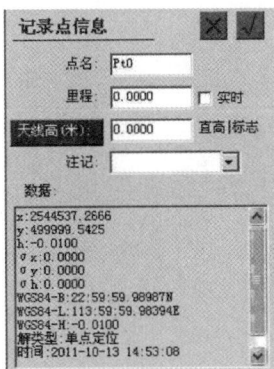

图4-49 精度检查和保存数据

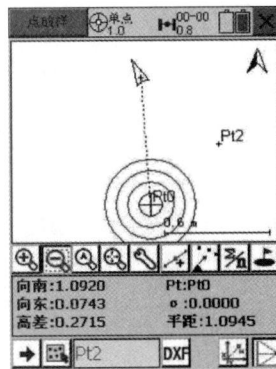

图4-50 点放样

工作任务4 单项技能训练——GNSS-RTK实测

实训工单1

实训内容	GNSS-RTK实测		
仪器、工具			
班级		时间	地点
实训内容及步骤			备注

GNSS模拟训练

课后
思考题

4-1 GNSS系统包括哪三大部分?

4-2 什么是多路径误差?

4-3 简述GNSS相对定位。

4-4 简述GNSS静态定位。

4-5 根据不同的用途,GNSS网的图形布设形式有哪些?

项目4 课后思考题答案

项目5
ITEM FIVE

地形图测绘

在路线勘测工作的最初阶段,必须搜集有关设计路线的各种比例尺的地形图和各种勘测设计资料作为方案研究的依据。方案研究的工作是利用已掌握的资料,在1:50000或1:100000的地形图上选出几种可能的路线方案,经过全面的分析比较,对主要方案提出初步意见。方案基本确定以后要进行初测。初测是先对方案研究中认为可行的几条路线或一条主要路线,结合现场的实际情况选点并标出路线方向。然后根据实地上选定的点进行控制测量,测出各点的平面位置和高程。再以这些控制点为图根控制,测绘比例尺为1:2000~1:500的带状地形图,以供编制初步设计使用。

在施工阶段,为利于施工和测量,需要施工技术人员能识读道路工程地形图,因此掌握地形图的测绘是非常重要的。

工作任务1 地形图的基本知识

学习目标

掌握地形图的有关概念;掌握地形图的绘制。

工作任务

任务描述:地形图能够客观地反映地物和地貌的变化情况,为分析、研究和处理问题提供直观依据。因此通过对地形图有关知识的学习,必须能够识读地形图,了解地形图上符号所表示的意义和作用。

测量依据:《国家基本比例尺地图图式 第1部分:1:500 1:1000 1:2000地形图图式》(GB/T 20257.1—2017)、《国家基本比例尺地形图分幅和编号》(GB/T 13989—2012)。

地形图基本知识

相关知识

一、概述

在测量中常把地形分为地物和地貌两大类。将地球表面上相对固定(天然形成和人工建造)的各种物体称为地物,如房屋、道路、桥梁、水系等;将地球表面高低起伏的形态称为地貌,如高山、平原、盆地等。

地形图测绘就是将地球表面某区域内的地物和地貌,按一定的比例尺和规定的图式符号,用正射投影的方法测绘在图纸上。

二、地形图比例尺

地形图比例尺是指地形图上某线段的长度 d 与地面上相应线段水平距离 D 之比。

(一)比例尺的表示方法

比例尺按表示方法可分为数字比例尺和图示比例尺。

1. 数字比例尺

数字比例尺通常用分子为1、分母为整数的分数来表示,即

$$d/D=1/M=1:M \tag{5-1}$$

其中,比例尺的分母 M 越大,比例尺就越小;M 越小,比例尺就越大。地形图的数字比例尺注记在图廓外图幅下方正中央,如图5-1所示。

2. 图示比例尺

如图5-2所示,在图纸的下方绘制与图纸比例尺相一致的图示比例尺,便于用分规在图上直接量取直线段的水平距离,其优点在于可避免由图纸伸缩变形所引起的误差。

(二)根据比例尺进行地形图的分类

我国按照比例尺分母的大小,把地形图分为三类:

(1)大比例尺地形图:比例尺为 1:500、1:1000、1:2000、1:5000 的地形图。常用经纬仪和平板仪或全站仪、光电测距仪等方法测得,被广泛应用于公路、铁路、城市规划等工程建设中。

(2)中比例尺地形图:比例尺为 1:1万、1:2.5万、1:5万、1:10万的地形图。常用航空摄影测量方法测得。

(3)小比例尺地形图,比例尺为 1:25万、1:50万、1:100万的地形图。常在大比例尺地形图的基础上采用编绘的方法完成。

我国规定,1:1万、1:2.5万、1:5万、1:10万、1:25万、1:50万、1:100万7种比例尺的地形图为国家基本比例尺地形图。

黄河幼儿园北	禹门河3	禹门河4
黄河幼儿园		黄河幼儿园东2
育才中学	汾阳色织厂1	××色织厂2

黄河幼儿园东1
4128.25—499.75

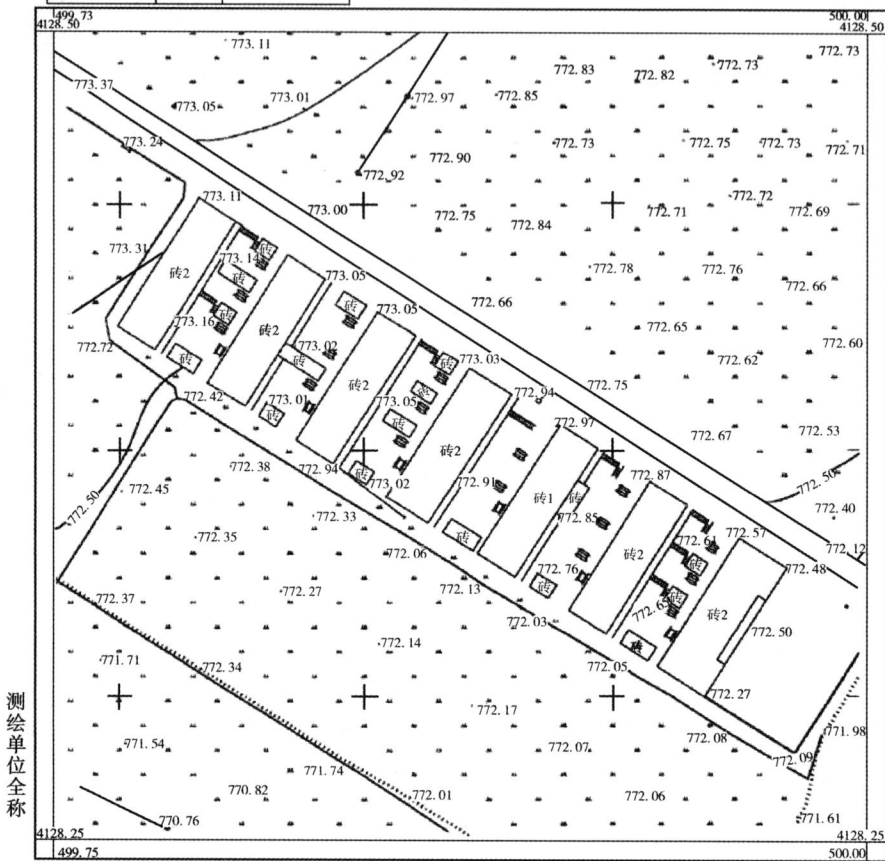

×××年××月数字化测图
××市独立坐标系
1985国家高程基准,等高距为0.5m

1:500

测量员:×××
绘图员:×××
检查员:×××

图 5-1 数字比例尺示意(局部)

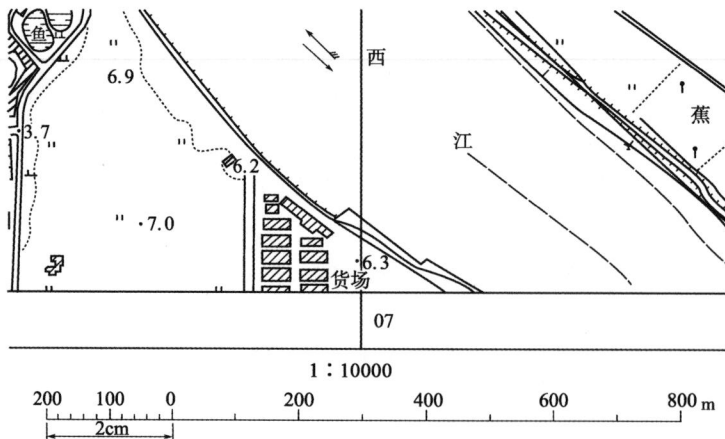

图 5-2 图示比例尺示意(局部)

（三）比例尺精度

人用肉眼在图纸上能分辨出的最小距离为0.1mm，故将地形图上0.1mm所代表的实地水平距离称为比例尺的精度。结合比例尺的精度，不但可以依据比例尺知道地面量距的精确程度，还可以按照量距的规定精度来确定测图比例尺的大小。例如，测绘1∶1000比例尺的地形图时，测量距离的精度只需0.1m，因为小于0.1m的距离在地形图上也很难表示出来。又如，某项设计要求在图上能反映出实地0.1m的距离，则根据比例尺的定义可求出所选地形图的比例尺不能小于1∶1000。

三、地形图图外信息

除比例尺外，标准地形图在图廓外注有图名、图号、接合图表、图廓、三北方向线、坡度比例尺。

（一）图名

图名即本幅地形图的名称，一般用图幅中最具有代表性的地名、居民地或企事业单位的名称命名。

（二）图号

图号即该图幅相应分幅方法的编号。图号和图名注记在本幅图的北图廓外上方正中，图号位于图名的下方。

（三）接合图表

接合图表注明本幅图与相邻图幅之间的关系，以便于索取相邻图幅，位于图幅左上角，阴影线部分表示本图位置。

（四）图廓

图廓是地形图的边界线，有内、外图廓线之分。内图廓是图幅的边界线，用0.1mm细线绘出。在内图廓线内侧，每隔10cm绘出5mm的短线，表示坐标格网线的位置。外图廓线为图幅的最外围边线，用0.5mm粗线绘出。内、外图廓线相距12mm，在内外图廓线之间注记坐标格网线坐标值。

（五）三北方向线

三北方向线是指真子午线、磁子午线和坐标纵线，三线之间的关系如图5-3所示。

（六）坡度比例尺

对于梯形图幅，在其下图廓偏左处绘有坡度比例尺，用以图解地面

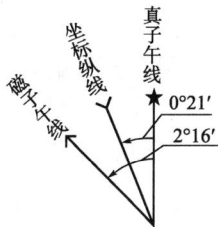

图5-3　三北方向线图

坡度和倾角,如图5-4所示。其坡度按式(5-2)制成:

$$i=\tan\alpha=\frac{h}{dM} \tag{5-2}$$

式中:i——地面坡度;

　　α——地面倾角;

　　h——两点间的高差;

　　d——两点间的水平距离;

　　M——比例尺分母。

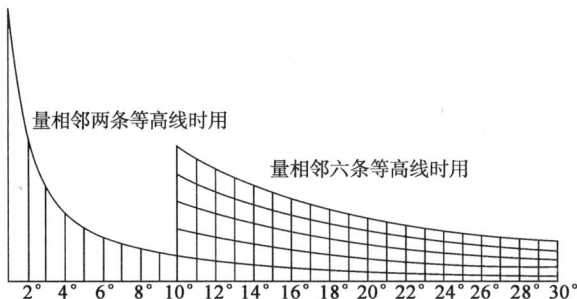

图5-4　坡度比例尺

使用时利用分规量出相邻等高线间的水平距离,在坡度比例尺上即可读取地面坡度。

除上述注记外,在地形图上还注记有坐标系统、高程系统、等高距、测图日期、测绘单位、测量员、绘图员和检查员等内容。

四、地形图的分幅与编号

地形图的分幅与编号方法有两种:一种是按经纬线分幅的梯形分幅与编号,另一种是按坐标格网分幅的矩形分幅与编号。前者用于中、小比例尺地形图的分幅,后者用于城市和工程建设中大比例尺地形图的分幅。

(一)梯形分幅与编号

1. 1:100万比例尺地形图的分幅与编号

根据《国家基本比例尺地形图分幅和编号》(GB/T 13989—2012)的规定,1:100万的世界地图实行统一的分幅和编号,即自赤道向南、北极分别按纬差4°分成横列,各列依次用A,B,…,V表示。自经度180°开始起算,自西向东按经差6°分成纵行,各行依次用1,2,…,60表示。每一幅图的编号由其所在"横行-纵列"的代号组成。图5-5为东半球北纬1:100万地形图的国际分幅和编号。例如,北京某地的位置为东经117°54′18″,北纬39°56′12″,则其所在的1:100万比例尺图的图号为J-50。

2. 1:50万、1:20万、1:10万比例尺地形图的分幅与编号

在1:100万的基础上,按经差3°、纬差2°将一幅地形图分成4幅1:50万的地形图,依次用A、B、C、D表示。如北京某处所在的1:50万地形图的编号为J-50-A,见图5-6a)。

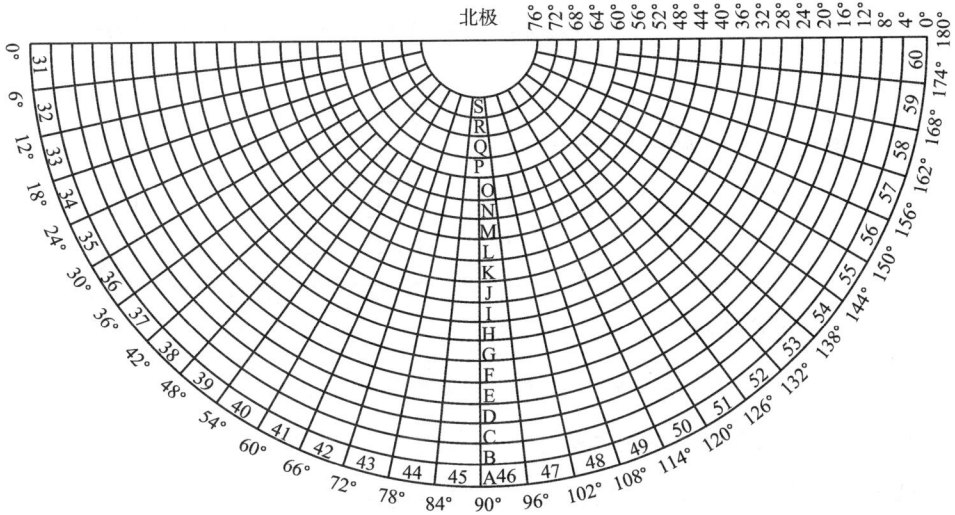

图5-5　东半球北纬1:100万地形图的国际分幅和编号

将一幅1:100万的地形图,按照经差1°30′、纬差1°分成16幅1:25万地形图,依次用[1],[2],…,[16]表示。例如,北京某处所在的1:25万地形图的编号为J-50-A[2],见图5-6a)中有阴影线的图幅。

将一幅1:100万的地形图,按经差30′、纬差20′分成144幅1:10万的地形图,依次用1,2,…,144表示。例如,北京某处所在的1:10万地形图的编号为J-50-5,见图5-6b)中有阴影线的图幅。

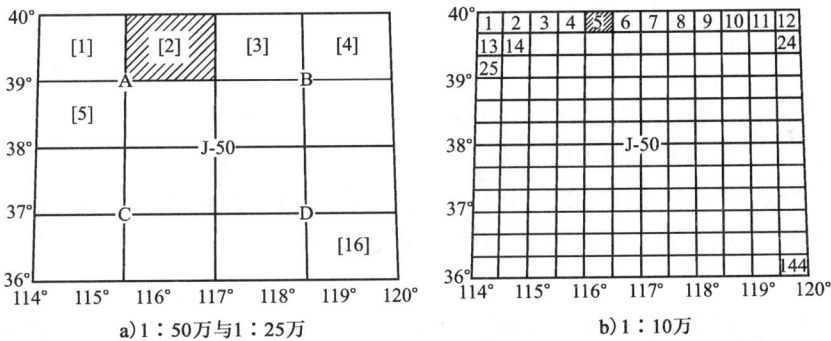

a)1:50万与1:25万　　　b)1:10万

图5-6　1:50万、1:25万、1:10万地形图的分幅和编号

3.1:5万、1:2.5万和1:1万比例尺地形图的分幅与编号

这三种比例尺地形图的分幅和编号都是以1:10万比例尺地形图为基础,每幅1:10万的地形图,划分成4幅1:5万的地形图,分别在1:10万的图号后写上各自的代号A、B、C、D。例如,北京某处所在的1:5万地形图的图幅编号为J-50-5-B,如图5-7a)所示。

再将每幅1:5万地形图分成4幅1:2.5万的地形图,分别以1、2、3、4编号。例如,北京某处所在的1:2.5万地形图的图幅编号为J-50-5-B-2,见图5-7a)中有阴影线的图幅。

将每幅1:10万地形图分成64幅1:1万的地形图,分别以(1),(2),…,(64)表示。例如,北京某处所在的1:1万地形图的图幅编号为J-50-5-(15),见图5-7b)中有阴影线的图幅。

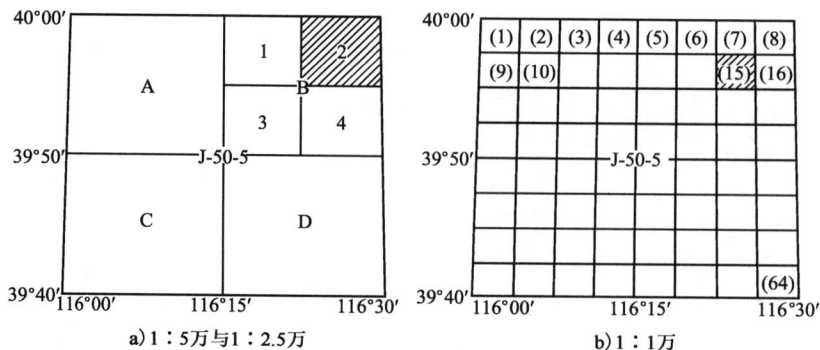

图5-7 1:5万、1:2.5万、1:1万地形图的分幅和编号

4. 1:5000比例尺地形图的分幅与编号

1:5000比例尺地形图的分幅和编号是在1:1万比例尺地形图的基础上进行的划分。将每幅1:1万的地形图分成4幅1:5000的地形图,并分别在1:1万的地形图号后面写上各自的

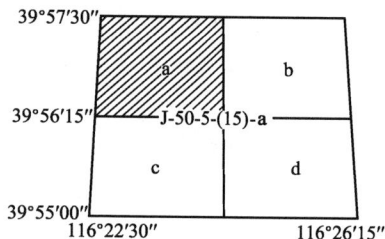

图5-8 1:5000地形图的分幅和编号

代号a、b、c、d。例如,北京某处所在的1:5000地形图的图幅编号为J-50-5-(15)-a,见图5-8中有阴影线的图幅。

(二)矩形分幅与编号

大比例尺地形图大多采用矩形或正方形分幅,图幅一般为50cm×50cm或40cm×50cm,它是按统一的直角坐标格网划分的。采用矩形分幅时,大比例尺地形图的编号,一般采用图幅西南角坐标公里数编号法,也可用流水编号法或行列编号法等。用图幅西南角坐标公里数编号时,x坐标在前,y坐标在后。比例尺为1:500地形图,坐标值取至0.01km,如某幅图的编号为10.40—21.75。而1:1000、1:2000地形图,坐标值取至0.1km;1:5000地形图,坐标值取至1km。带状测区或小面积测区,可按测区统一顺序编号,从左到右、从上到下用数字1,2,3,4,…编定。

工作任务2 地形图的测图

学习目标

明确地形图碎部测量特征点的选择;掌握经纬仪测图法;了解全站仪、GNSS数字化测图法。

工作任务

任务描述:地形图是道路设计文件中主要图纸之一,在路线勘测设计中,地形测量的任务是根据设计的需要,按一定的比例测绘出道路沿线一定宽度范围内的带状地形图(或局部范围的专用地形图),供设计和施工使用。

测量依据:《工程测量标准》(GB 50026—2020)、《1∶500 1∶1000 1∶2000外业数字测图规程》(GB/T 14912—2017)、《1∶500 1∶1000 1∶2000地形图数字化规范》(GB/T 17160—2008)。

相关知识

地形图的测绘应遵循"从整体到局部、先控制后碎部、由高级到低级"的原则。大比例尺地形图的测绘,是根据测图的目的及测区的具体情况,在完成控制测量工作之后,在控制点上安置仪器,进行地物和地貌的碎部测量。根据测图所采用仪器的不同,大比例尺地形图测绘的方法主要有经纬仪测图法、全站仪数字化测图法、GPS数字化测图法,而传统的测图方法——平板仪测图法,逐渐被以上方法所取代。

一、测图前的准备工作

(一)资料的准备

对测区进行全面的了解,整理出测区内所有控制点的资料,根据用图要求拟定测图方案和测图比例尺。

1.地形图比例尺的选择

比例尺越大,显示地形变化越详细,精度也越高;反之,比例尺小,显示地形变化越简略,精度也越低。对同一测区,采用较大比例尺进行测图,工作量和费用将成倍增加。因此,在进行工程规划和设计时,应从实际需要出发,确定合适的地形图比例尺,如表5-1所示。

地形图比例尺的选用 表5-1

比例尺	用途
1∶5000	可行性研究、总体规划、厂址选择、初步设计等
1∶2000	可行性研究、初步设计、施工图设计、矿山总图管理、城镇详细规划等
1∶1000	初步设计、施工图设计、城镇与工矿总图管理、竣工验收等
1∶500	

2.展绘控制点

图纸上的方格网经检查合格后,即可根据测区内控制网各控制点的坐标值展绘控制点。展绘控制点的原则是尽量把控制点展绘在图纸中间。

如图5-9所示,展绘控制点前,先按图的分幅位置将坐标格网线的坐标值注在相应方格网边线的外侧。展点时,首先根据控制点的坐标值,确定控制点所在的方格。然后计算出对应方格网的坐标差 Δx 和 Δy,再按比例在方格网的纵、横边上截取与此坐标差相等的距离,对应连接相交,交点即为所要展绘的控制点。

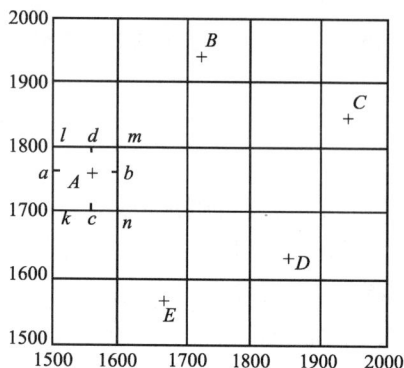

图5-9　展绘控制点

控制点展绘好后,用比例尺量取相邻两控制点之间的距离,将其与实测距离进行比较,其允许差值在图纸上的长度不应超过±0.3mm,合格后便可以进行测图。

（二）仪器的准备

1. 经纬仪测图法的仪器准备

经纬仪、标尺、图板、量角器、图纸、记录手簿等。

图纸应采用聚酯薄膜纸,并在图纸上精确绘制10cm×10cm的直角坐标格网,然后根据测区内控制点的坐标值在坐标格网上展绘控制点。使用时只需要用透明胶带纸固定在图板上即可测图。

2. 数字化测图法的仪器准备

全站仪或GNSS-RTK、记录手簿、计算机、数字成图软件等。

二、碎部测量

（一）特征点的选择

测绘地形图的关键在于找出地物、地貌的特征点进行测绘。地物特征点是指能反映地物的轮廓范围、形状、大小的点,如房屋轮廓的转折点,河流、池塘、湖泊边线的转弯点,道路的交叉点和转弯点等。地貌特征点是指地形的高低起伏、转折变化既具有特殊性又具有代表性的点,可选择山顶、山脚、鞍部、山脊线或山谷线上坡度变化处或地形走向转折处等作为特征点。地物特征点和地貌特征点统称为碎部点,测定碎部点平面位置和高程的工作称为碎部测量。

不同的测绘比例尺对应的地物点、地形点视距和测距的最大长度见表5-2。

地物点、地形点视距和测距的最大长度　　　　　　　　　　表5-2

测图比例尺	视距最大长度(m)		测距最大长度(m)	
	地物点	地形点	地物点	地形点
1:500	—	70	160	300
1:1000	80	120	300	500
1:2000	150	200	450	700

（二）地形图的测图方法

1. 经纬仪测图法

图5-10所示为经纬仪测图法的原理,图中A、B、C为已知控制点,测绘碎部点的步骤如下:

(1)安置仪器。

在已知控制点A上安置经纬仪,对中、整平,并量取仪器高i,在经纬仪旁架设小平板。

(2)定向。

用望远镜照准B点标志,将水平度盘读数设置为零。用直尺和铅笔在图纸上绘出直线AB,作为量角器的零方向线,用大头针将量角器的中心固定在图纸上的A点。

(3)碎部观测。

在碎部点1处竖立标尺,用望远镜瞄准碎部点1的标尺,读取水平盘读数β_1,竖盘读数L_1(计算竖直角α),上、下丝读数(计算尺间隔l),中丝读数v,根据视距测量原理计算出A、1两点间的距离和高差分别为

$$\begin{cases} D_{A1} = 100l\cos^2\alpha \\ H_1 = H_A + D_{A1}\tan\alpha + i - v \end{cases} \tag{5-3}$$

(4)展绘碎部点。

以图纸上A、B两点连线为零方向线,使量角器上的β_1角位置对准零方向,此时量角器的零方向便是碎部点1的方向。按测得的水平距离和测图比例尺在该方向上定出1点的位置,并在该点右侧注明其高程。采用相同的方法可以测绘出其他碎部点在图纸上的位置,如图5-11所示。

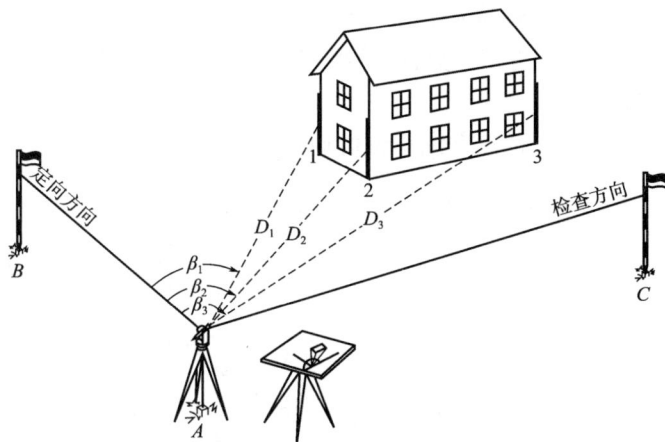

图5-10　经纬仪测图法的原理

2. 全站仪数字化测图法

由于全站仪能同时测量水平角、竖直角和距离,加之全站仪内置程序模块可以直接进行计算,因此全站仪在测站能同时通过测量计算出点的三维坐标(X, Y, H)或(N, E, Z),如图5-12所示。

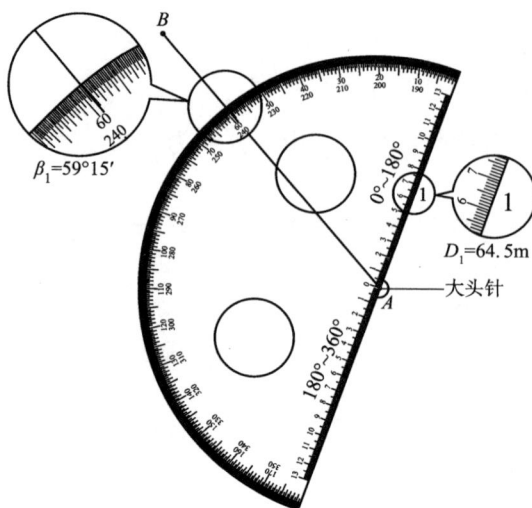

图5-11 使用量角器展绘碎部点

野外测图一般采用草图测记法,具体步骤如下:

(1)设置测站。

开始坐标测量之前,观测员先在控制点上安置仪器,对中、整平,量取仪器高。然后开机,建立存储测量坐标的文件夹,输入测站点坐标、仪器高和视线高程。

(2)设置后视方位角(定向)。

①输入后视坐标定向。后视方位角可通过输入后视坐标来设置,系统根据输入的测站点和后视点坐标计算出方位角。照准后视点,通过按键操作,仪器根据测站点和后视点的坐标自动完成后视方位角的设置。这样全站仪就找到了坐标北方向,从而建立坐标系,将后面所测的点都置于同一坐标系中。

②输入后视方位角定向。后视方位角也可通过直接输入方位角进行设置。

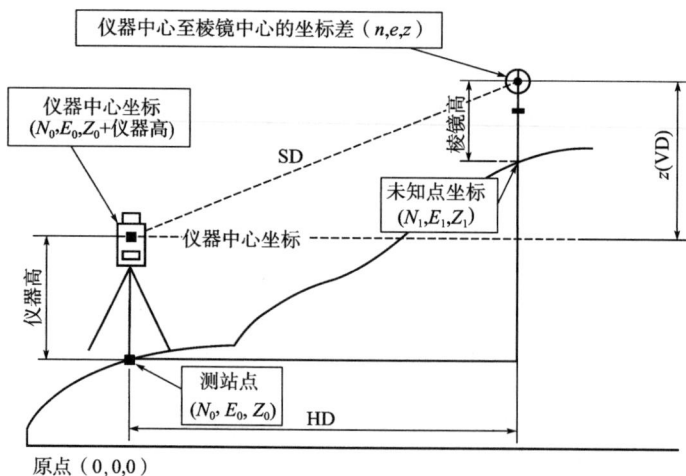

图5-12 全站仪数字化测图法的原理

（3）坐标测量。

在完成了测站数据的输入和后视方位角的设置后,瞄准跑尺员在碎部特征点上竖立的照准目标,通过坐标测量功能即可确定特征点的坐标。同时,领图员绘制碎部点构成的地物形状和类型的草图并记录碎部点点号(应与全站仪自动记录的点号一致)。

3. GNSS 数字化测图法

高等级公路选线多在大比例尺(通常是1∶2000或1∶1000)带状地形图上进行,用传统方法测图,先要建立控制网,然后进行碎部测量,绘制成大比例尺地形图,工作量大、速度慢、花费时间长。

GNSS-RTK 具有全天候、无须通视、定位精度高、测量时间短等优点。如果用实时 GNSS 动态测量,可以省去建立图根控制这个中间环节,根据构成碎部点的数据在室内即可由绘图软件成图。由于只需要采集碎部点的坐标和输入其属性信息,采集速度快,因此大大降低了测图的难度,既省时又省力。GNSS-RTK 测量的作业步骤在项目4中已详细介绍,这里不再赘述。

工作任务3 地形图的绘制

学习目标

掌握地形图的传统绘制方法;掌握数字化绘图方法;能完成地形图的拼接、检查和整饰。

工作任务

任务描述:在根据路线设计的需要按一定的比例测定出道路沿线一定宽度范围内的地物、地貌之后,需要根据所测特征点的空间位置,描绘出地物和地貌。然后根据相关要求完成地形图的拼接、检查和整饰。最后完成地形图的测绘。

测量依据:《1∶500　1∶1000　1∶2000地形图数字化规范》(GB/T 17160—2008);《工程测量标准》(GB 50026—2020)。

相关知识

一、地形图图示

地形图要求清晰、准确、完整地显示测区内的地物和地貌。为了便于测图和读图,所有实地的地物、地貌在图上都要用各种简明、准确、易于判断的图形或符号表示出来。这些图形和符号统称为地形图图式,其中表示地物的称地物符号,表示地貌的称地貌符号,具体参照《国家基本比例尺地图图式　第 1 部分:1∶500　1∶1000　1∶2000 地形图图式》(GB/T 20257.1—2017)。表 5-3 列出了部分常用地物和地貌的图式。

常用地物和地貌符号   表 5-3

编号	符号名称	符号式样			符号细部图	多色图色值
		1:500	1:1000	1:2000		
4.1.6	水准点 Ⅱ——等级 京石5——点名点号 32.805——高程		2.0 ⊗ $\frac{\text{Ⅱ京石5}}{32.805}$			K100
4.1.7	卫星定位连续运行站点 14——点号 495.266——高程		3.2 △ $\frac{14}{495.266}$			K100
4.1.8	卫星定位等级点 B——等级 14——点号 495.263——高程		3.0 △ $\frac{B14}{495.263}$			K100
4.1.9	独立天文点 照壁山——点名 24.54——高程		4.0 ☆ $\frac{照壁山}{24.54}$			K100
4.2	水系					
4.2.1	地面河流 a. 岸线(常水位岸线、实测岸线) b. 高水位岸线(高水界) 清江——河流名称					a. C100 面色C10 b. M40Y100K30
4.2.2	地下河段及水流出入口 a. 不明流路的地下河段 b. 已明流路的地下河段 c. 水流出入口					C100 面色C10
4.2.3	消失河段					C100 面色C10

续上表

编号	符号名称	符号式样			符号细部图	多色图色值
		1:500	1:1000	1:2000		
4.2.4	时令河 a. 不固定水涯线 (7—9)——有水月份		3.0　1.0　(7—9)　a			C100 面色C10

简要说明

4.1.6　利用水准测量方法测定的国家等级的高程控制点
4.1.7　利用卫星定位技术测定的A级全球导航卫星系统(GNSS)网点
4.1.8　利用卫星定位技术测定的B、C、D、E级全球导航卫星系统(GNSS)网点
4.1.9　利用天文观测的方法直接测定其地理坐标和方位角的控制点。 　　测有大地坐标的天文点用三角点符号表示

4.2　水系
包括河流、沟渠、湖泊、水库、海洋、水利要素及附属设施等

4.2.1　地面上的终年有水的自然河流。

a. 岸线

岸线是水面与陆地的交界线,又称水涯线。一般分为常水位岸线和实测岸线:常水位岸线是常年中大部分时间的平稳水面与陆地的交界线;实测岸线是摄影时或实地测图时的水面与陆地的交界线。河流、湖泊、水库的岸线一般为实测岸线,实测岸线应在图廓外附注中注出航摄日期或测图日期。若摄影或测图时间为枯水或洪水期,所测定的水位与常水位岸线相差很大时,应以常水位岸线测定。

当水涯线与陡坎线在图上投影距离小于1mm时以陡坎符号表示。遇桥梁、水坝、水闸、房屋等架空建筑时应中断。

河流宽度在图上小于0.5mm的用线粗为0.1~0.5mm的单线渐变表示。

水涯线图上小于0.5mm×0.6mm的弯曲可适当综合。

b. 高水位岸线

高水位岸线系常年雨季的高水面与陆地的交界线,又称高水界。

当岸线与高水界之间宽度大于3mm时,用相应的岸滩、植被符号表示,并应加绘等高线;当高水界与堤、陡岸重合时,则省略高水界

4.2.2　河流流经地下的河段,以及水流在地面上的出入口。

其圆弧符号表示在水流进出口的位置。当出入口处河宽在图上小于3.0mm时,出入口符号的半径用河宽d表示,若出入口处河宽大于3.0mm的,进出口的形状依比例尺表示。河流流经山洞时,用山洞符号表示

4.2.3　河流流经沼泽、沙地等地区,没有明显河床或表面水流消失的地段。

图上长度大于4mm时应表示

4.2.4　季节性有水的自然河流。

以其新沉积物(淤泥)的上边界为时令河岸线(不固定水涯线),加注有水月份。时令河宽度在图上小于0.5mm的用线粗为0.1~0.5mm的单虚线渐变表示,其符号实部长度可根据河流的长度渐变为0.5~3.0mm,空白部分渐变为0.3~1.0mm

(一)地物符号

地物符号分为依比例符号、半依比例符号、不依比例符号三种定位符号和说明符号。

1. 依比例符号

按比例尺缩小后,用规定的符号在地形图上绘出的地物符号称为比例符号。如地面上的房屋、田地、湖泊等,这类符号的形状、大小和位置均表示了地物的实际情况。

2. 半依比例符号

对于某些线状延伸的地物,如铁路、通信线、小路、管道、栏栅等,在宽度上难以用比例尺表示,但在长度方向可以按比例尺表示的符号称为半比例符号。其符号中心线即为实地地物中心线的图上位置。

3. 不依比例符号

对某些轮廓较小的地物,如三角点、导线点、消火栓、独立树、路灯、检修井等,无法按比例尺在图上绘出其形状和大小,只能用特定的符号来表示,这种符号称为不依比例符号。这类符号的定位点才是实地地物中心在图上的位置。随地物的不同,其符号的定位点也有所不同,一般应遵循以下规定:

(1)规则的几何图形符号。其符号的几何中心点为定位点,如导线点、三角点等。
(2)底部为直角的符号。以符号的直角顶点为定位点,如独立树、路标等。
(3)底宽符号。以符号底线的中点为定位点,如烟囱、岗亭等。
(4)几种图形组合符号。以下方图形的几何中心或交叉点为定位点,如路灯、消火栓等。
(5)下方无底线的符号。以符号下方两端点连线的中心为定位点,如窑洞、山洞等。

4. 说明符号

地形图上,仅用前三种地物符号有时还无法清楚地表示地物的某些特定性质和名称,如城镇、学校、河流、路名、房屋的结构和层数等,只能用文字和数字加以说明,这些均称为注记符号。

因为测图比例尺会影响地物缩小的程度,所以同一地物在不同比例尺下运用的符号不同。例如,一个直径为6m的水塔和路宽为2.5m的大车路,在1:1000的图上可用依比例符号表示,但在1:5000的图上只能用不依比例符号或半依比例符号表示。

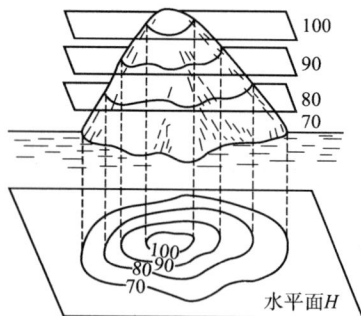

图5-13　等高线的绘制原理(单位:m)

(二)地貌符号

地貌宜用等高线表示。崩塌残蚀地貌、坡、坎和其他地貌,可用相应符号表示。山顶、鞍部、凹地、山脊、谷底及地形变换处,应测注高程点。露岩、独立石、土堆、陡坎等,应注记高程或比高。

1. 等高线的概念

等高线是指地面上高程相等的相邻各点连接的闭合曲线。如图5-13所示,设有一小岛位于平静湖水中,湖水水面与小岛只有一条交线,而且是闭合曲线,该曲线上各点的高程是相等的。假设开始时湖水水面高程为70m,这条交线就是高程为70m的等高线,随后水位上升至80m、90m,小岛与水面的各条交线,就是高程分别为80m、90m的等高线。需要说明的是,等高线的起算高程面为大地水准面。把这组实地上高程相等曲线沿铅垂方向投影到水平面上,并按规定的比例尺缩绘到图纸上,就可得到与实地形状相似的等高线图。因此,用等高线可以真实地反映地貌的形态和地面的高低起伏情况。

2. 等高距和等高线平距

地形图上相邻等高线之间的高差称为等高距,常用 h 表示。图5-13中的等高距为10m。在同一幅地形图上,等高距 h 是相等的。用等高线表示地貌时,等高距越小,显示地貌就越详尽;等高距越大,显示地貌就越简略。但等高距过小,会导致等高线过于密集,从而影响图面的清晰度。因此,在测绘地形图时,应根据测图比例尺与测区地形情况,按照国家规范选择合适的等高距,见表5-4。

地形图的基本等高距(单位:m) 表5-4

地形类别	比例尺			
	1:500	1:1000	1:2000	1:5000
平坦地	0.5	0.5	1	2
丘陵	0.5	1	2	5
山地	1	1	2	5
高山地	1	2	2	5

相邻等高线之间的水平距离称为等高线平距,常以 d 表示。

h 与 d 的比值就是地面坡度 i,即

$$i=\frac{h}{dM} \tag{5-4}$$

式中:M——比例尺分母;

i——坡度,一般以百分数表示,上坡为正,下坡为负。

同一幅地形图上等高距 h 相同,等高线平距随地面坡度的变化而改变,即等高线平距越小,地面坡度越大,等高线越密集;等高线平距越大,地面坡度越小,等高线越稀疏;等高线平距相等,则地面坡度相同,等高线均匀。因此,可以根据地形图上等高线的疏密来判定地面坡度的缓陡。

3. 等高线的分类

(1)首曲线。在同一幅图上,按规定的基本等高距描绘的等高线称为首曲线,也称基本等高线,用0.15mm宽的细实线描绘。

(2)计曲线。自高程起算面起,每隔4条首曲线加粗的一条等高线,称为计曲线。用0.3mm宽的粗实线描绘,并在适当位置注记高程,字头朝向高处。

(3)间曲线。对于坡度很小的地方,当基本等高线不足以显示局部地貌的特征时,按1/2基本等高距加绘的等高线称为间曲线,在图上用0.15mm宽的长虚线表示,可不闭合。

(4)助曲线。当间曲线仍不能显示局部地貌时,按1/4基本等高距加绘的等高线,称为助

曲线,用0.15mm宽的短虚线表示。

4.典型地貌及其等高线

虽然地球表面高低起伏的形态变化复杂,但一般可归纳为山地和洼地、山脊和山谷、鞍部、陡崖和悬崖等几种典型地貌,如图5-14所示。

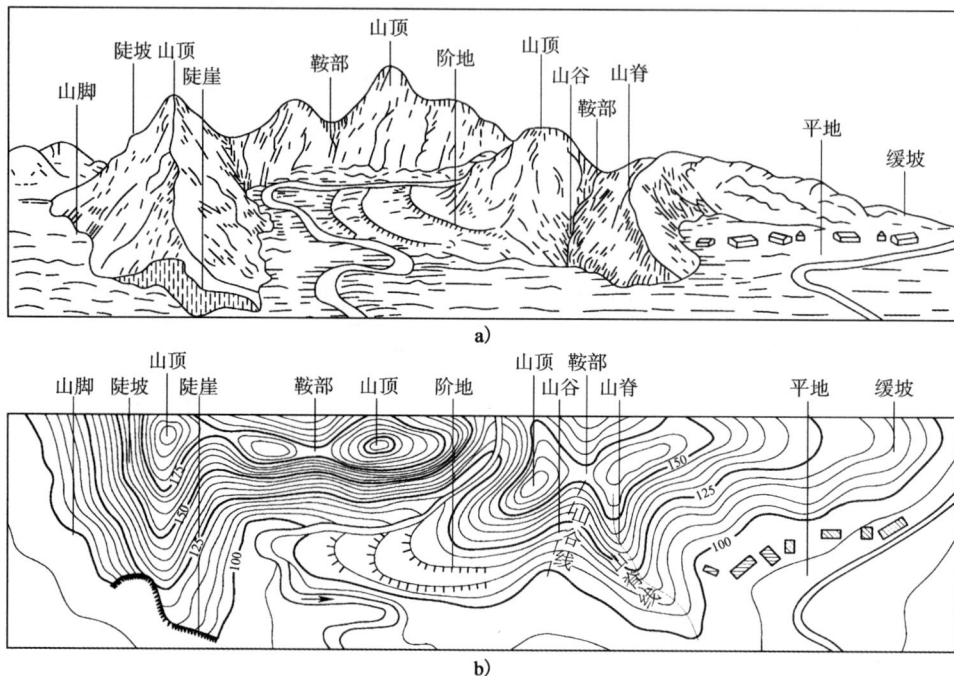

图5-14 典型地貌及其等高线的表示(单位:m)

(1)山地和洼地。地貌中地表隆起并高于四周的地形称为山地,其最高处为山顶。四周高中间低的地形称为山谷,如图5-15所示。山地等高线由外圈向内圈高程逐渐增加,洼地等高线由外圈向内圈高程逐渐减小,可用高程注记区分,或用示坡线表示,示坡线方向指向低处。

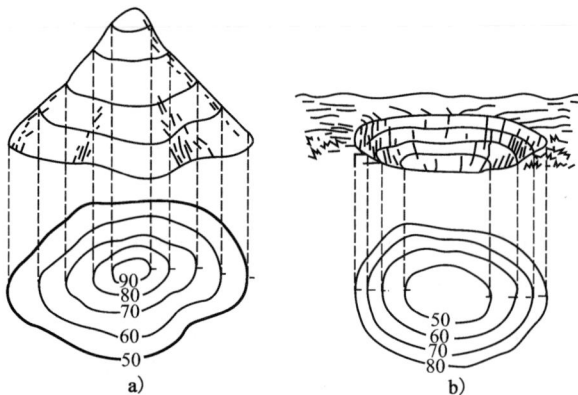

图5-15 山地和洼地的等高线(单位:m)

（2）山脊和山谷。由山顶延伸到山脚的凸棱称为山脊,山脊最高的棱线称为山脊线（或分水线）,两山脊之间的凹部称为山谷,山谷最低点连线称为山谷线（又称集水线）。山脊的等高线为一组凸向低处的曲线,山谷的等高线为一组凸向高处的曲线,如图5-16所示。

（3）鞍部。两个山顶之间呈马鞍形的低洼部位称为鞍部或垭口。鞍部是山区道路选线的重要位置。鞍部的等高线为一组大的闭合曲线里面套两组小的闭合曲线,如图5-17所示。

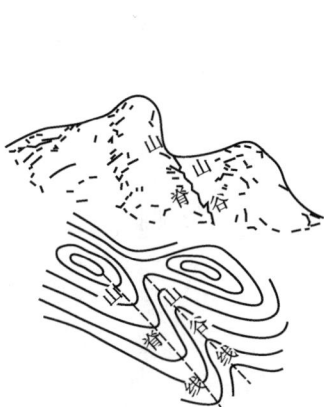

图5-16　山脊与山谷的等高线　　　　　　图5-17　鞍部的等高线

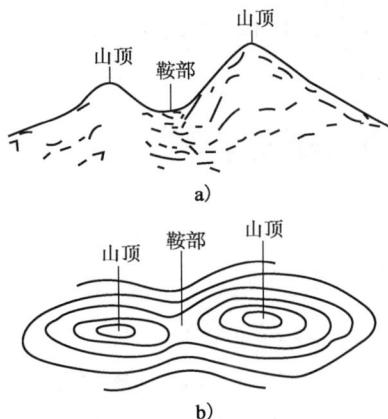

（4）陡崖和悬崖。坡度大于70°的山坡称为陡崖,有石质和土质之分。陡崖处的等高线非常密集,甚至重合,因此用陡崖符号表示,如图5-18a)、b)所示。下部凹进的陡崖称为悬崖。悬崖上部的等高线投影到水平面上时,与下部的等高线相交,下部凹进等高线用虚线表示,如图5-18c)所示。

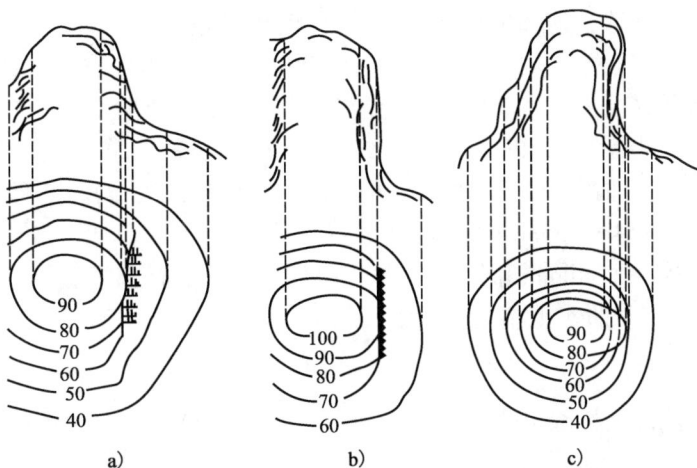

图5-18　土质陡崖、岩质陡崖和悬崖的等高线（单位:m）

5. 等高线的特性

（1）同一条等高线上各点的高程都相等,简称等高性。

（2）等高线都是闭合的曲线。如果不在本幅图内闭合,则必在相邻的其他图幅内闭合。

（3）除在陡崖和悬崖处外,等高线在图上不能相交,也不能重合,简称非交性。

（4）等高线与山脊线、山谷线成正交,简称正交性。

（5）同一幅图上等高距相等。等高线平距越小，等高线越密，坡度越陡；等高线平距越大，等高线越疏，坡度越缓；等高线平距相同，则坡度相等，简称反比性。

6. 高程注记

地形图上仅用等高线及特殊地貌符号还不能清楚地表示地表的高低，还应该用数字来说明等高线及某些特殊点位的高程。高程注记分等高线高程注记和高程点高程注记两种：前者沿等高线排列，注记在计曲线上，字头朝向高处；后者一般在相应点位右侧直立注记，以不压盖其他符号为原则。若点位右侧不便注写，亦可注写在点位的左侧。

二、地形图的传统绘制方法

外业工作中，当展绘一定数量的碎部点之后，应对照实际地形地物，着手勾绘地形图。

（一）地物的绘制

对于地物点，应按地形图图式规定符号表示。房屋轮廓须用直线将相邻的房角点连接，道路、河流弯曲部分应逐点连成光滑曲线，不能依比例描绘的地物，如电杆、烟囱、水井等，应按规定用不依比例符号表示。

（二）等高线的绘制

勾绘等高线时，首先必须把同一山脊上或同一山谷上的点，用铅笔连接起来构成地性线，然后根据碎部点的高程内插勾绘出等高线。

由于地形特征点是选在地面坡度变化处，因此两相邻地形点之间可视为均匀坡度。在相邻碎部点的连线上，其高差与等高线平距成正比例关系，内插出两点间各条等高线通过的位置。如图5-19a)所示，C点和A点为同坡度上的两个地形点，其高程分别为202.8m和207.4m，则当等高距$h=1$m时，就有203m、204m、205m、206m及207m 5条等高线通过；依等高线平距与等高距成正比例关系，先目估定出高程为203m的m点和高程为207m的q点，然后将该两点之间4等分，分别定出高程为204m、205m、206m的n、o、p点。同样可以求出其他相邻地形点之间的等高线通过点，根据地性线，将高程相同的相邻点连成光滑的曲线，正确描绘出等高线，如图5-19b)所示。

勾绘等高线时，应对照实地情况，先画计曲线，再画首曲线，并注意等高线通过山脊线和山谷线的走向。

（三）地形图的拼接、检查和整饰

1. 地形图的拼接

如果测区面积较大，要将整个图幅划分为若干图幅分别进行施测。受测量误差和绘图误差影响，相邻图幅边界连接处的地物轮廓线与等高线不能完全吻合。如图5-20所示为相邻两图幅边界上地物、地貌所存在的接边差。当接边差小于表5-5规定的平面、高程中误差的$2\sqrt{2}$倍时，可平均配赋，据此改正相邻图幅的地物、地貌位置，但应注意保持地物、地貌相互位置和走向的正确性。超过限差时则应到实地进行检查、纠正。

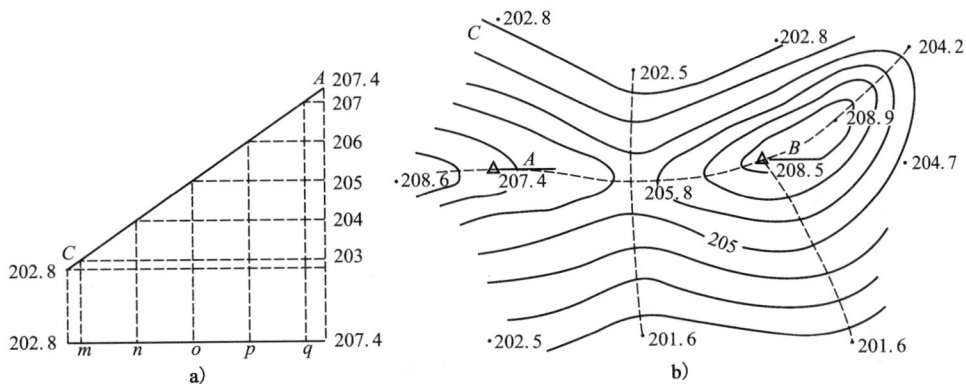

图5-19 等高线的勾绘(单位:m)

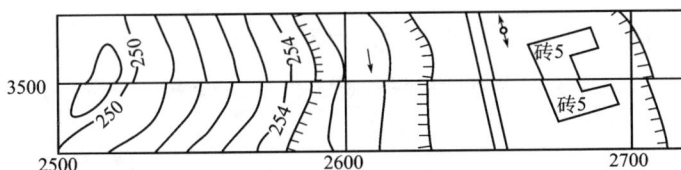

图5-20 地形图的拼接(单位:m)

地物点、地形点平面和高程中误差 表5-5

地区分类	点位中误差 (图上 mm)	临近地物点间距中误差 (图上 mm)	等高线高程中误差			
			平地	丘陵地	山地	高山地
城市建筑区和平地、丘陵地	≤0.5	≤±0.4	≤1/3	≤1/2	≤2/3	≤1
山地、高山地和设站施测 困难的街坊内部	≤0.75	≤±0.6				

2. 地形图的检查

地形图的检查是为了确保地形图的质量,除在实测过程中加强检查外,在地形图测绘完成后也应对成果资料进行全面的检查。地形图检查的内容包括内业检查和外业检查。

(1)内业检查。图根控制点密度符合要求,位置与分布恰当;各项较差、闭合差在规定范围内;原始记录和计算成果正确,项目填写齐全。图廓、方格网、控制点展绘精度符合要求;测站点密度和精度符合规定;地物、地貌各要素测绘正确、齐全,取舍恰当,图式符号运用正确;接边精度符合要求;图历表填写完整清楚,各项资料齐全。

(2)外业检查。根据内业检查情况,先有计划地确定巡视路线,实地对照查看,检查地物、地貌有无遗漏,等高线是否逼真、合理,符号、注记是否正确等。再根据内业检查和巡视检查发现的问题,到野外设站检查,对发现的问题进行修正和补测,还应对本测站所测地形进行检查,察看原图是否符合要求。仪器检查量为每幅图内容的10%左右,如发现问题应当场修正。

3. 地形图的整饰

地形图的整饰是按规定的地形图图式符号对地物、地貌进行清绘和整饰,使图面更加合理、清晰、美观。所测地形图经拼接、检查合格后,即可进行整饰。整饰的顺序是先图内后图外,先地物后地貌,先注记后符号。整饰应一片一片地进行,操作时应耐心细致。最后绘制内、外图廓线,图幅接合表,并写上图名、图号、比例尺、坐标系统、高程系统、测图单位、日期、测量员、绘图员、审核者等。如果是独立坐标系统,还需画出指北方向。同时,注意等高线不能通过符号、注记和地物。

三、数字化成图

随着计算机科学的飞速发展,测绘科学技术发生了极大的变革。现代地形图大量艰巨的绘图工作已由传统的野外纸质绘图转向室内全数字化、自动化测图。目前国内有多种较为成熟的数字测图软件,本工作任务只介绍南方测绘的CASS 7.0软件。

(一)CASS 7.0操作界面简介

双击桌面上"CASS"图标,即可启动CASS。图5-21是在AutoCAD 2022上安装的CASS界面。

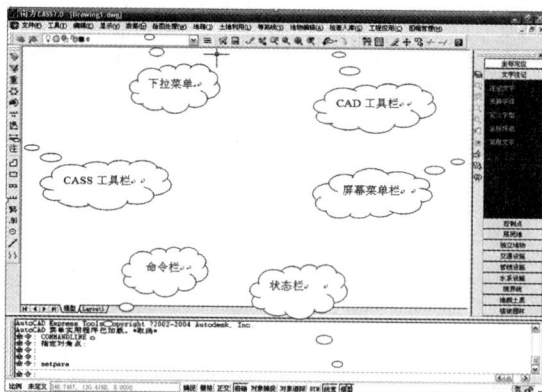

图5-21 CASS界面

CASS与AutoCAD 2022的界面和操作方法基本相同,二者的区别在于下拉菜单和屏幕菜单内容不同,各区的功能如下:

(1)下拉菜单:执行主要测量功能。

(2)屏幕菜单:绘制各种类别的地物以及操作比较频繁的地方。

(3)图形区:主要工作区,显示图形与操作。

(4)工具栏:各种AutoCAD命令、测量功能的快捷工具。

(5)命令提示区:命令记录区,提示用户操作。

(二)数据导入

在内业,将全站仪内存碎部点三维坐标下传到PC机数据文件,并形成CASS专用格式的坐标数据文件。

数据线连接全站仪与PC机COM口(或USB口),设置全站仪通信参数,在CASS的下拉菜单中执行"数据/读取全站仪数据"命令,弹出"全站仪内存数据转换"对话框,如图5-22所示。

(1)在"仪器"下拉列表中选全站仪类型,CASS支持的仪器类型及数据格式如图5-23所示。

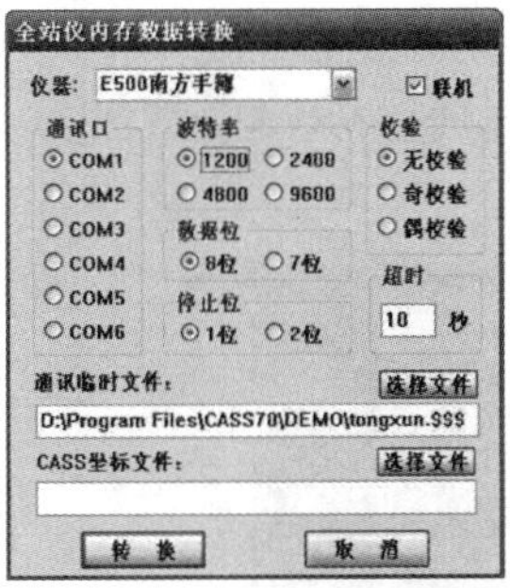

图 5-22 "全站仪内存数据转换"对话框 　　　图 5-23 "仪器"下拉列表

（2）设置与全站仪相同的通信参数，包括通信口、波特率、数据位、停止位和校检等。勾选"联机"复选框，在"CASS坐标文件"文本框中输入保存数据的文件名和路径。

（3）点击"转换"，按提示操作全站仪发送数据，点击"确定"，将发送的数据保存到设定坐标数据文件中。

也可用全站仪通信软件下载坐标并将其存储为坐标数据文件。

(三)展碎部点

将坐标数据文件中点的三维坐标展绘在绘图区，并在点位右边注记点号，结合野外草图描绘地物，其创建的点位与点号对象位于"ZDH"（意为展点号）图层，其中对于点位对象是 AutoCAD 的"Point"对象，用户可执行"Ddptype"命令修改点样式。

执行"绘图处理"→"展野外测点点号"命令，在弹出的"文件选择"对话框中选择一个坐标数据文件，点击"打开"，根据命令行提示操作，即可在屏幕上展出野外测点点号，如图5-24所示。

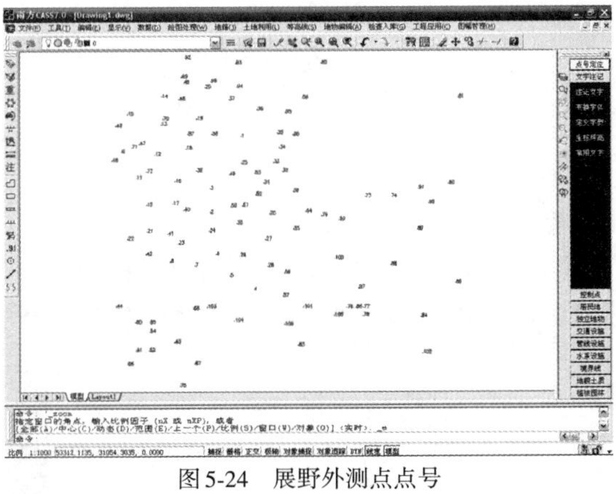

图 5-24 展野外测点点号

(四)地物的绘制

根据野外草图，操作CASS右侧屏幕菜单来描绘地物与地貌。同时可使用工具栏中的缩放工具进行局部放大以便于编图。

假设根据草图，33、34、35号点为一栋简单房屋的3个角点，4、5、6、7、8号点为一条小路的5个点，25号点为一导线点。

1. 绘制简单房屋

选择右侧屏幕菜单的"居民地"→"一般房屋"选项,弹出如图5-25所示的对话框,在其中选择"四点一般房屋",单击"确定"。

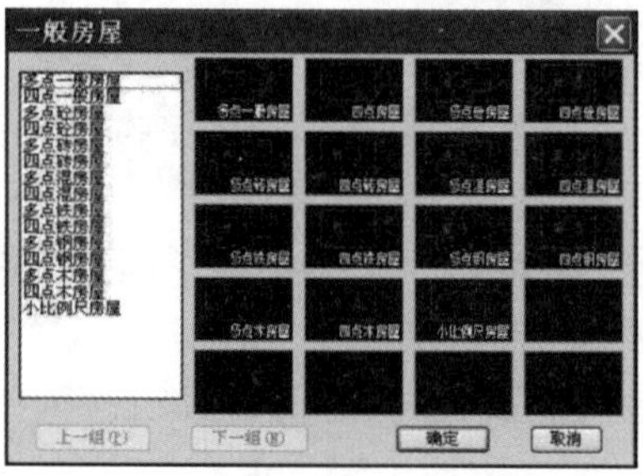

图5-25　"一般房屋"对话框

命令区提示如下:

已知三点/2. 已知两点及宽度/3. 已知四点<1>:

第一点:(节点捕捉33号点)

第二点:(节点捕捉34号点)

第三点:(节点捕捉35号点)

此时软件自动生成四点一般房屋。

2. 绘制一条小路

选择右侧屏幕菜单的"交通设施"→"其他道路"选项,在弹出的对话框中选择"小路",点击"确定"。根据命令行的提示分别捕捉4、5、6、7、8共5个点位后,按回车键结束指定点位操作,命令行最后提示如下:

拟合线<N>？ Y

一般选择拟合,输入"Y",按回车键,完成小路的绘制。

3. 绘制导线点

选择右侧屏幕菜单的"控制点"→"平面控制点"选项,在弹出的对话框中选择"导线点",点击"确定"。点击25号点位后完成导线点的绘制,结果如图5-26所示。

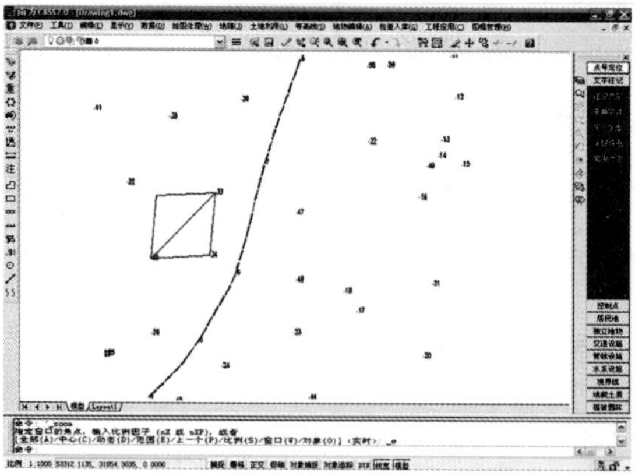

图5-26　绘制完成的简单房屋、小路、导线点

(五)地貌的绘制

等高线是在操作CASS创建数字地面模型(DTM)后自动生成的,DTM是指在一定区域范围内规则格网点或三角形点的平面坐标和其他地形属性的数据集合。如果该地形属性是点的高程,则该数字地面模型又称为数字高程模型(DEM)。

以CASS自带地形点坐标文件dgx. dat为例,介绍等高线的绘制过程。

1. 建立DTM

执行下拉菜单"等高线"→"建立DTM"命令,在弹出的"建立DTM"对话框中选择"由数据文件生成",选择坐标数据文件dgx. dat,其余设置见图5-27a)。点击"确定",屏幕显示如图5-27b)所示的三角网,它位于SJW图层。

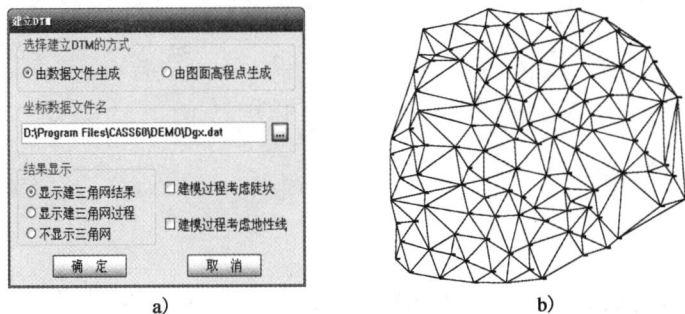

图5-27 "建立DTM"对话框及三角网的生成

2. 绘制等高线

执行下拉菜单"等高线"→"绘制等值线"命令,弹出如图5-28所示的"绘制等值线"对话框,完成对话框设置,然后点击"确定",CASS自动绘制等高线,得到的等高线见图5-29。再选择"等高线"→"删三角网",将生成的三角网删除。

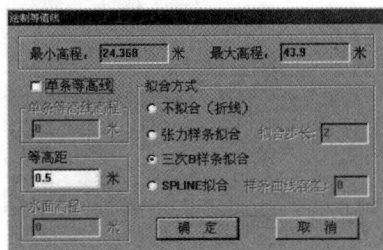

图5-28 绘制等高线的设置   图5-29 利用坐标数据文件绘制的等高线

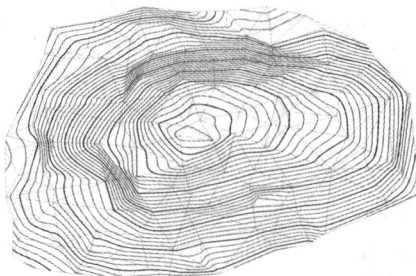

3. 等高线修饰

(1)等高线注记。位于下拉菜单"等高线"→"等高线注记",分4种方法,见图5-30a)。当批量注记等高线时,一般选"沿直线高程注记",它要求用户先执行"Line"命令绘制一条垂直于等高线的辅助直线,直线方向应为注记高程字符字头朝向。执行"沿直线高程注记"命令后,CASS自动删除辅助直线,注记字符自动放置在DGX(等高线)图层。

(2)等高线修剪。位于下拉菜单"等高线"→"等高线修剪",见图5-30b)。点击"批量修剪等高线",软件将自动搜寻穿过建筑物、围墙、注记、符号、坡坎的等高线并将其进行整饰;点击"切除指定二线间等高线",按提示依次点击鼠标左键选取两条线,CASS将自动切除等高线穿过这两条线间的部分。

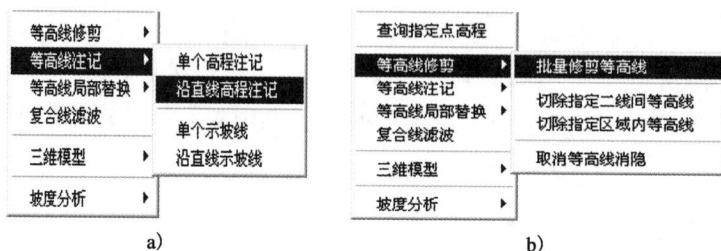

图5-30　等高线的注记与修剪

(六)地形图的整饰

1. 加注记

为道路加上路名"迎宾路"的方法如图5-31a)所示。单击屏幕菜单"文字注记"→"注记文字",弹出"文字注记信息"对话框,设置后点击"确定",完成文字注记,如图5-31b)所示。

2. 加图框

加图框命令在下拉菜单"绘图处理"中。点击"绘图处理"→"标准图幅(50×40)",弹出如图5-32所示的"图幅整饰"对话框。在相应栏中填入内容进行设置,勾选"删除图框外实体"复选框,然后点击"确定",所得结果如图5-33所示。

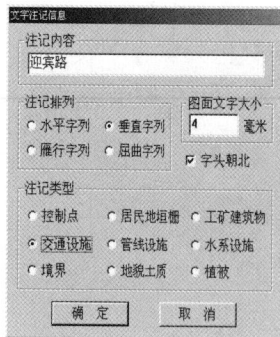
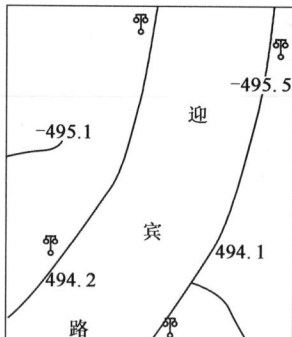
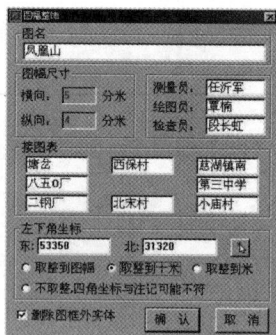

a)　　　　　　b)

图5-31　道路注记　　　　　　图5-32　"图幅整饰"对话框

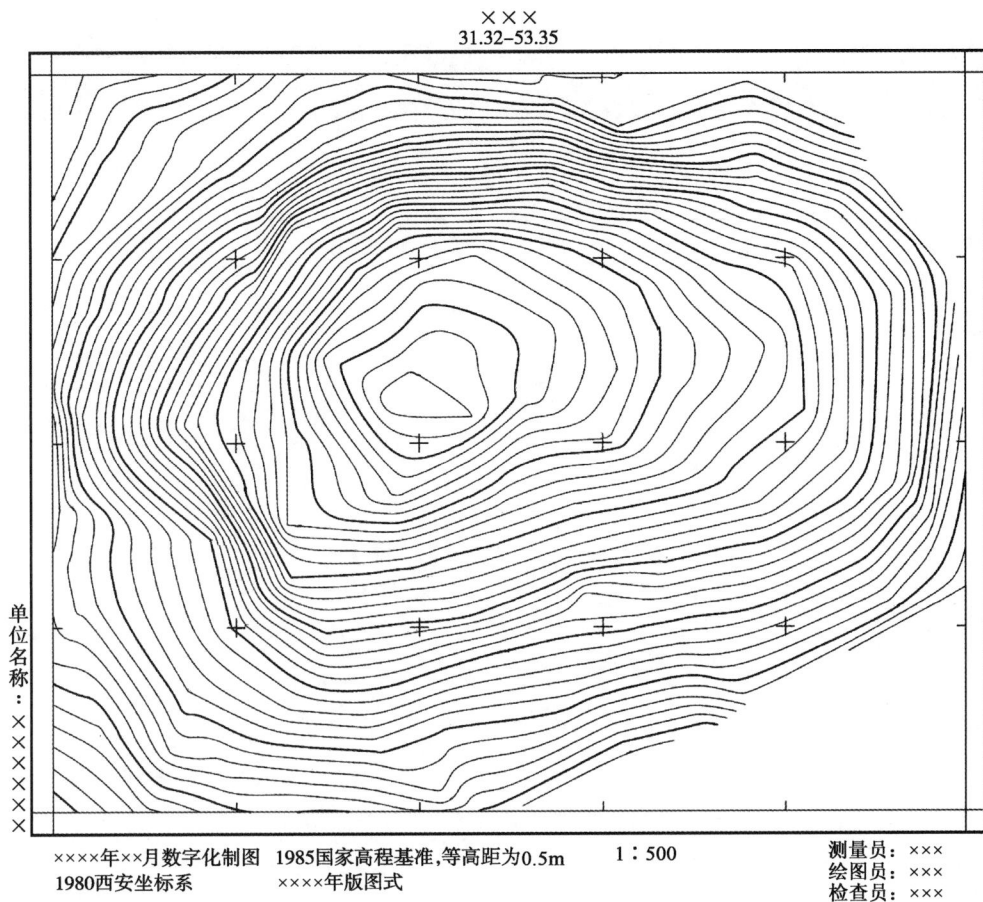

图5-33　坐标数据文件绘制的等高线加图框后的效果

（七）绘图输出

点击"文件"→"用绘图输出"，进行打印。

四、地形测图全部工作结束后应提交的资料

（1）图根点展点图、水准路线图、埋石点点之记、测有坐标地物点位置图、观测与计算手簿、成果表。

（2）地形原图、图例簿、接合表、按版测图接边纸。

（3）技术设计书、质量检查验收报告及精度统计表、技术总结等。

工作任务4 单项技能训练——地形图碎部测量

实训工单1

实训内容	地形图碎部测量			
仪器、工具				
班级		时间		地点	

实训内容及步骤	备注

工程案例

案例 10　小区域数字测图

CASS 安装之后，我们就可以开始学习如何绘制一幅简单的地形图。此处以一个简单的例子来介绍地形图的成图过程。CASS 成图模式有多种，这里主要介绍"点号定位"的成图模式。图 5-34 中的路径为 C:\cass70\demo\study.dwg(以安装在 C 盘为例)。初学者依照下面的步骤来练习，可以在短时间内学会作图。

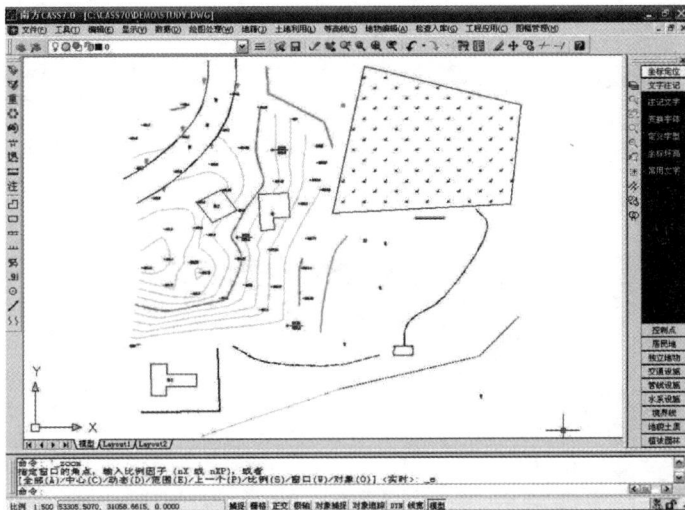

图 5-34　例图 study.dwg

一、定显示区

定显示区就是通过坐标数据文件中的最大、最小坐标定出屏幕窗口的显示范围。

进入 CASS 主界面，鼠标点击"绘图处理"项，即出现如图 5-35 所示的下拉菜单。然后鼠标移至"定显示区"项，使之以高亮显示，点击左键，即出现一个对话窗，如图 5-36 所示。这时，需要输入坐标数据文件名。可参考 WINDOWS 选择打开文件的方法操作，也可直接通过键盘输入，在"文件名(N):"(即光标闪烁)处输入"C:\CASS70\DEMO\STUDY.DAT"，再移动鼠标至"打开(O)"，点击左键。这时，命令区显示：

最小坐标(米)：X=31056.221，Y=53097.691

最大坐标(米)：X=31237.455，Y=53286.090

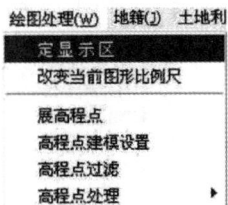

图 5-35　"定显示区"菜单

二、选择测点点号定位成图法

移动鼠标至屏幕右侧菜单区"测点点号"项，点击左键，即出现图 5-37 所示的对话框。输入点号坐标数据文件名"C:\CASS\DEMO\STUDY.DAT"后，命令区提示：读点完成！共读入 106 个点。

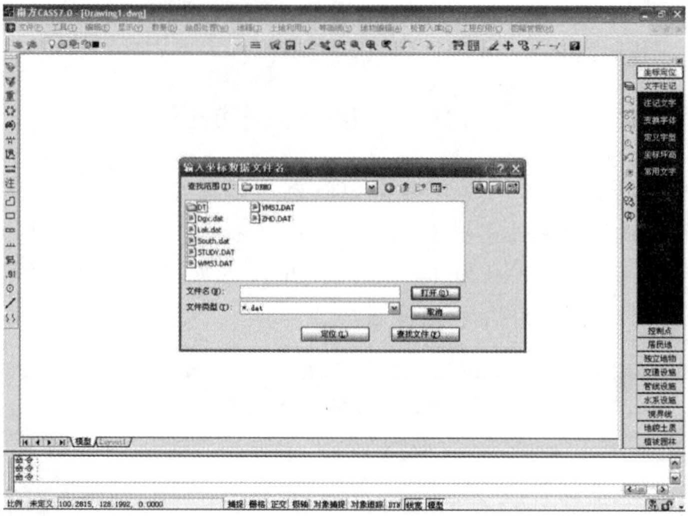

图5-36 选择"定显示区"数据文件

图5-37 选择"点号定位"数据文件

三、展点

先移动鼠标至屏幕的顶部菜单"绘图处理"项,点击左键,这时系统弹出一个下拉菜单。再移动鼠标选择"绘图处理"下的"展野外测点点号"项,如图5-38所示。点击左键后,出现如图5-36所示的对话框。

展野外测点点号
展野外测点代码
展野外测点点位
切换展点注记

图5-38 选择"展野外测点点号"

输入对应的坐标数据文件名"C:\CASS70\DEMO\STUDY.DAT"后,便可在屏幕上展出野外测点点号,如图5-39所示。

四、绘平面图

(1)灵活使用工具栏中的缩放工具进行局部放大以方便编图。先把左上角放大,选择右侧屏幕菜单的"交通设施"→"公路"选项,弹出如图5-40所示的界面。

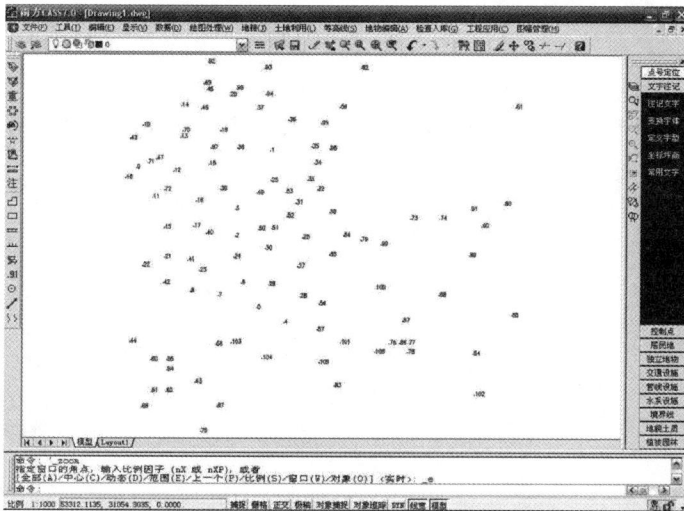

图5-39　STUDY.DAT展点图

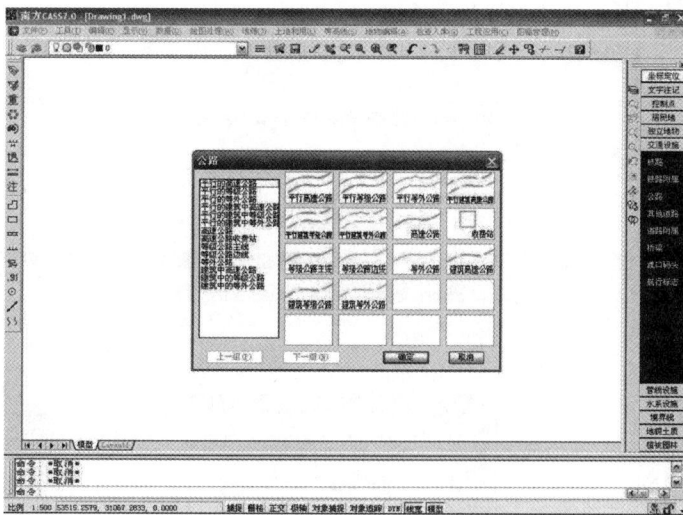

图5-40　选择屏幕菜单"交通设施"→"公路"

找到"平行等外公路"并选中,再点击"确定",命令区提示:

绘图比例尺1:　输入"500",回车。

点P/<点号>　输入"92",回车。

点P/<点号>　输入"45",回车。

点P/<点号>　输入"46",回车。

点P/<点号>　输入"13",回车。

点P/<点号>　输入"47",回车。

点P/<点号>　输入"48",回车。

点P/<点号>　回车。

拟合线<N>？输入"Y"，回车。

说明：输入"Y"，将该边拟合成光滑曲线；输入"N"（缺省为N），则不拟合该线。

边点式/2. 边宽式<1>： 回车（默认1）

说明：选1（缺省为1），将要求输入公路对边上的一个测点；选2，则要求输入公路宽度。

对面一点P/<点号> 输入"19"，回车。

这时一条平行等外公路就完成了，如图5-41所示。

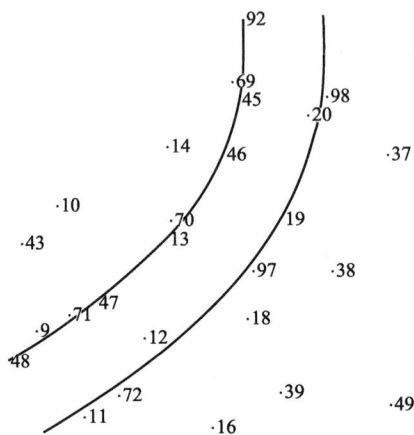

图5-41 绘制一条平行等外公路

（2）绘制一个多点房屋。选择右侧屏幕菜单的"居民地"→"一般房屋"选项，弹出如图5-42所示的界面。

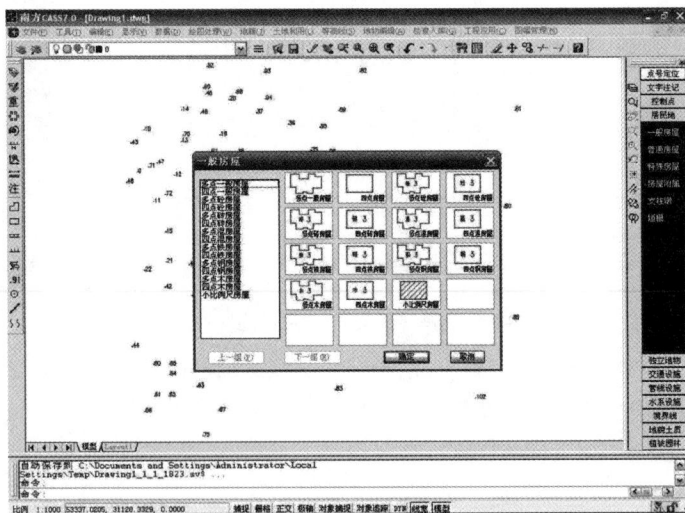

图5-42 选择屏幕菜单"居民地"→"一般房屋"

先用鼠标左键选择"多点砼房屋"，再点击"确定"。命令区提示：

第一点：

点P/<点号> 输入"49"，回车。

指定点：

点 P/<点号>　输入"50"，回车。

闭合 C/隔一闭合 G/隔一点 J/微导线 A/曲线 Q/边长交会 B/回退 U/点 P/<点号>　输入"51"，回车。

闭合 C/隔一闭合 G/隔一点 J/微导线 A/曲线 Q/边长交会 B/回退 U/点 P/<点号>　输入"J"，回车。

点 P/<点号>　输入"52"，回车。

闭合 C/隔一闭合 G/隔一点 J/微导线 A/曲线 Q/边长交会 B/回退 U/点 P/<点号>　输入"53"，回车。

闭合 C/隔一闭合 G/隔一点 J/微导线 A/曲线 Q/边长交会 B/回退 U/点 P/<点号>　输入"C"，回车。

输入层数：<1>　回车(默认输1层)。

说明：选择多点混凝土房屋后自动读取地物编码，用户不必逐个记忆。从第三点起弹出许多选项，这里以"隔一点"功能为例，输入"J"，输入一点后系统自动算出一点，使该点与前一点及输入点的连线构成直角。输入"C"时，表示闭合。

(3)绘制一个多点混凝土房，熟悉一下操作过程。命令区提示：

Command：dd

输入地物编码：<141111>141111

第一点：点 P/<点号>　输入"60"，回车。

指定点：

点 P/<点号>　输入"61"，回车。

闭合 C/隔一闭合 G/隔一点 J/微导线 A/曲线 Q/边长交会 B/回退 U/点 P/<点号>　输入"62"，回车。

闭合 C/隔一闭合 G/隔一点 J/微导线 A/曲线 Q/边长交会 B/回退 U/点 P/<点号>　输入"A"，回车。

微导线-键盘输入角度(K)/<指定方向点(只确定平行和垂直方向)>　用鼠标左键在62点上侧一定距离处点一下。

距离<m>：　输入"4.5"，回车。

闭合 C/隔一闭合 G/隔一点 J/微导线 A/曲线 Q/边长交会 B/回退 U/点 P/<点号>　输入"63"，回车。

闭合 C/隔一闭合 G/隔一点 J/微导线 A/曲线 Q/边长交会 B/回退 U/点 P/<点号>　输入"J"，回车。

点 P/<点号>　输入64，回车。

闭合 C/隔一闭合 G/隔一点 J/微导线 A/曲线 Q/边长交会 B/回退 U/点 P/<点号>　输入"65"，回车。

闭合 C/隔一闭合 G/隔一点 J/微导线 A/曲线 Q/边长交会 B/回退 U/点 P/<点号>　输入"C"，回车。

输入层数：<1>　输入"2"，回车。

说明:"微导线"功能由用户输入当前点至下一点的左角(度)和距离(米),输入后软件将计算出该点并连线。要求输入角度时,若输入"K",则可直接输入左向转角;若直接用鼠标点击,只可确定垂直和平行方向。此功能特别适用于知道角度和距离但看不到点的位置的情况,如房角点被树或路灯等障碍物遮挡时。

两栋房子和一条平行等外公路"建"好后,效果如图5-43所示。

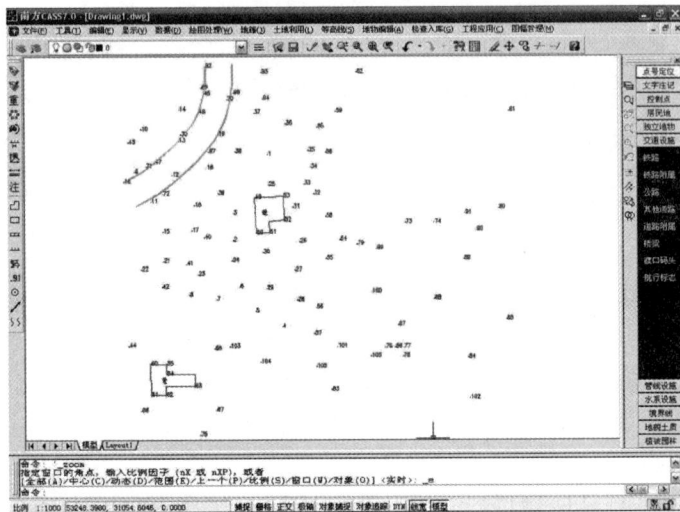

图5-43　"建"好两栋房子和一条平行等外公路

(4)类似以上操作,利用右侧屏幕菜单绘制其他地物。

在"居民地"菜单中,用3、39、16三点完成利用三点绘制2层砖结构的四点房,用68、67、66绘制不拟合的、依比例的围墙,用76、77、78绘制四点棚房。

在"交通设施"菜单中,用86、87、88、89、90、91绘制拟合的小路,用103、104、105、106绘制拟合的、不依比例的乡村路。

在"地貌土质"菜单中,用54、55、56、57绘制拟合的、坎高为1m的陡坎,用93、94、95、96绘制不拟合的、坎高为1m的加固陡坎。

在"独立地物"菜单中,用69、70、71、72、97、98绘制路灯,用73、74绘制宣传橱窗,用59绘制不依比例的肥气池。

在"水系设施"菜单中,用79绘制水井。

在"管线设施"菜单中,用75、83、84、85绘制地面上输电线。

在"植被园林"菜单中,用99、100、101、102分别绘制果树独立树,用58、80、81、82绘制菜地(第82号点之后仍要求输入点号时直接回车),要求边界不拟合,并且保留边界。

在"控制点"菜单中,用1、2、4分别生成埋石图根点,在提问"点名.等级"时分别输入D121、D123、D135。

(5)依次点击"编辑"→"删除"→"删除实体所在图层",鼠标符号变成一个小方框,用左键点取任何一个点号的数字注记,所展点的注记将被删除。

平面图绘制好后,效果如图5-44所示。

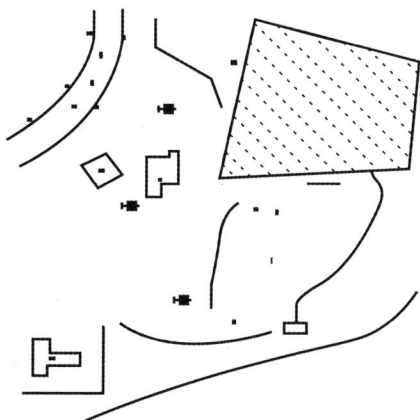

图 5-44　STUDY 的平面图

五、绘等高线

(1)展高程点:点击"绘图处理"→"展高程点",将会弹出数据文件的对话框,找到"C:\CASS70\DEMO\STUDY. DAT",点击"确定",命令区提示:"注记高程点的距离(米)",直接回车,表示不对高程点注记进行取舍,全部展出来。

(2)建立DTM模型:点击"等高线"→"建立DTM",弹出如图 5-45 所示的对话框。

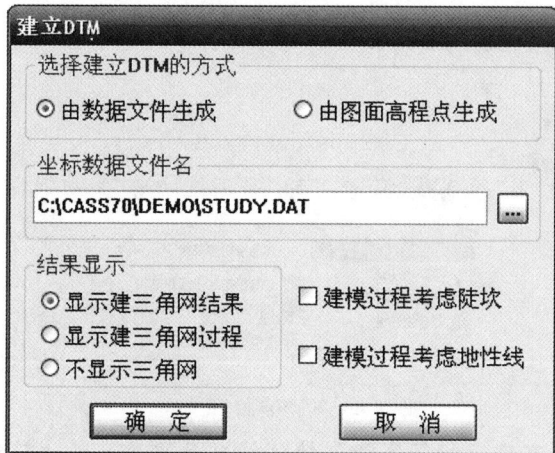

图 5-45　"建立 DTM"对话框

根据需要选择建立DTM的方式和坐标数据文件名,然后选择建模过程是否考虑陡坎和地性线,点击"确定",生成如图 5-46 所示的DTM模型。

(3)绘等高线:点击"等高线"→"绘制等高线",弹出如图 5-47 所示的对话框。

输入等高距、选择拟合方式后点击"确定",系统马上绘制出等高线。再点击"等高线"→"删三角网",屏幕显示如图 5-48 所示。

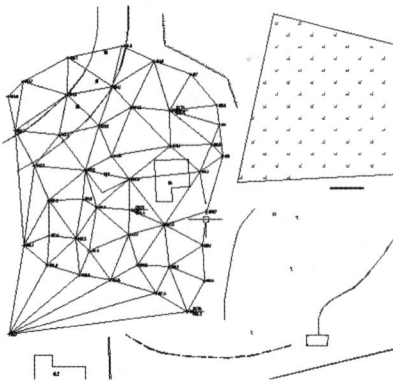

图5-46　DTM模型

图5-47　"绘制等值线"对话框

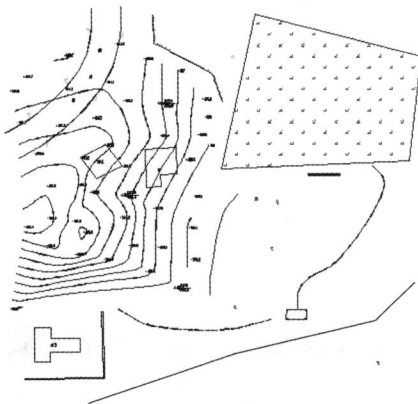

图5-48　绘制等高线

（4）等高线的修剪：利用"等高线"菜单下的"等高线修剪"二级菜单，如图5-49所示。

图5-49　"等高线修剪"菜单

点击菜单中的"切除穿建筑物等高线"，软件将自动搜寻穿过建筑物的等高线并将其进行整饰。点击"切除指定二线间等高线"，依提示依次点击左上角的道路两边，CASS将自动切除等高线穿过道路的部分。点击"切除穿高程注记等高线"，CASS将自动搜寻，把等高线穿过注记的部分切除。

六、加注记

下面介绍在平行等外公路上加"经纬路"三个字的方法。

点击右侧屏幕菜单的"文字注记"，弹出如图5-50所示的界面。

图5-50 "文字注记信息"对话框

首先在需要添加文字注记的位置绘制一条拟合的多功能复合线,然后在"注记内容"中输入"经纬路"并选择注记排列和注记类型,输入文字大小,点击"确定"后,选择绘制的拟合的多功能复合线,即可完成注记。

经过以上各步骤,生成图,结果如图5-34所示。

七、加图框

点击"绘图处理"→"标准图幅(50×40)",弹出如图5-51所示的界面。

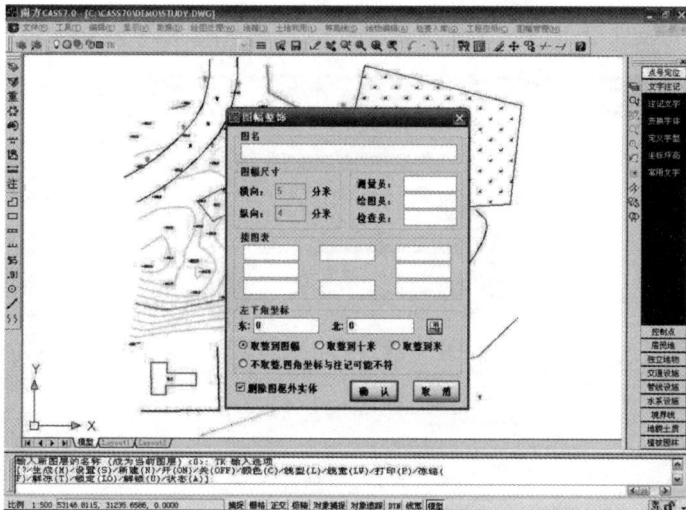

图5-51 输入图幅信息

在"图名"栏里输入"建设新村";在"测量员""绘图员""检查员"栏里分别输入人名;在"左下角坐标"的"东""北"栏内分别输入"53073""31050";勾选"删除图框外实体"复选框;然后点击"确认"。这样这幅图就绘制完成了,如图5-52所示。

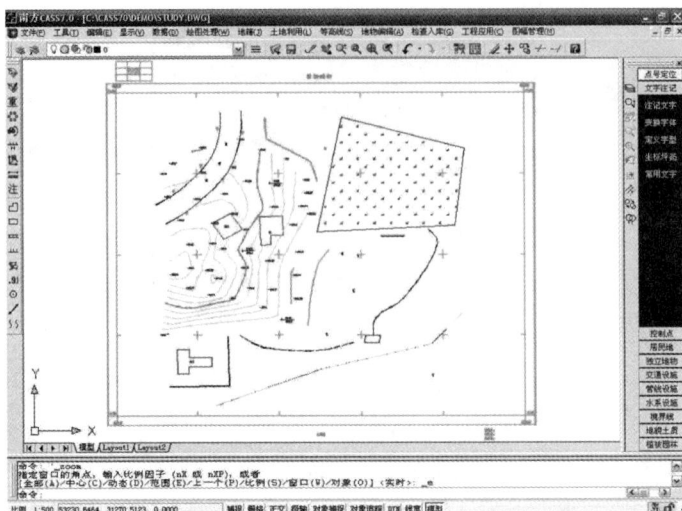

图5-52 加图框

另外,可以将图框左下角的图幅信息更改成符合需要的字样。

八、绘图

(1)点击"文件"菜单下的"用绘图仪或打印机出图",进行绘图。

(2)选好图纸尺寸、图纸方向之后,点击"窗选",用鼠标圈定绘图范围。将"打印比例"一项选为"2:1"(表示满足1:500比例尺的打印要求),通过"部分预览"和"全部预览"可以查看出图效果,如果满意即可点击"确定"进行绘图,如图5-53所示。

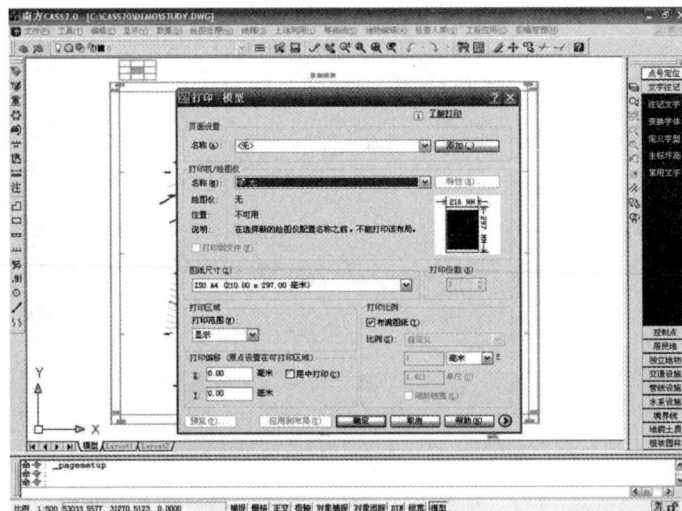

图5-53 用绘图仪出图

九、操作过程中注意事项

(1)在操作过程中要不断地进行存盘,以防操作不慎,导致文件信息丢失。正式工作时,最好不要把数据文件或图形保存在CASS或其子目录下,应创建工作目录。例如在C盘根目录下创建DATA目录存放数据文件;在C盘根目录下创建DWG目录存放图形文件。

(2)在执行各项命令时,每一步都要注意看下面命令区的提示。当出现"命令:"提示时,要求输入新的命令;出现"选择对象:"提示时,要求选择对象;等等。当一个命令没执行完时,最好不要执行另一个命令,若要强行终止,可按键盘左上角的"Esc"键或按"Ctrl"键的同时按下"C"键,直到出现"命令:"提示为止。

(3)在作图的过程中,常常要用到一些编辑功能,如删除、移动、复制、回退等,具体操作须熟练掌握。

(4)有些命令有多种执行途径,可根据自己的喜好灵活选用快捷工具按钮、下拉菜单或在命令区输入命令。

课后思考题

5-1 等高线有哪些特性?

5-2 比例尺精度是如何定义的?有何作用?

5-3 举例说明地物的概念。

5-4 举例说明地貌的概念。

项目5 课后思考题答案

5-5 在地形图上,量得A点高程为21.17m,B点高程为16.84m,AB距离为279.50m,则直线AB的坡度是多少?

5-6 在地形图上有高程分别为26m、27m、28m、29m、30m、31m、32m的等高线,则需加粗的等高线为哪一条?

5-7 简述典型地貌。

5-8 简述等高线与山脊线及山谷线的关系。

5-9 测绘地形图时,碎部点的高程注记应遵循什么规则?

5-10 测绘地形图时,对地物应选择什么位置立尺?对地貌应选择什么位置立尺?

项目 6
ITEM SIX

测量误差

测量工作中,同一量的各观测值之间或各观测值与其理论值之间可能存在差异,这种差异称为测量误差。例如,对某一三角形的三个内角进行观测,其内角和不等于180°,这说明观测值中包含测量误差。

研究测量误差的来源、性质及产生和传播的规律,就可以采取各种措施消除或减少其影响。

工作任务1 测量误差的基本知识

学习目标

了解测量误差产生的原因;掌握测量误差的分类和偶然误差的特性。

相关知识

一、测量误差产生的原因

测量误差产生的原因概括起来主要有以下三个方面。

测量误差

（一）仪器误差

每种仪器的精密程度有一定限度,因而观测值的精确度也必然有一定的限度。同时仪器本身在设计、制造、安装、校正等方面也存在一定的误差,如钢尺的刻划误差、度盘的偏心误差等。

（二）观测误差

由于观测者感觉器官鉴别能力和技术水平的差异,在仪器安置、照准、整平、读数等方面都会产生误差。

（三）外界条件的影响

观测时所处的外界条件,如温度、湿度、气压、大气折光等因素都会对观测结果产生一定的影响。外界条件发生变化,观测成果也将随之变化。

上述三方面的因素是引起测量误差的主要来源,因此把这三方面因素综合起来称为测量条件。测量条件的好坏与观测成果的质量有着密切的联系。测量条件相同的各次测量,称为等精度测量;测量条件不同的各次测量,称为非等精度测量。

二、测量误差的分类

按测量误差对观测成果的影响性质,可将其分为系统误差和偶然误差两种。

（一）系统误差

在相同的观测条件下,对某量作一系列的观测,如果误差出现的大小和符号相同,或按一定的规律变化,那么称这类误差为系统误差。

例如,用一把名义长度为50m的钢尺去量距,经检定钢尺的实际长度为50.005m,则每量一尺段就要少量0.005m,量的尺段越多,所产生的误差越大。所以这种误差与所测量的距离成正比。又如,在水准测量的过程中,当视准轴与水准管轴不平行时,对水准尺的读数所产生的误差与水准仪至水准尺之间的距离成正比,所以这种误差按某种规律变化。

系统误差具有明显的规律性和累积性,对测量结果的影响很大。但是由于系统误差的大小和符号有一定的规律,所以可以采取措施加以消除或减少其影响。常用的处理方法有:

（1）检校仪器,把系统误差降低到最小。

（2）在观测结果中加入系统误差改正数,如尺长改正数等。

（3）采用适当的观测方法,使系统误差相互抵消或减弱。如在水准测量中,保持前视和后视距离相等,以消除视准轴与水准管轴不平行所产生的误差;在测水平角时,采取盘左和盘右观测取其平均值,以消除视准轴与横轴不垂直所引起的误差。

（二）偶然误差

在相同的观测条件下,对某量作一系列的观测,若误差在符号和大小方面都没有表现出一致的倾向,即从单个误差来看,该误差的大小及符号没有规律,则称这类误差为偶然误差或随机误差。

例如,用经纬仪测角时的照准误差、钢尺量距时的读数误差等,都属于偶然误差。

在测量的成果中,系统误差能够加以改正,而偶然误差是不可避免的,它在测量成果的误差影响中占主导地位,所以测量误差理论主要是处理偶然误差带来的影响。从单个误差来看,其大小和符号没有一定的规律性,但对大量的偶然误差进行统计分析,却发现其呈现出一定的规律性,称为统计规律。而且,随着观测次数的增加,偶然误差的规律性会表现得愈加明显。

例如,在相同的观测条件下,观测217个三角形的全部内角。三角形内角观测值之和 l 不

等于真值180°,其差值Δ称为真误差,可由式(6-1)计算:

$$\Delta = l - X \tag{6-1}$$

式中:X——真值。

由式(6-1)计算可得217个三角形内角和的真误差,按其大小和一定的区间(本例中 $d\Delta=3''$),分别统计在各区间正、负误差出现的个数k及其出现的频率k/n($n=217$),列于表6-1中。

三角形内角和真误差统计表　　　　　　　　表6-1

误差区间 $d\Delta('')$	正误差		负误差		合计	
	个数k	频率k/n	个数k	频率k/n	个数k	频率k/n
[0,3)	30	0.138	29	0.134	59	0.272
[3,6)	21	0.097	20	0.092	41	0.189
[6,9)	15	0.069	18	0.083	33	0.152
[9,12)	14	0.065	16	0.074	30	0.138
[12,15)	12	0.055	10	0.046	22	0.101
[15,18)	8	0.037	8	0.037	16	0.074
[18,21)	5	0.023	6	0.028	11	0.051
[21,24)	2	0.009	2	0.009	4	0.018
[24,27)	1	0.005	0	0	1	0.005
27及以上	0	0	0	0	0	0
合　计	108	0.498	109	0.503	217	1.000

从表6-1中可以看出,偶然误差分布具有以下特性:

(1)在一定的观测条件下,偶然误差的绝对值不会超过一定的限值。

(2)绝对值小的误差比绝对值大的误差出现的概率大。

(3)绝对值相等的正、负误差出现的概率相等。

(4)对同一量进行等精度观测,其偶然误差的算术平均值随着观测次数的无限增多而趋近于零,即

$$\lim_{n \to \infty} \frac{[\Delta]}{n} = 0 \tag{6-2}$$

式中:$[\Delta]$——$\Delta_1 + \Delta_2 + \cdots + \Delta_n$之和,即$\sum\limits_{i=1}^{n}\Delta_i$。

为了更直观地表现误差的分布,可将表6-1中的数据用较直观的频率直方图来表示。以真误差的大小为横坐标,以各区间内误差出现的频率k/n与区间$d\Delta$的比值为纵坐标。在每一区间上,根据相应的纵坐标值画出一矩形,则各矩形的面积等于误差出现在该区间内的频率k/n。如图6-1中有斜线的矩形面积,表示误差出现在$+6'' \sim +9''$之间的频率等于0.069。显然,所有矩形面积的总和等于1。

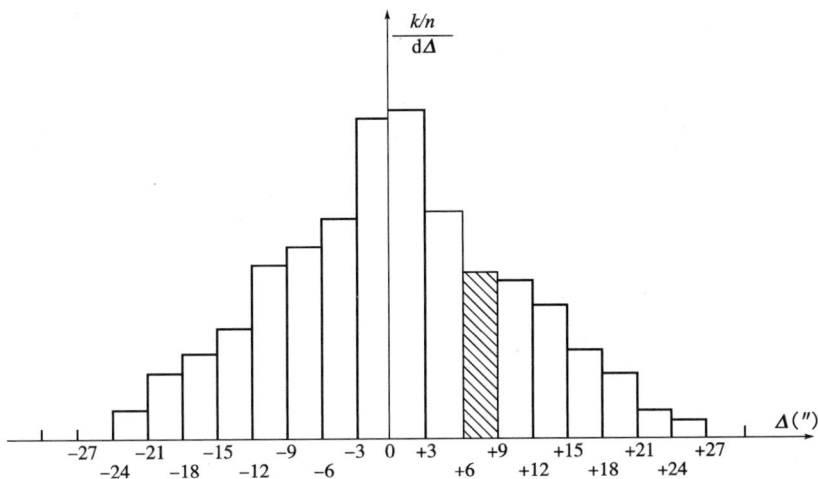

图6-1　误差分布频率直方图

可以设想,如果在相同的条件下,所观测的三角形个数不断增加,并无限缩小误差区间,即 $d\Delta\rightarrow0$,则图6-1中各矩形的上部折线就趋向于一条以纵轴为对称轴的光滑曲线,如图6-2所示,称为误差概率分布曲线,简称误差分布曲线。

在数理统计中,它服从正态分布,该曲线的方程为

$$f(\Delta) = \frac{1}{\sigma\sqrt{2\pi}}e^{-\frac{\Delta^2}{2\sigma^2}} \tag{6-3}$$

式中:Δ——偶然误差;

σ——误差分布的标准差,是与观测条件有关的参数,其值大于0,其大小可以反映观测精度的高低。其定义为

$$\sigma = \lim_{n\to\infty}\sqrt{\frac{[\Delta\Delta]}{n}} \tag{6-4}$$

在图6-1中,各矩形的面积是频率 k/n。由概率统计原理可知,频率即误差出现在区间 $d\Delta$ 上的概率 $P(\Delta)$,记为

$$P(\Delta) = \frac{k/n}{d\Delta}d\Delta = f(\Delta)d\Delta \tag{6-5}$$

图6-2中的误差分布曲线,是对应某一观测条件的。当观测条件不同时,其相应误差分布曲线的形状也将随之改变。如图6-3所示,曲线Ⅰ、Ⅱ为分别对应两组不同观测条件得出的两组误差分布曲线,它们均服从正态分布,但从两曲线的形状中可以看出两组观测的差异。当 $\Delta=0$ 时,$f_1(\Delta) = \frac{1}{\sigma_1\sqrt{2\pi}}$,$f_2(\Delta) = \frac{1}{\sigma_2\sqrt{2\pi}}$。$\frac{1}{\sigma_1\sqrt{2\pi}}$、$\frac{1}{\sigma_2\sqrt{2\pi}}$ 是这两误差分布曲线的峰值,其中曲线Ⅰ的峰值较曲线Ⅱ的高,即 $\sigma_1<\sigma_2$,故第Ⅰ组观测小误差出现的概率较第Ⅱ组的大。由于误差分布曲线到横坐标轴之间的面积恒等于1,所以当小误差出现的概率较大时,大误差出现的概率必然较小。因此,曲线Ⅰ表现较为陡峭,即分布比较集中,或称离散度较小,因而观测精度较高。而曲线Ⅱ相对来说较为平缓,即离散度较大,因而观测精度较低。

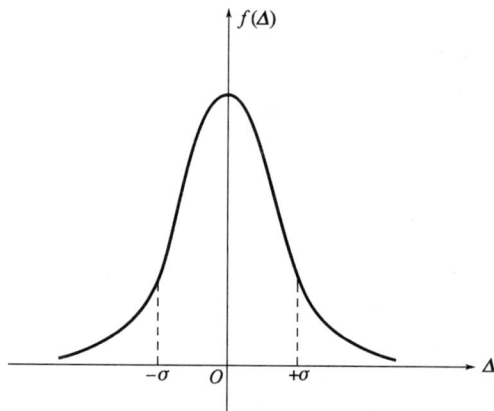

图6-2 误差分布曲线

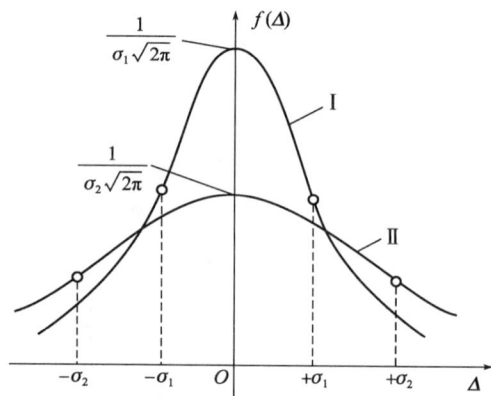

图6-3 不同精度的误差分布曲线

除上述两类误差之外,还有粗差。粗差可能是人为原因造成的错误,如大数读错、读数被记录员记错、照错了目标等;粗差也可能是由仪器自身或受外界干扰发生故障引起的。一般粗差值远大于系统误差或偶然误差,对观测成果的影响极大,因此在测量成果中绝对不允许有错误存在。发现粗差的方法是进行必要的重复观测,通过多余观测条件,进行检核验算;严格按照国家有关部门制定的各种测量规范进行作业等。

工作任务2 衡量精度的标准

学习目标

了解衡量精度的标准;分析衡量精度的三大标准的适用情况;正确计算中误差、容许误差、相对误差。

相关知识

精度就是误差分布的密集或离散的程度,在测量工作中常采用中误差、极限误差(或容许误差)和相对误差作为衡量观测值精度的三大标准。

一、中误差

式(6-4)定义的标准差是衡量精度的一种指标,但其只是理论上的表达式。在测量实践中观测次数不可能达到无限多次,因此在实际应用中,将由有限次观测个数 n 计算出标准差的估值定义为中误差 m,作为衡量精度的一种标准,计算公式为

$$m = \pm\hat{\sigma} = \pm\sqrt{\frac{[\Delta\Delta]}{n}} \tag{6-6}$$

例6-1 甲、乙两组在相同的条件下分别观测了6个三角形的内角,得三角形的闭合差

（即三角形内角和的真误差）分别为：

甲：$+3''$、$+1''$、$-2''$、$-1''$、$0''$、$-3''$。

乙：$+6''$、$-5''$、$+1''$、$-4''$、$-3''$、$+5''$。

试分析两组的观测精度。

解　用中误差公式［式(6-6)］计算得

$$m_{甲} = \pm\sqrt{\frac{[\Delta\Delta]}{n}} = \pm\sqrt{\frac{3^2 + 1^2 + (-2)^2 + (-1)^2 + 0^2 + (-3)^2}{6}} = \pm 2.0''$$

$$m_{乙} = \pm\sqrt{\frac{[\Delta\Delta]}{n}} = \pm\sqrt{\frac{6^2 + (-5)^2 + 1^2 + (-4)^2 + (-3)^2 + 5^2}{6}} \approx \pm 4.3''$$

从上述两组结果中可以看出，甲组的中误差较小，所以观测精度高于乙组。直接从观测误差的分布来看，也可看出甲组观测的小误差比较集中，离散度较小，因而甲组的观测精度高于乙组。所以在测量工作中，普遍采用中误差来评定测量成果的精度。

注意：在一组同精度的观测值中，尽管各观测值的真误差出现的大小和符号各异，但观测值的中误差却是相同的，这是因为中误差反映的是观测精度，只要观测条件相同，中误差就不变。

在实际工作中，观测量的真值除少数情况外一般不易求得。因此在多数情况下，只能按观测值的最或是值来求观测值的中误差。

（一）算术平均值

设对某未知量进行了一组等精度观测，其观测值分别为 $l_1, l_2, \cdots, l_n$，该量的真值设为 X，各观测值的算术平均值为

$$x = \frac{l_1 + l_2 + \cdots + l_n}{n} = \frac{[l]}{n} \tag{6-7}$$

观测值的真误差公式为

$$\Delta_i = l_i - X \quad (i = 1, 2, \cdots, n)$$

将上式相加后，得

$$[\Delta] = [l] - nX$$

上式等号两端除以 n，得

$$\frac{[\Delta]}{n} = \frac{[l]}{n} - X$$

将式(6-7)代入，得

$$\frac{[\Delta]}{n} = x - X$$

上式右边第一项是真误差的算术平均值。由偶然误差的特性(4)可知，当观测次数 n 无限增多时，$\frac{[\Delta]}{n} \to 0$，则 $x \to X$。由此可见，当观测次数 n 趋近于无穷大时，算术平均值就趋向于未知量的真值。当 n 为有限值时，算术平均值最接近于真值，故算术平均值是观测量的最可靠值，通常也称为最或是值。

（二）改正数及其特征

各观测值l_i与最或是值x之差称为观测值的改正数，其表达式为

$$v_i=l_i-x \quad (i=1,2,\cdots,n) \tag{6-8}$$

在等精度直接观测中，最或是值x即各观测值的算术平均值，即

$$x = \frac{[l]}{n}$$

显然

$$[v] = \sum_{i=1}^{n} (l_i - x) = [l] - nx = 0 \tag{6-9}$$

（三）公式推导

已知$\Delta_i=l_i-X$，将此式与式(6-8)相减，得

$$\Delta_i-v_i=x-X$$

令$x-X=\delta$，则

$$\Delta_i=v_i+\delta$$

对上面各式两端取平方，再求和，得

$$[\Delta\Delta] = [vv] + 2\delta[v] + n\delta^2$$

由于$[v]=0$，故

$$[\Delta\Delta] = [vv] + n\delta^2$$

而

$$\delta = x - X = \frac{[l]}{n} - X = \frac{[l-X]}{n} = \frac{[\Delta]}{n}$$

$$\delta^2 = \frac{[\Delta]^2}{n^2} = \frac{1}{n^2}(\Delta_1^2 + \Delta_2^2 + \cdots + \Delta_n^2 + 2\Delta_1\Delta_2 + 2\Delta_2\Delta_3 + \cdots + 2\Delta_{n-1}\Delta_n)$$

$$= \frac{[\Delta\Delta]}{n^2} + \frac{2(\Delta_1\Delta_2 + \Delta_2\Delta_3 + \cdots + \Delta_{n-1}\Delta_n)}{n^2}$$

根据偶然误差的特性，当$n\to\infty$时，上式的第二项趋近于零；当n为较大的有限值时，其值远比第一项小，可忽略不计。故

$$\delta^2 = \frac{[\Delta\Delta]^2}{n^2}$$

代入$[\Delta\Delta] = [vv] + n\delta^2$中，得$[\Delta\Delta] = [vv] + \frac{[\Delta\Delta]}{n}$，即$\frac{[\Delta\Delta]}{n} = \frac{[vv]}{n-1}$，则

$$m = \pm\sqrt{\frac{[vv]}{n-1}} \tag{6-10}$$

式(6-10)是等精度观测用改正数计算观测值中误差的公式，又称贝塞尔公式。

二、极限误差和容许误差

（一）极限误差

由偶然误差的特性(1)可知，在一定的观测条件下，偶然误差的绝对值不会超过一定

的限值,这个限值就是极限误差。标准差或中误差是衡量观测精度的一种指标,它们不能代表个别观测值真误差的大小,但从统计的意义上来讲,它们之间却存在着一定的联系。

根据式(6-3)和式(6-5)有

$$P(-\sigma < \Delta < \sigma) = \int_{-\delta}^{+\sigma} f(\Delta)\mathrm{d}\Delta = \frac{1}{\sigma\sqrt{2\pi}} \int_{-\delta}^{+\sigma} \mathrm{e}^{-\frac{\Delta^2}{2\sigma^2}} \mathrm{d}\Delta \approx 0.683$$

$$P(-2\sigma < \Delta < 2\sigma) = \int_{-2\delta}^{+2\sigma} f(\Delta)\mathrm{d}\Delta = \frac{1}{\sigma\sqrt{2\pi}} \int_{-2\delta}^{+2\sigma} \mathrm{e}^{-\frac{\Delta^2}{2\sigma^2}} \mathrm{d}\Delta \approx 0.955$$

$$P(-3\sigma < \Delta < 3\sigma) = \int_{-3\delta}^{+3\sigma} f(\Delta)\mathrm{d}\Delta = \frac{1}{\sigma\sqrt{2\pi}} \int_{-3\delta}^{+3\sigma} \mathrm{e}^{-\frac{\Delta^2}{2\sigma^2}} \mathrm{d}\Delta \approx 0.997$$

上列三式的概率含义是:在一组等精度观测值中,偶然误差出现在区间$(-\sigma, +\sigma)$、$(-2\sigma, +2\sigma)$、$(-3\sigma, +3\sigma)$内的概率分别为68.3%、95.5%、99.7%。

在测量工作中,要求对观测误差有一定的限值。若以m作为观测误差的限值,则将有近32%的观测会超过限值而被认为不合格,显然这样要求过分苛刻。而大于$3m$的误差出现的机会只有0.3%,在有限的观测次数中,实际上不大可能出现。所以可取$3m$作为偶然误差的极限值,称为极限误差,$\Delta_{极}=3m$。

(二)容许误差

在实际工作中,测量规范要求观测中不容许存在较大的误差,可由极限误差来确定测量误差的容许值,称为容许误差,即$\Delta_{容}=3m$。

当要求严格时,也可取2倍的中误差作为容许误差,即$\Delta_{容}=2m$。

如果观测值中出现了大于所规定的容许误差的偶然误差,则认为该观测值不可靠,应舍去不用或重测。

三、相对误差

真误差和中误差都有符号,并且有与观测值相同的单位,它们被称为绝对误差。绝对误差可用于衡量那些诸如角度、方向等的观测值的精度,其误差与观测值大小无关。但在某些测量工作中,绝对误差不能完全反映出观测的质量。例如,用钢尺测量长度分别为100m和200m的两段距离,若观测值的中误差都为±2cm,则不能认为两者的精度相等,显然后者要比前者的精度高,这时采用相对误差就比较合理。相对误差K等于误差的绝对值与相应观测值的比值。它是一个无名数,常用分子为1的分式表示,即

$$相对误差 = \frac{误差式的绝对值}{观测值} = \frac{1}{N}$$

当误差的绝对值为中误差m的绝对值时,K称为相对中误差,即

$$K = \frac{|m|}{D} = \frac{1}{\dfrac{D}{|m|}} \tag{6-11}$$

在上例中用相对误差来进行衡量,则两段距离的相对误差分别为1/5000和1/10000,后者精度较高。在距离测量中还常用往返测量结果的相对较差来进行检核,计算公式为

$$K = \frac{\left| D_{往} - D_{返} \right|}{D_{平均}} = \frac{\left| \Delta D \right|}{D_{平均}} = \frac{1}{\dfrac{D_{平均}}{\left| \Delta D \right|}} \tag{6-12}$$

工作任务3　误差传播定律

有些未知量往往不便于直接测定,而是由某些直接观测值通过一定的函数关系间接计算而得。例如,水准测量中,测站的高差是由前、后视读数计算得到的,即 $h=a-b$。又如,地面上两点间的坐标增量是根据直接测得的边长 D 与方位角 α,通过函数关系($\Delta x=D\cos\alpha$, $\Delta y=D\sin\alpha$)间接计算而得。前者的函数形式为线性函数,后者为非线性函数。

由于直接观测值包含误差,因而它的函数必然受其影响而存在误差。阐述观测值中误差与函数的中误差之间关系的定律称为误差传播定律。下面就线性与非线性两种函数形式分别进行讨论。

一、线性函数的误差传播

线性函数的一般形式为

$$Z=k_1x_1\pm k_2x_2\pm\cdots\pm k_nx_n \tag{6-13}$$

式中: $x_1,x_2,\cdots,x_n$——n 个独立观测值,其中误差分别为 $m_1,m_2\cdots,m_n$;

$k_1,k_2\cdots,k_n$——常数。

设函数 Z 的中误差为 m_Z,下面推导观测值与函数值之间的中误差关系。为了推导简便,先以两个独立观测值进行讨论,则式(6-13)为

$$Z=k_1x_1\pm k_2x_2 \tag{6-13a}$$

若 x_1 和 x_2 的真误差为 Δx_1 和 Δx_2,则函数 Z 必有真误差 ΔZ,即

$$Z+\Delta Z=k_1(x_1+\Delta x_1)\pm k_2(x_2+\Delta x_2) \tag{6-13b}$$

式(6-13b)−式(6-13a),得

$$\Delta Z=k_1\Delta x_1\pm k_2\Delta x_2 \tag{6-13c}$$

对 x_1 和 x_2 进行 n 次观测,可得

$$\begin{cases} \Delta Z_1 = k_1(\Delta x_1)_1 \pm k_1(\Delta k_2)_1 \\ \Delta Z_2 = k_2(\Delta x_1)_2 \pm k_1(\Delta k_2)_2 \\ \quad\cdots \\ \Delta Z_n = k_1(\Delta x_1)_n \pm k_1(\Delta k_2)_n \end{cases} \tag{6-13d}$$

将式(6-13d)两边平方求和,并除以 n 得

$$\frac{(\Delta Z^2)}{n} = \frac{k_1^2[\Delta x_1^2]}{n} \pm \frac{k_2^2[\Delta x_2^2]}{n} \pm \frac{2k_1 k_2[\Delta x_1 \Delta x_2]}{n} \tag{6-13e}$$

由于 Δx_1 和 Δx_2 均为独立观测值的偶然误差,因此乘积 $\Delta x_1 \Delta x_2$ 也必然呈现偶然性。根据偶然误差的性质,有

$$\lim_{n \to \infty} \frac{k_1 k_2[\Delta x_1 \Delta x_2]}{n} = 0$$

根据中误差的定义,得中误差的关系式为

$$m_Z^2 = k_1^2 m_1^2 + k_2^2 m_2^2 \tag{6-14}$$

推而广之,可得线性函数中误差的关系式为

$$m_Z^2 = k_1^2 m_1^2 + k_2^2 m_2^2 + \cdots + k_n^2 m_n^2 \tag{6-15}$$

二、非线性函数的误差传播

非线性函数即一般函数,其形式为

$$Z = f(x_1, x_2, \cdots, x_n) \tag{6-16}$$

式中:$x_1, x_2, \cdots, x_n$——n 个独立观测值。

对式(6-16)取全微分,得

$$\mathrm{d}Z = \frac{\partial f}{\partial x_1}\mathrm{d}x_1 + \frac{\partial f}{\partial x_2}\mathrm{d}x_2 + \cdots + \frac{\partial f}{\partial x_n}\mathrm{d}x_n \tag{6-16a}$$

因误差 Δx_i、ΔZ 都很小,故上式 $\mathrm{d}x_i$、$\mathrm{d}Z$ 可以用 Δx_i、ΔZ 代替,于是有

$$\Delta Z = \frac{\partial f}{\partial x_1}\Delta x_1 + \frac{\partial f}{\partial x_2}\Delta x_2 + \cdots + \frac{\partial f}{\partial x_n}\Delta x_n \tag{6-16b}$$

式中:$\dfrac{\partial f}{\partial x_i}(i=1,2,\cdots,n)$——函数 Z 对各自变量的偏导数。

以观测值代入,所得的值为常数,因此式(6-16b)是线性函数的真误差关系式,仿式(6-15),得函数 Z 的中误差为

$$m_Z^2 = \left(\frac{\partial f}{\partial x_1}\right)^2 m_1^2 + \left(\frac{\partial f}{\partial x_2}\right)^2 m_2^2 + \cdots + \left(\frac{\partial f}{\partial x_n}\right)^2 m_n^2 \tag{6-17}$$

常用函数的中误差关系式均可由一般函数中误差关系式导出。常用函数中误差关系式如表6-2所示。

常用函数的中误差关系式 表6-2

函数名称	函数关系式	常数	中误差关系式
一般函数	$Z = f(x_1, x_2, \cdots, x_n)$	$\dfrac{\partial f}{\partial x_i}$	$m_Z^2 = \left(\dfrac{\partial f}{\partial x_1}\right)^2 m_1^2 + \left(\dfrac{\partial f}{\partial x_2}\right)^2 m_2^2 + \cdots + \left(\dfrac{\partial f}{\partial x_n}\right)^2 m_n^2$
线性函数	$Z = k_1 x_1 \pm k_2 x_2 \pm \cdots \pm k_n x_n$	k_i	$m_Z^2 = k_1^2 m_1^2 + k_2^2 m_2^2 + \cdots + k_n^2 m_n^2$
倍数函数	$Z = kx$	k	$m_Z = km$

函数名称	函数关系式	常数	中误差关系式
和差函数	$Z = x_1 x_2$	1	$m_Z^2 = m_1^2 m_2^2$，当 $m_1 = m_2 = m$ 时，$m_Z = \pm\sqrt{2}\,m$
	$Z = x_1 \pm x_2 \pm \cdots \pm x_n$	1	$m_Z^2 = m_1^2 + m_2^2 + \cdots + m_n^2$，当 $m_i = m$ 时，$m_Z = \pm\sqrt{n}\,m$
算术平均值	$Z = \dfrac{1}{n}(x_1 \pm x_2 \pm \cdots \pm x_n)$	$\dfrac{1}{n}$	$m_Z = \dfrac{1}{m_1^2 + m_2^2 + \cdots + m_n^2}$，当 $m_i = m$ 时，$m_Z = \pm\dfrac{m}{\sqrt{n}}$
	$Z = \dfrac{1}{2}(x_1 \pm x_2)$	$\dfrac{1}{2}$	$m_Z = \dfrac{1}{2}\sqrt{m_1^2 + m_2^2}$，当 $m_i = m$ 时，$m_Z = \pm\dfrac{m}{\sqrt{2}}$

例6-2 自水准点 BM_1 向水准点 BM_2 进行水准测量（图6-4），设各段所测高差及中误差分别为：$h_1=3.584m\pm5mm$，$h_2=5.234m\pm4mm$，$h_3=7.265m\pm3mm$，求 BM_1、BM_2 两点间的高差及中误差。

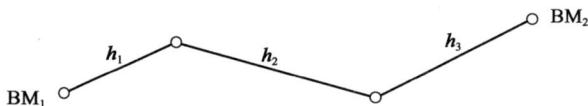

图6-4 水准路线中误差算例图

解 BM_1、BM_2 两点间的高差为

$$h=h_1+h_2+h_3=16.083m$$

两点间高差中误差为

$$m_h = \sqrt{m_1^2 + m_2^2 + m_3^2} = \sqrt{5^2 + 4^2 + 3^2}\ mm \approx \pm7.1mm$$

例6-3 一直线 AB 的长度 $D=215.463m\pm0.005m$，方位角 $\alpha=119°45'00''\pm6''$，求直线端点 B 的点位中误差（图6-5）。

解 坐标增量的函数式为

$$\Delta x=D\cos\alpha,\ \Delta y=D\sin\alpha$$

设 $m_{\Delta x}$、$m_{\Delta y}$、m_D、m_α 分别为 Δx、Δy、D、α 的中误差。将以上两式对 D 及 α 求偏导数，得

$$\frac{\partial(\Delta x)}{\partial D} = \cos\alpha,\ \frac{\partial(\Delta x)}{\partial \alpha} = -D\sin\alpha$$

$$\frac{\partial(\Delta y)}{\partial D} = \sin\alpha,\ \frac{\partial(\Delta y)}{\partial \alpha} = D\cos\alpha$$

由式（6-14）得

$$m_{\Delta x}^2 = (\cos\alpha)^2 m_D^2 + (-D\sin\alpha)^2\left(\frac{m_\alpha}{\rho''}\right)^2$$

$$m_{\Delta y}^2 = (\sin\alpha)^2 m_D^2 + (D\cos\alpha)^2\left(\frac{m_\alpha}{\rho''}\right)^2$$

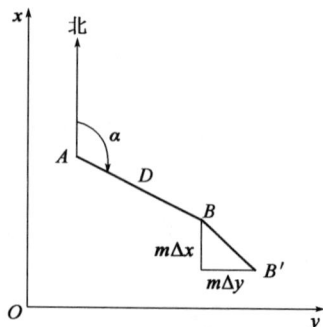

图6-5 点位中误差示意图

由图6-5可知 B 点的点位中误差为

$$m^2 = m_{\Delta x}^2 + m_{\Delta y}^2 = m_D^2 + \left(D \frac{m_\alpha}{\rho''} \right)^2$$

所以,

$$m = \sqrt{m_D^2 + \left(D \frac{m_\alpha}{\rho''} \right)^2}$$

将 $m_D = \pm 5\text{mm}$, $m_\alpha = \pm 6''$, $\rho'' = 206265''$, $D = 215.463\text{m}$ 代入上式得

$$m = \sqrt{5^2 + \left(215.463 \times 1000 \times \frac{6}{206625} \right)^2} \approx \pm 8(\text{mm})$$

课后
思考题

6-1 测量误差产生的原因有哪些?

6-2 什么是系统误差和偶然误差? 各有什么特点?

6-3 普通水准尺的最小分划为1cm,估读水准尺mm位的误差属于什么误差?

6-4 在相同的观测条件下,对某段距离丈量了5次,各次丈量的长度分别为:139.413m、139.435m、139.420m、139.428m、139.444m。试求:

(1)距离的算术平均值;

(2)观测值的中误差;

(3)算术平均值的中误差;

(4)算术平均值的相对中误差。

项目6 课后思考题答案

项目 7
ITEM SEVEN

道路测量

道路测量是道路工程在勘测设计和施工、运营管理阶段所进行的测量工作的总称。

道路测量的目的是确定道路路线的空间位置。在勘测设计阶段,主要是为工程设计提供充分、详细的地形资料;在施工建造阶段,是将道路中线(包括直线和曲线)及其构筑物按设计要求的位置、形状和规格,准确测设于地面;在运营管理阶段,是检查、监测道路的运营状态,并为道路上各种构筑物的维修、养护、改建、扩建提供资料。

工作任务1 道路测量概述

学习目标

掌握道路平、纵、横测量的任务和过程。

相关知识

一、道路测量的任务和内容

整个道路平、纵、横测量工作包括下列内容:

(1)收集规划设计区域内各种比例尺地形图、平面图和断面图资料,收集沿线水文、地质以及控制点等有关资料。

(2)根据工程要求,利用已有地形图,结合现场勘察,在中、小比例尺图上确定规划路线走向,编制比较方案等初步设计。

(3)根据设计方案在实地标出路线的基本走向,沿着基本走向进行控制测量,包括平面控制测量和高程控制测量。

(4)结合路线工程的需要,沿着基本走向测绘带状地形图。测图比例尺根据不同工程的实际要求,参考相应的设计及施工规范选定。

(5)根据设计图纸把路线中心线上的各类点位测设到地面上,称为中线测量。中线测量的各类点位包括路线起止点、转折点、曲线主点和路线中心里程桩、加桩等。

(6)根据工程需要测绘路线纵断面图和横断面图。比例尺则依据不同工程的实际要求选定。

(7)根据路线工程的详细设计进行施工测量。

(8)工程竣工后,按照工程实际现状测绘竣工平面图和断面图。

二、道路测量的基本过程

道路测量的基本过程包括路线勘测设计测量和道路施工测量。

(一)路线勘测设计测量

路线勘测设计测量一般分为初测和定测两个阶段。

(1)初测阶段的任务:在路线可能经过的范围内布设导线,测量路线带状地形图和纵断面图,收集沿线地质、水文等资料,作纸上定线或现场定线,编制比较方案,为初步设计提供依据。

(2)定测阶段的任务:在选定设计方案的路线上测量路线中线、高程、横断面、纵断面,进行桥涵、路线交叉、沿线设施、环境保护等资料调查,为施工图设计提供资料。高速公路、一级公路采用分离式路基时,应按各自的中线分别进行定测。

(二)道路施工测量

道路设计完成后,须按照设计图纸测设或恢复道路中线、测设路基边桩和竖曲线;工程逐项完工后进行竣工验收测量,为工程竣工后的使用和养护提供基础资料。

工作任务2 道路中线的直线测量

学习目标

掌握路线交点和转点的测设方法;会进行路线转角的测定和计算;熟悉里程桩的设置。

工作任务

任务描述:在地面上测设路线中线的直线部分,只需定出直线上若干点,即可确定这一直线的位置,中线的直线测量主要工作是:测设中线交点JD和转点ZD,量距和钉桩,测量路线各转角α等。

测量依据:《公路勘测规范》(JTG C10—2007)。

任务实施

一、道路平面几何线形

道路是一个空间三维的工程结构物,它的中线是一条空间曲线,其在水平面上的投影就是平面线形。由于受到地形、水文、地质等因素的影响,路线前进的方向必然发生改变。为了满足行车要求,需要用适当的曲线把前、后直线连接起来,这种曲线称为平曲线。平曲线包括圆曲线与缓和曲线。道路平面线形由直线、圆曲线、缓和曲线3个要素组成。

圆曲线是具有一定曲率半径的圆弧。缓和曲线(回旋线)是在直线与圆曲线之间或在两不同半径的圆曲线之间设置的曲率连续变化的曲线。我国公路缓和曲线采用回旋线的形式表示,如图7-1所示。

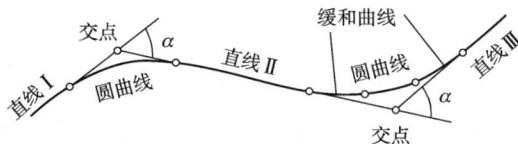

图7-1 道路平面线形的组成

道路中线测量是实地测设道路中线的平面位置,并标定出其里程,以供设计和施工之用。道路中线测量也称为中桩放样,是道路工程测量的主要内容。

中线测量的主要工作包括:测设中线交点JD和转点ZD,量距和钉桩,测量路线各转角α,测设曲线等。其中JD和ZD为公路测量符号。《公路勘测规范》(JTG C10—2007)对公路测量符号有统一规定。常用符号见表7-1。

公路桩位汉语拼音缩写 表7-1

标志名称	简称	汉语拼音缩写	英语缩写
交点	—	JD	IP
转点	—	ZD	TP
圆曲线起点	直圆点	ZY	BC
圆曲线中点	曲中点	QZ	MC
圆曲线终点	圆直点	YZ	EC
复曲线公切点	公切点	GQ	CP
第一缓和曲线起点	直缓点	ZH	TS
第一缓和曲线终点	缓圆点	HY	SC
第二缓和曲线起点	圆缓点	YH	CS
第二缓和曲线终点	缓直点	HZ	ST

二、路线交点和转点的测设

两相邻直线方向的交点,称为路线的转折点,也称转向点。路线的各交点(包括起点和终点)是布设路线、详细测设直线和曲线的基本控制点。

对于低等级公路,一般采用现场标定的方法。对于高等级公路,一般先在初测的带状地形图上进行纸上定线,然后将图上确定的交点位置标定在实地。

定线测量中,当相邻两交点互不通视或直线较长时,需要在其连线上测定一个或几个转点,以便在交点测量转折角和直线量距时作为照准和定线的目标。直线上一般每隔200~300m设一转点。另外,在路线和其他道路交叉处,以及路线上需设置桥、涵等构筑物处也要设置转点。

(一)交点的测设

1. 根据与地物的关系测设交点

如图7-2所示,JD_{12}的位置已在地形图上选定,可先在图上量出JD_{12}到两房角和电杆的距离,在现场根据相应的地物,用距离交会法测设出JD_{12}。

2. 根据导线点和交点的设计坐标测设交点

根据附近导线点和交点的设计坐标,反算出有关测设数据,根据极坐标法、角度交会法或距离交会法测设出交点。如图7-3所示,根据导线点6、7和JD_1三点的坐标,反算出方位角,进而求出β,再根据反算出的6点到JD_1之间的距离D,按极坐标法测设JD_1。

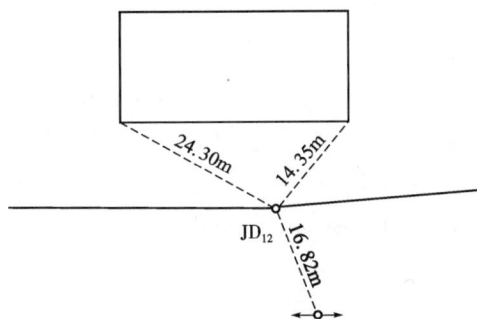

图7-2 根据地物测设交点   图7-3 根据坐标测设交点

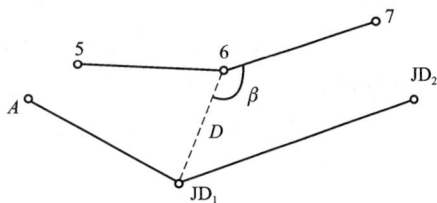

按上述方法依次测设各交点时,由于测量和绘图过程中可能存在误差,测设交点越多,距离越远,误差积累就越大。因此,在测设一定里程后,应和附近导线点联测。联测闭合差限差与初测导线相同。限差符合要求后,应进行闭合差的调整。

3. 穿线交点法测设交点

穿线交点法是利用图上就近的导线点或地物点与纸上定线的直线段之间的角度和距离关系,用图解法求出测设数据,通过实地的导线点或地物点,把中线的直线段独立地测设到地面上,然后将相邻直线延长相交,定出地面交点桩的位置。其程序是:放点→穿线→交点。

（1）放点。

放点常用的方法有极坐标法和支距法。

①极坐标法。P_1、P_2、P_3、P_4为纸上定线的某直线段欲放的临时点。在图上以附近的导线点4、5为依据，用量角器和比例尺分别量出放样数据。实地放点时，可用经纬仪和皮尺分别在4、5点处按极坐标法定出各临时点的位置，如图7-4所示。

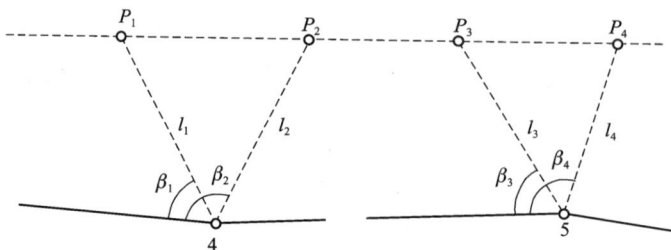
图7-4　极坐标法放点

②支距法。按支距法放出中线上的各临时点P_1、P_2、P_3、P_4，即在图上从导线点14、15、16、17作导线边的垂线，分别与中线相交得各临时点，用比例尺量取各相应的支距l_1、l_2、l_3、l_4。在现场以相应导线点为垂足，用方向架标定垂线方向，按支距测设出相应的各临时点，如图7-5所示。

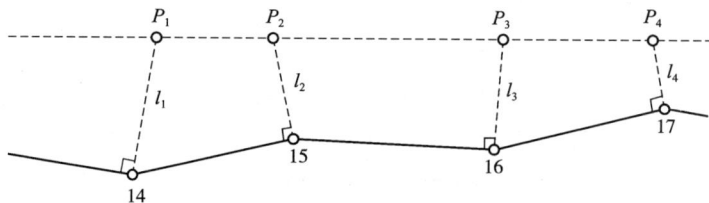
图7-5　支距法放点

（2）穿线。

放出的各临时点理论上应在一条直线上，由于图解数据和测设工作均存在误差，实际上它们并不严格在一条直线上。在这种情况下可根据现场实际情况，采用目估法或经纬仪视准法穿线，通过比较和选择，定出一条尽可能多地穿过或靠近临时点的直线AB，如图7-6所示。最后在A、B点或其所确定的方向上打下2个以上的转点桩，取消临时点桩。

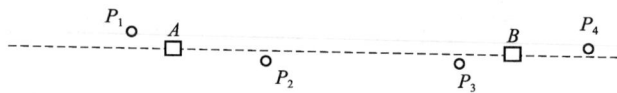
图7-6　穿线

（3）交点。

当两条相交的直线AB、CD在地面上确定后，可进行交点。将经纬仪置于B点瞄准A点，倒镜，在视线上接近交点JD的概略位置前后打下两桩（骑马桩）。采用正倒镜分中法在该两桩上定出a、b两点，并钉以小钉，挂上细线。将仪器搬至C点，采用相同的方法定出c、d点，也钉以小钉，挂上细线。在两细线的相交处打下木桩，并钉以小钉，得到JD点，如图7-7所示。

（二）转点的测设

当两交点间距离较远但尚能通视或已有转点需加密时，需要在其连线上测设一点或数点，以供交点、测转折点、量距或延长直线时作瞄准使用,这样的点称为转点。可采用经纬仪直接定线或经纬仪正倒镜分中法测设转点。当相邻两交点互不通视时,可用下述方法测设转点。

1. 两交点间设转点

如图7-8所示,JD_5、JD_6为相邻而互不通视的两个交点,ZD'为初定转点。将经纬仪置于ZD',用正倒镜分中法延长直线JD_5—ZD'—JD_6'。设JD_6'与JD_6的偏差为f,用视距法测定a、b,则ZD'应横向移动的距离e可按式(7-1)计算:

$$e = \frac{a}{a+b} f \tag{7-1}$$

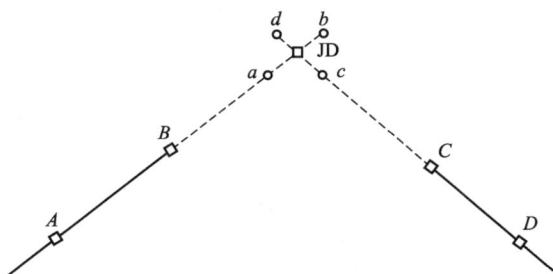

图7-7 交点

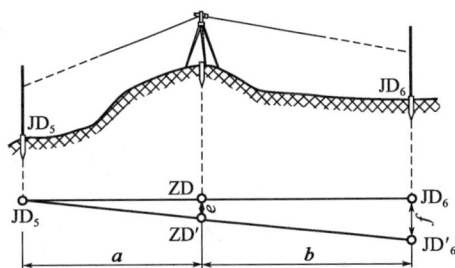

图7-8 两交点间设转点

将ZD'按e值移至ZD,在ZD上安置经纬仪,按上述方法逐渐趋近,直至符合要求为止。

2. 延长线上设转点

在图7-9中,JD_8、JD_9互不通视,可在其延长线上初定转点ZD'。将经纬仪置于ZD'处,用正倒镜照准JD_8,分别以相同水平度盘位置俯视JD_9,在JD_9点附近得两点后取其中点得JD_9'。若JD_9'与JD_9重合或偏差值e在容许范围之内,即可将ZD'作为转点;否则应重设转点,量出e值,用视距法测出a、b,则ZD'应横向移动的距离f可按式(7-2)计算:

$$e = \frac{a}{a-b} f \tag{7-2}$$

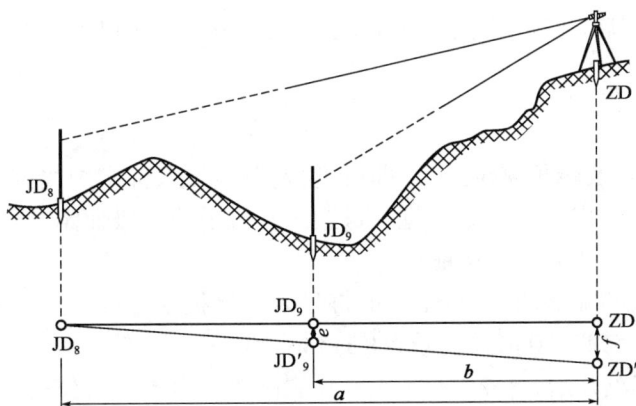

图7-9 延长线上设转点

将ZD'按e值移至ZD。重复上述方法,直至符合要求为止。

三、路线转角的测定

在路线转折处,为了测设曲线,需要测定转角。转角又称偏角,是路线由一个方向偏转至另一方向时,偏转后的方向与原方向间的夹角,常用 α 表示,见图7-10。转角有左右之分,偏转后方向位于原方向左侧的称左偏角 α_L;位于原方向右侧的称右偏角 α_R。在路线测量中,通常是观测路线的右角 β,由图7-10可知:当 $\beta<180°$ 时为右转角,表示路线向右偏转;当 $\beta>180°$ 时为左转角,表示路线向左偏转。计算转角的公式为

$$\begin{cases} \alpha_R = 180° - \beta \\ \alpha_L = \beta - 180° \end{cases} \tag{7-3}$$

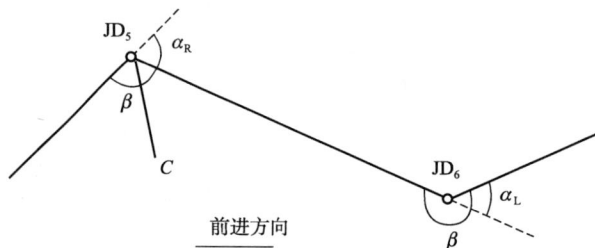

图7-10 路线的转角

《公路勘测规范》(JTG C10—2007)中规定,右角的观测通常用经纬仪测回法观测一测回,两半测回间应变动度盘位置,高速公路、一级公路角值相差小于 $\pm20''$ 时取平均,取位至 $1''$;二级及二级以下公路角值相差小于 $\pm60''$ 时取平均,取位至 $30''$。

根据曲线测设的需要,在右角测定后,要求在不变动水平度盘位置的情况下,定出 β 角的分角线方向,图7-10中以 C 点标定,以便将来测设曲线中点。设测角时,后视方向的水平度盘读数为 a,前视方向的读数为 b,分角线方向的水平度盘读数为 c,则

$$c = \frac{a+b}{2} \tag{7-4}$$

此外,在角度观测后,还须用测距仪测定相邻交点间的距离,以供中桩量距人员检核。

四、里程桩的设置

在路线交点、转点及转角测定之后,即可进行实地量距、标定中线位置、设置里程桩。里程桩设置的主要工作是定线、量距、打桩。量距工具视道路等级而定,等级高的公路,宜用测距仪或钢尺;简易公路,可用皮尺或绳尺。

里程桩分为整桩和加桩两种,每个桩的桩号表示该桩距路线起点的里程。例如,某加桩距路线起点的距离为5146.70m,其桩号为K5+146.70。

整桩是由路线起点开始,每隔20m或50m设置一桩。百米桩与公里桩均属整桩。

加桩分为地形加桩、地物加桩、曲线加桩和关系加桩,见图7-11。地形加桩是指沿中线地面起伏变化、横向坡度变化处,以及天然河沟处所设置的里程桩;地物加桩是指沿中线有人工构筑物的地方,如桥梁、涵洞处,路线与其他公路、铁路、渠道、高压线等交叉处,拆迁建筑物处,以

及土壤地质变化处加设的里程桩;曲线加桩是指曲线上设置的主点桩,如圆曲线起点(ZY)、圆曲线中点(QZ)、圆曲线终点(YZ);关系加桩是指路线上的转点(ZD)桩和交点(JD)桩。

钉桩时,对于交点桩、转点桩、曲线主点桩、重要地物加桩(如桥、隧位置桩),均打下断面为6cm×6cm的方桩,见图7-12,桩顶钉以中心钉,桩顶露出地面约2cm,在其旁钉2.5cm×6cm的指示桩。交点的指示桩应钉在圆心和交点连线处约20cm处,字面朝向交点。曲线主点的指示桩字面朝向圆心。其余里程桩一般使用板桩,一半露出地面,以便书写桩号,桩号要面向路线起点方向。

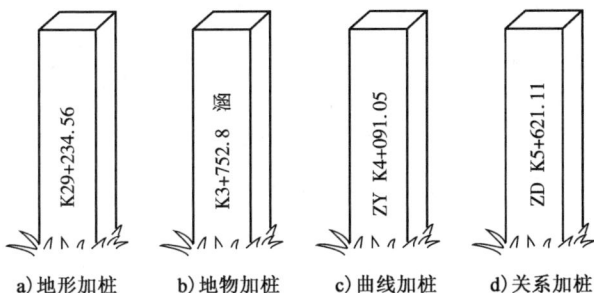

图7-11 加桩

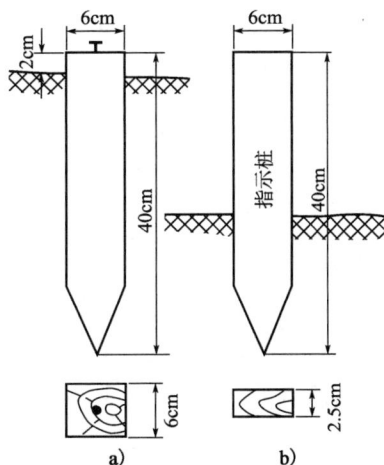

图7-12 方桩

工作任务3 圆曲线及其测设

学习目标

了解圆曲线测设的方法和计算步骤;会进行圆曲线主点测设元素的计算和主点里程的计算;能进行完整的圆曲线测设。

工作任务

任务描述:当路线由一个方向转向另一个方向时,应用曲线连接。其中圆曲线是路线转向常用的一种曲线形式,它是由一定半径的圆弧所构成的曲线。

圆曲线的测设一般分两步进行:

第一步,定出圆曲线上起控制作用的点,称为圆曲线的主点测设,即测设圆曲线的起点(ZY)、中点(QZ)、终点(YZ)。

第二步,在已测定的主点之间加密,按规定的桩距定出圆曲线上的其他各点,完整地标定出圆曲线的位置,称为圆曲线的详细测设。

测量依据:《公路勘测规范》(JTG C10—2007)。

任务设施

一、圆曲线主点测设

（一）主点测设元素的计算

如图7-13所示，圆曲线起点（ZY）、圆曲线中点（QZ）、圆曲线终点（YZ）统称为圆曲线的主点。可根据图上标注的偏角 α 和设计曲线半径 R，用式（7-5）计算圆曲线的切线长 T、曲线长 L、外距 E 及切曲差 D，即

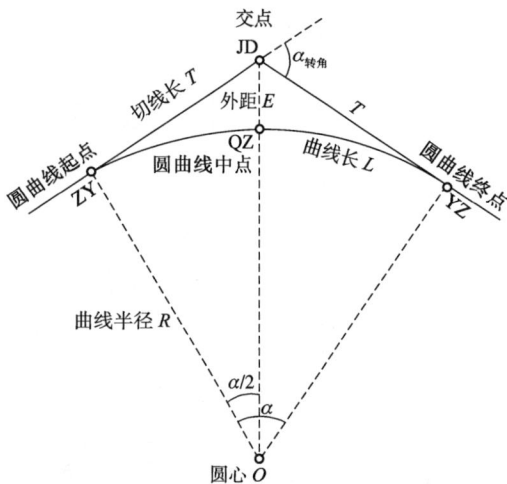

图7-13 圆曲线测设元素

$$\begin{cases} T = R \cdot \tan\dfrac{\alpha}{2} \\ L = R\alpha\dfrac{\pi}{180°} \\ E = R \cdot \left(\sec\dfrac{\alpha}{2} - 1\right) \\ D = 2T - L \end{cases} \quad (7\text{-}5)$$

（二）主点桩号的计算

曲线主点 ZY、QZ、YZ 的桩号根据 JD 桩号和曲线测设元素计算，计算公式为

$$\begin{cases} ZY桩号 = JD桩号 - T \\ YZ桩号 = ZY桩号 + L \\ QZ桩号 = YZ桩号 - \dfrac{L}{2} \\ JD桩号 = QZ桩号 + \dfrac{D}{2} \end{cases} \quad (7\text{-}6)$$

例7-1 设 JD 的桩号为 K3+182.76，若 $\alpha_R=25°48'10''$，设计曲线半径为 $R=300$m，求曲线测设元素及圆曲线起点 ZY、圆曲线中点 QZ 和圆曲线终点 YZ 的桩号。

解 按式（7-5）计算得

$$T=300\times\tan\frac{25°48'10''}{2}=68.717\text{m}$$

$$L=300\times25°48'10''\times\frac{\pi}{180°}=135.103\text{m}$$

$$E=300\times\left(\sec\frac{25°48'10''}{2} - 1\right)=7.769\text{m}$$

$$D=2\times68.717-135.103=2.331\text{m}$$

圆曲线起点 ZY 桩号=K3+182.76-68.717=K3+114.043

圆曲线终点 YZ 的桩号=K3+114.043+135.103=K3+249.146

圆曲线中点 QZ 桩号=K3+249.146-135.103/2=K3+181.595

JZ 桩号=K3+181.595+2.331/2=K3+182.760(检核无误)

(三)主点的测设

1. 测设圆曲线起点

置经纬仪于 JD 点,照准后一方向线的交点或转点,沿此方向测设切线长 T,得圆曲线起点桩 ZY,插一测钎。测量 ZY 至最近一个直线桩的距离,如两桩号之差在相应的容许范围内,可用方桩在测钎处打下 ZY 桩。

2. 测设圆曲线终点

将望远镜照准前一方向线相邻的交点或转点,沿此方向测设切线长 T,得曲线终点,打下 YZ 桩。

3. 测设圆曲线中点

沿测定路线转角时所定的分角线方向,量取外距 E,打下圆曲线中点桩 QZ。

二、圆曲线的详细测设

在圆曲线的主点测设完成后,即可进行圆曲线的详细测设。

(一)切线支距法

切线支距法是以圆曲线起点(ZY)或终点(YZ)为原点,切线为 x 轴,过原点的半径方向为 y 轴,根据坐标 x、y 来测设曲线上各桩点 P_j,如图 7-14 所示。测设时分别从曲线的起点和终点向中点各测设曲线的一半。

一般采用整桩号法设桩,即将曲线上靠近原点的第一个桩的桩号凑整成为整桩号。然后按规定的桩距 l_0 连续向曲线中点设桩。这样设置的桩的桩号均为整数。

(1)计算公式。

如图 7-14 所示,设 P_j 为曲线上欲测设的点位,则其坐标按式(7-7)计算:

$$\begin{cases} x_j = R\sin\varphi_j \\ y_j = R(1 - \cos\varphi_j) \end{cases} \qquad (7\text{-}7)$$

式中:φ_j——l_j 所对的圆心角,$\varphi_j = \dfrac{l_j \cdot 180°}{R\pi}$;

l_j——各点至原点的弧长(里程)。

例 7-2 在例 7-1 中,若采用切线支距法,并按整桩号设桩,试计算各桩的坐标。

在例 7-1 中已计算出圆曲线的主点里程,在此基础上按整桩号法列出详细测设的桩号,并计算其坐标。具体计算见表 7-2。

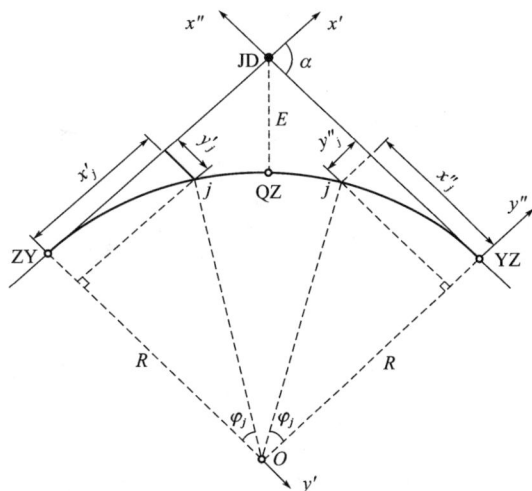

图 7-14 切线支距法测设圆曲线

切线支距法坐标计算表 　　表7-2

曲线桩号		ZY 或 YZ 至桩曲线长 （m）	圆心角 （°）	x坐标 （m）	y坐标 （m）
ZY	K3+114.043	0.000	0	0.000	0.000
	K3+120.000	5.957	1.1376700	5.956	0.059
	K3+140.000	25.957	4.9573886	25.924	1.122
	K3+160.000	45.957	8.7771072	45.777	3.513
	K3+180.000	65.957	12.5968259	65.427	7.221
QZ	K3+181.595	67.552	12.9013889	66.982	7.573
	K3+200.000	49.146	9.3862333	48.927	4.017
	K3+220.000	29.146	5.5665146	29.100	1.415
	K3+240.000	9.146	1.7467960	9.145	0.139
YZ	K3+249.146	0.000	0	0.000	0.000

（2）施测步骤。

①从 ZY（或 YZ）点开始用钢尺沿切线方向量取 P_j 点的横坐标 x_j，得垂足点，用测钎作标记。

②在各垂足点上用方向架或经纬仪定出切线的垂直方向，沿垂线方向量出纵坐标 y_j，定出曲线点 P_j。

③直至测设至 QZ 点，用此法测得的 QZ 点位应与预先测定的 QZ 点位相符，作为检核。同时应量取相邻各桩之间的距离，并与相应的桩号之差作比较，若闭合差均在限差之内，则曲线测设合格；否则应查明原因，予以纠正。

（二）偏角法

偏角法是一种类似于极坐标法的测设曲线上点位的方法。它的原理是利用圆曲线起点或终点至曲线上任一点 P_i 的弦线与切线 T 之间的弦切角（偏角）Δ_i 和弦长 c 来确定 P_i 点的位置，见图7-15。

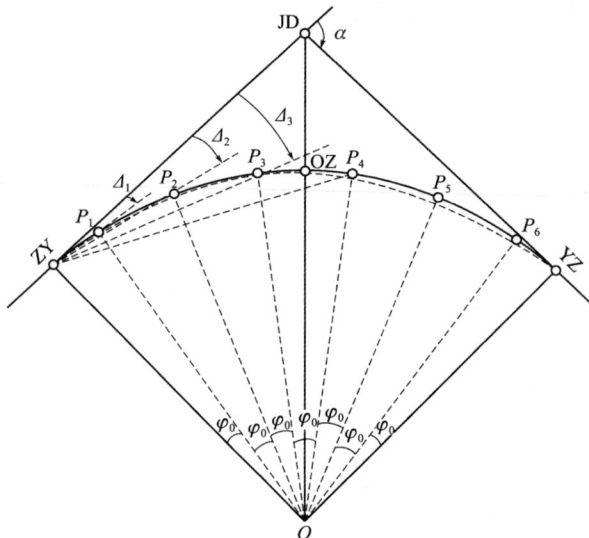

图7-15　偏角法测设圆曲线

（1）计算公式。

根据几何原理，偏角 Δ 应等于相应弧长 l 或弦长 c 所对的圆心角 φ 的一半，Δ、l、c 和曲线半径 R 的关系为

$$\Delta = \frac{\varphi}{2} = \frac{l}{2R}\rho'' \tag{7-8}$$

$$c = 2R \cdot \sin\Delta \tag{7-9}$$

偏角法测设曲线，一般采用整桩号法，按规定的弧长 l_0 设桩。由于曲线起、终点多为非整桩号，除首、尾段的弧长小于 l_0 外，其余桩距均为 l_0。

例7-3 在例7-1中，采用偏角法，并按整桩号设桩计算各桩的偏角和弦长。

设曲线由ZY向YZ点测设，具体计算见表7-3。

偏角法坐标计算表　　　　　　　　表7-3

曲线桩号		ZY至桩的曲线长 （m）	偏角 （°）	弦长 （m）	相邻桩间弦长 （m）
ZY	K3+114.043	0.000	0	0.000	—
	K3+120.000	5.957	0.568835	5.957	5.957
	K3+140.000	25.957	2.4786943	25.949	19.996
	K3+160.000	45.957	4.3885536	45.912	19.996
	K3+180.000	65.957	6.2984129	65.824	19.996
QZ	K3+181.595	67.552	6.4506944	67.409	—
	K3+200.000	85.957	8.2082722	85.663	19.996
	K3+220.000	105.957	10.118132	105.407	19.996
	K3+240.000	125.957	12.027991	125.034	19.996
YZ	K3+249.146	135.103	12.901389	133.964	9.146

（2）测设步骤。

①将经纬仪置于ZY点，盘左时照准JD点，使水平度盘读数为 $0°00'00''$。

②转动照准部，正拨（顺时针方向转动）使水平度盘读数为 Δ_1，沿此方向从ZY点量弧长 l_1 所对应的弦长 c_1，定曲线上的第一个整桩 P_1。

③转动照准部，正拨使水平度盘读数为 Δ_2，沿此方向从ZY点量弧长 l_2 所对应的弦长 c_2，定曲线上的第二个整桩 P_2。

④以此类推，测设出各整桩点，直至测设至YZ点，使水平度盘读数为 Δ_{YZ}，沿此方向从ZY点量弧长 l_{YZ} 所对应的弦长 c_{YZ}，定出的YZ点位应与测设曲线主点时定出的YZ点位相符，如不相符，其闭合差应该符合表7-4中的规定。

曲线测量闭合差　　　　　　　　表7-4

公路等级	纵向闭合差		横向闭合差（cm）		曲线偏角闭合差 （″）
	平原微丘区	山岭重丘	平原微丘区	山岭重丘	
高速公路、一级公路	1/2000	1/1000	10	10	60
二级及二级以下公路	1/1000	1/500	10	15	120

工作任务4　缓和曲线及其测设

学习目标

了解缓和曲线的测设方法和计算步骤;会进行缓和曲线主点测设元素的计算和主点里程的计算;能进行完整的平曲线的测设。

工作任务

任务描述:缓和曲线是指连接直线和圆曲线的过渡曲线。缓和曲线的曲率半径由无穷大逐渐变化为圆曲线的半径。在缓和曲线上任一点的曲率半径与该点至起点的曲线长度成反比。在圆曲线的两端加设等长的缓和曲线后,曲线主点则为:直缓点(ZH)、缓圆点(HY)、曲中点(QZ)、圆缓点(YH)和缓直点(HZ)。当已知圆曲线半径R、缓和曲线长l_s及转向角α时,曲线要素切线长T、外矩E、曲线长L和切曲差D等数值可通过计算得到,根据这些数据可以测设曲线主点。

测量依据:《公路勘测规范》(JTG C10—2007)。

任务实施

车辆从直线驶入圆曲线后,产生的离心力会影响车辆行驶的安全。为了减少离心力的影响,曲线上的路面要做成外侧高、内侧低呈单向横坡的形式,即弯道超高。为了符合车辆行驶的轨迹,使超高由零逐渐增加到一定值,在直线与圆曲线间插入一段半径由∞逐渐变化到R的曲线,这种曲线称为缓和曲线。

缓和曲线的线形有回旋曲线(亦称辐射螺旋线)、三次抛物线、双曲线等,目前多采用回旋曲线作为缓和曲线。我国交通运输部颁发的《公路工程技术标准》(JTG B01—2014)中规定:缓和曲线采用回旋曲线,缓和曲线的长度应大于或等于表7-5中的规定。

缓和曲线最小长度表　　　　　　　　　　　　　　表7-5

公路等级	高速公路				一级		二级		三级		四级	
设计速度(km/h)	120	100	80	60	100	80	80	60	60	40	30	20
缓和曲线长度(m)	100	85	70	50	85	70	70	50	50	35	25	20

一、回旋型缓和曲线基本公式

(一)主点测设元素的计算

如图7-16所示,A为缓和曲线的起点,设P为曲线上任一点,相应的弧长为l,曲率半径为ρ。

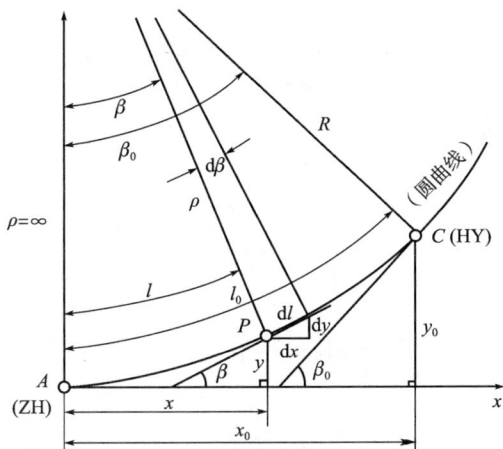

图7-16 回旋型缓和曲线(1)

回旋线上任一点的曲率半径与该点至曲线起点的弧长 l 成反比。其基本公式为

$$\rho l = c \tag{7-10}$$

式中：ρ——回旋线上某点的曲率半径，m；

    l——回旋线上该点到原点的曲线长，m；

    c——常数。

由于 ρl 是长度的二次方，故令 $A^2 = c$，A 表示曲率变化的缓急程度，因此在缓和曲线上，ρ 随 l 的变化而变化，在缓和曲线的终点处，$l = l_0$，$\rho = R$，则

$$Rl_0 = A^2 \tag{7-11}$$

式中：R——回旋线所连接的圆曲线半径，m；

    l_0——缓和曲线全长，m。

如图7-16所示，回旋线上任一点 P 的切线与 x 轴的夹角称为切线角 β，在 P 点取一微分弧段 $\mathrm{d}l$，所对的中心角为 $\mathrm{d}\beta$，于是

$$\mathrm{d}\beta = \frac{\mathrm{d}l}{\rho} = \frac{l \cdot \mathrm{d}l}{A^2}$$

积分得

$$\beta = \frac{l^2}{2A^2} = \frac{l^2}{2Rl_0} \tag{7-12}$$

在缓和曲线的终点处，$l = l_0$，β 用 β_0 表示，则式(7-12)可写为

$$\beta_0 = \frac{l_0}{2R} \tag{7-13}$$

式(7-13)表明，当曲线半径 R 一定时，选取的回旋线长 l_0 越大，回旋线偏角 β_0 也越大。

（二）缓和曲线的参数方程

如图7-16所示，以缓和曲线的起点为坐标原点，过该点的切线为 x 轴，过原点的半径为

y 轴,任取一点 P 的坐标为 (x,y),则微分弧长 $\mathrm{d}l$ 在坐标轴上的投影为

$$\begin{cases} \mathrm{d}x = \mathrm{d}l \cdot \cos\beta \\ \mathrm{d}y = \mathrm{d}l \cdot \sin\beta \end{cases} \tag{7-14}$$

将 $\cos\beta$、$\sin\beta$ 按级数展开,得

$$\cos\beta = 1 - \frac{\beta^2}{2!} + \frac{\beta^4}{4!} - \frac{\beta^6}{6!} + \cdots$$

$$\sin\beta = \beta - \frac{\beta^3}{3!} + \frac{\beta^5}{5!} - \frac{\beta^7}{7!} + \cdots$$

将式(7-12)代入上述展开式,则 $\mathrm{d}x$、$\mathrm{d}y$ 可写成

$$\mathrm{d}x = \left[1 - \frac{1}{2}\left(\frac{l^2}{2Rl_0}\right)^2 + \frac{1}{24}\left(\frac{l^2}{2Rl_0}\right)^4 - \frac{1}{720}\left(\frac{l^2}{2Rl_0}\right)^6 + \cdots\right]\mathrm{d}l$$

$$\mathrm{d}y = \left[\frac{l^2}{2Rl_0} - \frac{1}{6}\left(\frac{l^2}{2Rl_0}\right)^3 + \frac{1}{120}\left(\frac{l^2}{2Rl_0}\right)^5 - \frac{1}{5040}\left(\frac{l^2}{2Rl_0}\right)^7 + \cdots\right]\mathrm{d}l$$

积分,略去高次项得

$$\begin{cases} x = l - \dfrac{l^5}{40R^2l_0^2} \\ y = \dfrac{l^3}{6Rl_0} \end{cases} \tag{7-15}$$

当 $l=l_0$ 时,缓和曲线终点(HY)的坐标为

$$\begin{cases} x_0 = l_0 - \dfrac{l_0^3}{40R^2} \\ y_0 = \dfrac{l_0^2}{6R} \end{cases} \tag{7-16}$$

二、曲线要素计算

(一)内移值 p 与切线增值 q 的计算

如图7-17所示,在直线和圆曲线间插入缓和曲线段时,必须将原有的圆曲线向内移动距离 p,才能使缓和曲线起点与直线衔接,这时切线增长 q 值。公路勘测中,一般采用圆心不动的平行移动方法,即未设置缓和曲线时的圆曲线为弧 FG,其半径为 $(R+p)$;插入两段缓和曲线弧 AC、BD 时,圆曲线向内移,其保留部分为弧 $CMD=L'$,半径为 R,所对中心角为 $(\alpha-2\beta_0)$。测设时必须满足条件 $2\beta_0 \leqslant \alpha$,否则,应缩短缓和曲线长度或加大曲线半径,直至满足条件为止。由图(7-17)可知

$$p + R = y_0 + R\cos\beta_0, \quad p = y_0 - R(1 - \cos\beta_0)$$

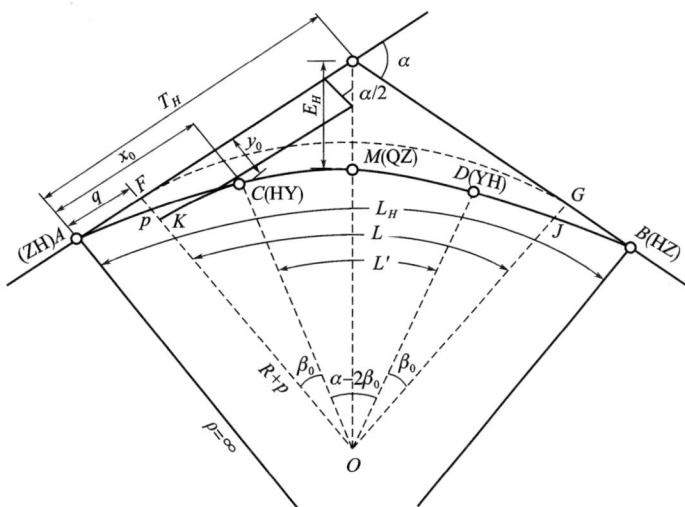

图 7-17　回旋型缓和曲线(2)

将 $\cos2\beta_0$ 按级数展开,略去高次项,并按式(7-13)、式(7-16)将 β_0 和 y_0 代入,则

$$p = \frac{l_0^2}{6R} - \frac{l_0^2}{8R} = \frac{l_0^2}{24R} = \frac{1}{4}y_0 \tag{7-17}$$

$q=AF=BG$,且有以下关系式:

$$q = x_0 - R\sin\beta_0$$

将 $\sin\beta_0$ 按级数展开,略去高次项,再按式(7-13)、式(7-16)将 β_0 和 x_0 代入,则

$$q = l_0 - \frac{l_0^3}{40R^2} - \frac{l_0}{2} + \frac{l_0^3}{48R^2} = \frac{l_0}{2} - \frac{l_0^3}{240R^2} \approx \frac{l_0}{2} \tag{7-18}$$

（二）测设元素的计算

在圆曲线上设置缓和曲线后,将圆曲线和缓和曲线作为一个整体考虑,如图7-17所示,具体测设元素如下:

切线长:

$$T_H = (R + p)\tan\frac{\alpha}{2} + q \tag{7-19}$$

曲线长:

$$\begin{cases} L_H = R(\alpha - 2\beta_0)\dfrac{\pi}{180°} + 2l_0 \\[2mm] L = R\alpha\dfrac{\pi}{180°} + l_0 \end{cases} \tag{7-20}$$

外距:

$$E_H = (R + p)\cdot\sec\frac{\alpha}{2} - R \tag{7-21}$$

切曲差（超距）:

$$D_H = 2T_H - L_H \tag{7-22}$$

当 α、R 和 l_0 确定后,即可按上述有关公式求出 β_0、p 和 q,再按上列诸式求出曲线元素值。

也可从曲线测设用表中查出圆曲线元素 T、L、E、D,再加上表中查出的缓和曲线尾加数 t、l_0、e 和 d,即可得到缓和曲线诸元素。

三、曲线主点测设

根据交点已知里程和曲线的元素值,即可按下列程序先计算出各主点里程:

直缓点:

$$ZH=JD-T_H$$

缓圆点:

$$HY=ZH+l_0$$

曲中点:

$$QZ=HY+L'/2$$

圆缓点:

$$YH=QZ+L'/2$$

缓直点:

$$HZ=YH+l_0$$

检核:

$$JD=HZ-T_H+D_H$$

主点 ZH、HZ、QZ 的测设方法同圆曲线主点的测设。HY 及 YH 点通常根据缓和曲线终点坐标值用切线支距法测设。

四、带有缓和曲线的平曲线的详细测设

(一)切线支距法

切线支距法是以缓和曲线起点(ZH)或终点(HZ)为坐标原点,以过原点的切线为 x 轴,过原点的半径为 y 轴,利用缓和曲线和圆曲线段上各点的坐标 x 设置曲线,如图7-18所示。

在缓和曲线段上各点坐标可按式(7-15)求得,即

$$x = l - \frac{l^5}{40R^2 l_0^2}, \quad y = \frac{l^3}{6R l_0}$$

圆曲线部分各点坐标的计算,因坐标原点是缓和曲线起点,可先按圆曲线公式计算出坐标 x'、y',再分别加上 q、p 的值,即可得到圆曲线上任一点 p 的坐标:

$$\begin{cases} x = x' + q = R\sin\varphi + q \\ y = y' + p = R(1 - \cos\varphi) + p \end{cases} \quad (7-23)$$

在道路勘测中,缓和曲线和圆曲线段上各点的坐标值,均可在曲线测设用表中查取。其测设方法与圆曲线切线支距法相同。

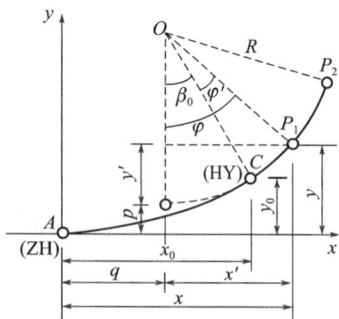

图7-18　切线支距法测设缓和曲线

（二）偏角法

如图7-19所示，设缓和曲线上任一点p至起点的弧长为l，偏角为δ，以弧代弦，则$\sin\delta = \dfrac{y}{l}$或$\delta = \dfrac{y}{l}$（因为$\delta$很小，$\delta \approx \sin\delta$）。

按式（7-15）将y代入，得

$$\delta = \frac{l^2}{6Rl_0} \tag{7-24}$$

以l_0代l，总偏角为

$$\delta_0 = \frac{l_0}{6R} \tag{7-25}$$

根据式（7-12）和式（7-24），则有

$$\delta = \frac{\beta}{3} \tag{7-26}$$

根据式（7-13）和式（7-25），则有

$$\delta_0 = \frac{\beta_0}{3} \tag{7-27}$$

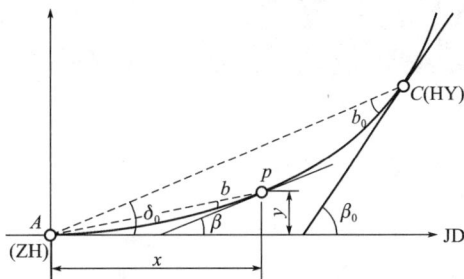

图7-19　偏角法测设缓和曲线

由图7-19可知

$$b = \beta - \delta = 2\delta \tag{7-28}$$
$$b_0 = \beta_0 - \delta_0 = 2\delta_0 \tag{7-29}$$

将式（7-24）除以式（7-25）得

$$\delta = \left(\frac{l}{l_0}\right)^2 \cdot \delta_0 \tag{7-30}$$

当R、l_0确定后，δ_0为定值，由此得出结论：缓和曲线上任一点的偏角，与该点至曲线起点的曲线长的平方成正比。

当用整桩距法测设时，即$l_2 = 2l_1$，$l_3 = 3l_1$，$\cdots$，根据式（7-30）可得相应各点的偏角：

$$\begin{cases} \delta_1 = \left(\dfrac{l_1}{1}\right)^2 \delta_0 \\ \delta_2 = 4\delta_1 \\ \delta_3 = 9\delta_1 \\ \cdots \\ \delta_n = n^2\delta_1 = \delta_0 \end{cases} \tag{7-31}$$

根据给定的已知条件，可通过公式计算或从曲线测设用表中查取相应于不同l的偏角值δ，从而得到测设数据。

测设方法如图7-19所示，置经纬仪于ZH（或HZ）点，后视交点JD或转点ZD，得切线方向，以切线方向为零方向，先拨出偏角δ_1，与分段弦长l相交定点1；再依次拨出δ_2，δ_3，$\cdots$诸偏角值，同时从已测定的点上，量出分段弦长与相应的视线相交定出2，3，$\cdots$各点。直到视线通过HY（或YH）点，检验合格为止。

测设圆曲线部分时，如图7-19所示，将经纬仪置于HY点，先定出HY点的切线方向，后视

ZH 点,配置水平度盘读数为 b_0(当路线为右转时,改用 $360°-b_0$),则当水平度盘读数为 $0°00'00''$ 时的视线方向即是 HY 的切线方向,倒转望远镜即可按圆曲线偏角法测设圆曲线上诸点。

工作任务5　道路纵、横断面测量

学习目标

了解基平测量、中平测量的方法和施测过程;能够正确完成某已知等级公路的基平测量和中平测量,并进行成果处理;理解道路纵断面图的图示内容;能进行道路横断面测量,能进行道路横断面图的绘制。

工作任务

路线测量中沿某一方向测量地面起伏的工作,一般分为纵断面测量和横断面测量。

纵断面测量又称为路线水准测量,它是测定道路中线里程桩(即中桩)的高程,绘制成中线纵断面图,供路线纵坡设计、计算中桩填挖尺寸之用,以解决路线在竖直面上位置的问题。

横断面测量是测定各中桩两侧垂直于中线的地面起伏情况,绘制成横断面图,供路线基础设计、计算土石方量及施工时放样边桩之用。

任务实施

道路纵断面测量

一、路线纵断面测量

为了提高测量精度和方便成果检查,路线纵断面测量可分两步进行:首先沿路线方向设置若干水准点,建立高程控制,称为基平测量;然后根据各水准点的高程,分段进行中桩水准测量,称为中平测量。基平测量一般按四等水准的精度要求,中平测量只作单程观测,可按普通水准精度要求。

（一）基平测量

水准点是路线高程测量的控制点,其至在勘测阶段、施工阶段都要长期使用,应选在地基稳固、易于引测以及施工时不易遭破坏的地方。

水准点分永久性和临时性两种。永久性水准点布设密度应视工程需要而定,在路线起点和终点、大桥两岸、隧道,以及需要长期观测高程的重点工程附近均应布设。永久性水准点要埋设标石,也可设在永久性建筑物上或用金属标志嵌在基岩上。临时性水准点的布设密度根据地形复杂程度和工程需要来定。在重丘陵和山区,每隔 0.5~1km 设置一个,在平原和微丘地区,每隔 1~2km 埋设一个。此外,在中、小桥,涵洞以及停车场等工程集中的地段均应设点。

基平测量时,应将起始水准点与附近国家水准点进行连测,以获得绝对高程。在沿线水准测量中,也应尽可能与附近国家水准点连测,以便获得更多的检核条件。若路线附近没有国家水准点或引测有困难,可参考地形图上量得的一个高程,将其作为起始水准点的假定高程。

各级公路及构造物的水准测量等级应按表2-1选定,各等水准测量的精度应符合表2-4中的规定。水准测量的技术要求应符合表2-2中的规定。

(二)中平测量

中平测量是以相邻的两个水准点为一测段,从一个水准点出发,逐点测定各中桩的地面高程,附合到下一个水准点上。中桩高程测量数据应取位至cm,其允许误差见表7-6。

中桩高程测量精度要求 表7-6

公路等级	闭合差(mm)	两次测量之差(cm)	公路等级	闭合差(mm)	两次测量之差(cm)
高速公路、一级公路	$\leq 30\sqrt{L}$	≤ 5	二级及以下公路	$\leq 50\sqrt{L}$	≤ 10

在进行测量时,将水准仪置于测站上,首先读取后、前两转点(TP)的尺上读数,再读取两转点间所有中桩地面点的尺上读数,这些中桩点称为中间点,中间点的立尺由后视点立尺人员来完成。

由于转点起传递高程的作用,因此转点尺应立在尺垫、稳固的桩顶或坚石上,尺上读数至mm,视线长一般不应超过120m。中间点尺上读数至cm(高速公路测设规定读至mm),要求尺子立在紧靠桩边的地面上。

当路线跨越河流时,还需测出河床断面、洪水位和常水位高程,并注明年、月,以便为桥梁设计提供资料。

如图7-20所示,水准仪置于Ⅰ站,后视水准点BM₁,前视转点TP₁,将读数记入表7-7中"后视""前视"栏内,然后观测BM₁与TP₁间的各个中桩,将后视水准点BM₁上的水准尺依次立于0+000,0+050,…,0+140等各中桩地面上,将读数分别记入"中视"栏。

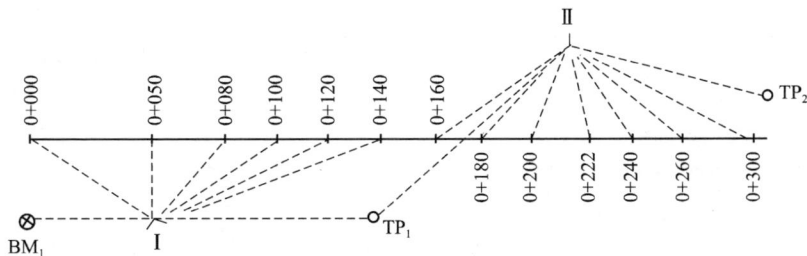

图7-20 中平测量

仪器搬至Ⅱ站,后视转点TP₁,前视转点TP₂,然后观测各中桩地面点。用相同的方法继续向前观测,直至附合到水准点BM₂,完成一测段的观测工作。

路线纵断面测量记录 表7-7

测点	水准尺读数			视线高程（m）	高程（m）	备注
	后视	中视	前视			
BM$_1$	2.292			24.710	22.418	
0+000		1.62			23.09	
+050		1.93			22.78	
+080		1.02			23.69	
+100		0.64			24.07	
+120		0.93			23.78	
+140		0.18			24.53	
TP$_1$	2.201		1.105	25.806	23.605	
+160		0.47			5.34	基平 BM$_2$ 高程 31.646m
+180		0.74			25.07	
+200		1.33			24.48	
+220		1.02			24.79	
+240		0.93			24.88	
+260		1.43			24.38	
+300		1.67			24.14	
TP$_2$	2.743		1.266	27.283	24.540	
……	……	……	……	……	……	
K1+260						
BM$_2$			0.632		31.627	

检核：$f_{h容}=\pm50\sqrt{1.26}$mm$=\pm56$mm

$f_h=31.627$m-31.646m$=-0.019$m$=-19$mm

$H_{BM_2}-H_{BM_1}=31.627$m-22.418m$=9.209$m

$\sum a-\sum b=[(2.292+2.201+2.743+\cdots)-(1.105+1.266+\cdots+0.632)]m=9.209$m

每一站的各项计算依次按下列公式进行：

视线高程=后视点高程+后视读数

转点高程=视线高程−后视读数

中桩高程=视线高程−中视读数

各站记录后应立即计算各点高程,直至下一个水准点为止,并计算高差闭合差f_h,若$f_h \leqslant f_{h容}$,则符合要求,可不进行闭合差的调整,即以原计算的各中桩点地面高程作为绘制纵断面图的数据;否则,应予以重测。

(三)纵断面图绘制与施工量计算

纵断面图表示中线上地面的高低起伏情况,可在其上进行纵坡设计,它是路线设计和施工中的重要资料。

纵断面图是以中桩的里程为横坐标,以中桩的高程为纵坐标而绘制的。常用的里程比例尺有1:2000、1:1000,为了明显地表示地面起伏,一般取高程比例尺为里程比例尺的10倍或20倍。例如,里程比例尺用1:2000,则高程比例尺取1:200或1:100。纵断面图一般自左至右绘制在透明毫米方格纸的背面,这样可避免用橡皮修改时把方格擦掉。

纵断面测量模拟

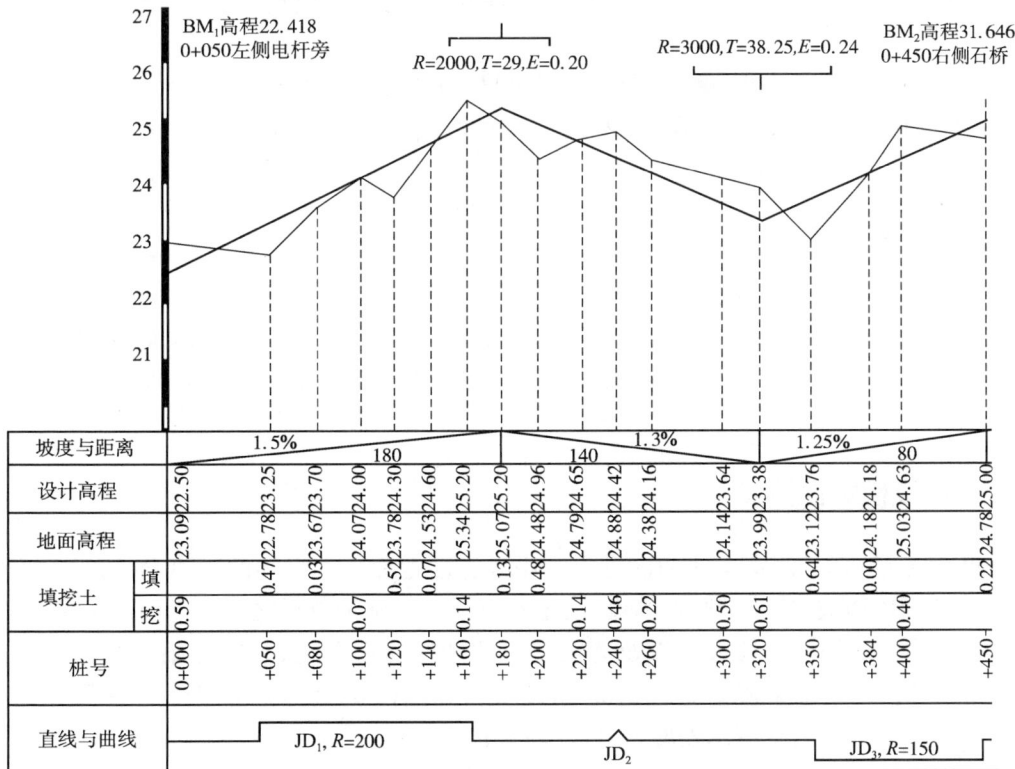

图7-21为路线纵断面图,图的上半部,从左至右绘有贯穿全图的两条线。细折线表示中线方向的地面线,是根据中平测量的中桩地面高程绘制的;粗折线表示纵坡设计线。此外,上部还注有水准点编号、高程和位置,竖曲线示意图及其曲线元素,桥梁的类型、孔径、跨数、长度、里程桩号和设计水位,涵洞的类型、孔径和里程桩号,其他道路、铁路交叉点的位置、里程桩号和有关说明等。在图的下部几栏表格中注记有关测量及纵坡设计的资料。

图7-21　路线纵断面图

（1）在图纸左面自下而上填写直线与曲线、桩号、填挖土、地面高程、设计高程、坡度与距离。上部纵断面图上的高程按规定的比例尺注记，首先要确定起始高程（如图7-21中0+000桩号的地面高程）在图上的位置，且参考其他中桩的地面高程，使绘出的地面线处在图纸上适当位置。

（2）在桩号一栏中，自左至右按规定的里程比例尺注上中桩的桩号。

（3）在地面高程一栏中，注上对应于各中桩桩号的地面高程，并在纵断面图上按各中桩的地面高程依次点出其相应的位置，用细直线连接各相邻点位，即得中线方向的地面线。

（4）在直线与曲线一栏中，应按里程桩号标明路线的直线部分和曲线部分。曲线部分用直角折线表示，上凸表示路线右偏，下凹表示路线左偏，并注明交点编号及其桩号和曲线半径，在不设曲线的交点位置，用锐角折线表示。

（5）在上部地面线部分进行纵坡设计。设计时，要考虑施工时土石方工程量最小、填挖方尽量平衡及小于限制坡度等道路有关的技术规定。

（6）在坡度与距离一栏内，分别用斜线或水平线表示设计坡度的方向，线上方注记坡度数值（以百分比表示），下方注记坡长，水平线表示平坡。不同的坡段以竖线分开。某段的设计坡度值按下式计算：

设计坡度=（终点设计高程−起点设计高程）/起点至该点的水平距离

（7）在设计高程一栏内，分别填写相应中桩的设计路基高程。某点的设计高程按下式计算：

设计高程=起点高程+设计坡度×起点至该点的水平距离

例如，0+000桩号的设计高程为22.50m，设计坡度为+1.5%（上坡），则桩号0+120的设计高程为

$$22.50+1.5×120÷100=24.30（\text{m}）$$

（8）在填挖土一栏内，按下式进行施工量的计算：

某点的施工量=该点地面高程−该点设计高程

式中求得的施工量，为正表示挖土深度，为负表示填土高度。地面线与设计线的交点称为不填不挖的"零点"，零点也注上桩号，可由图上直接量得，以供施工放样时使用。

二、路线横断面测量

横断面测量，就是测定中线两侧垂直于中线方向地面变坡点间的距离和高差，并绘成横断面图，供路基、边坡、特殊构造物的设计，土石方计算和施工放样之用。横断面测量的宽度，应根据中桩填挖高度、边坡大小以及有关工程的特殊要求而定，一般自中线两侧各测10～30m。高差和距离一般准确到0.05～0.1m即可满足工程要求，故横断面测量多采用简易工具和方法，以提高工效，检测限差应符合表7-8中的规定。

横断面检测限差   表7-8

公路等级	距离 （m）	高差 （m）	公路等级	距离 （m）	高差 （m）
高速公路、 一级公路	$\pm(L/100+0.1)$	$\pm(h/100+$ $L/200+0.1)$	二级及二级 以下公路	$\pm(L/50+0.1)$	$\pm(h/50+$ $L/100+0.1)$

（一）横断面方向的测定

1. 直线段横断面方向的测定

直线段横断面方向一般采用方向架测定。方向架如图7-22所示,将方向架置于桩点上,以其中一方向对准路线前方（或后方）某一中桩,则另一方向即为横断面的施测方向。

道路横断面测量

2. 圆曲线段横断面方向的测定

圆曲线段横断面方向为过桩点指向圆心的半径方向。如图7-23所示,当要测定横断面的加桩1与前、后桩点的间距不等时,可在方向架上安装一个能转向的定向杆EF进行施测。首先将方向架安置在YZ（或ZY）点,用AB杆瞄准切线方向,则与其垂直的CD杆方向,即是过YZ（或ZY）点的横断面方向;转动定向杆EF瞄准加桩1,并固紧其位置。然后,搬方向架至加桩1,以CD杆瞄准YZ（或ZY）,则定向杆EF方向即是加桩1的横断面方向。若在横断面方向立一标杆,并以CD瞄准它时,则AB杆方向即为切线方向,可用上述测定加桩1横断面方向的方法测定加桩2、3等的横断面方向。

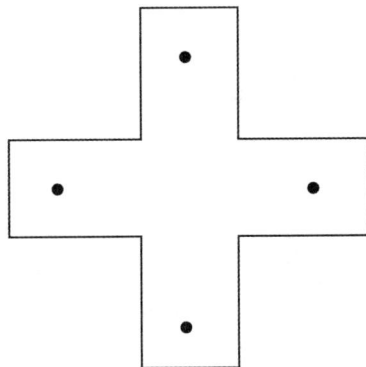

图7-22　方向架

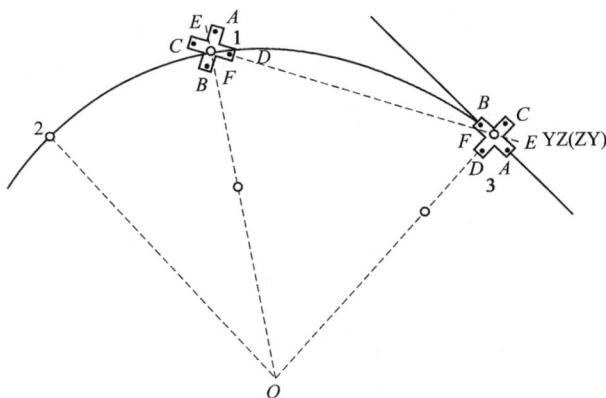

图7-23　方向架法测设圆曲线的横断面方向

(二)横断面的测量方法

1. 标杆皮尺法

如图7-24所示,在中桩K3+200处,1,2,…为其横断面方向上的变坡点。施测时,将标杆立于中桩点,皮尺靠中桩点地面拉平至1,读取水平距离8.1m,皮尺截于标杆上数值即为高差(为0.6m)。同法可测出1~2,2~3,…间的水平距离和高差,直至所需宽度为止。此法简便,但精度较低,适用于量山区等级较低的公路。

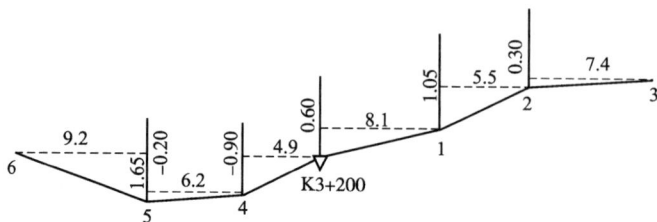

横断面测量模拟

图7-24　标杆皮尺法测横断面

记录表格如表7-9所示,表中按路线前进方向分左侧和右侧,分数中分母表示测段水平距离,分子表示测段两端点的高差。高差为正表示升坡,为负号表示降坡。

标杆皮尺法测横断面记录　　　　　　　　　　　　　　　　表7-9

左侧(m)				桩号	右侧(m)			
$\frac{+1.80}{6.1}$	$\frac{+0.65}{5.2}$	$\frac{-0.50}{3.3}$	$\frac{-1.95}{6.9}$	3+400	$\frac{+1.05}{4.9}$	$\frac{+2.15}{6.7}$	$\frac{+0.95}{7.3}$	$\frac{+0.50}{2.1}$
$\frac{+1.65}{9.2}$	$\frac{-0.20}{6.2}$	$\frac{-0.90}{4.9}$		3+200	$\frac{+0.60}{8.1}$	$\frac{+1.05}{5.5}$	$\frac{+0.30}{7.4}$	

2. 水准仪皮尺法

当横断面精度要求较高,横断面方向高差变化不大时,多采用水准仪皮尺法。如图7-25所示,安置水准仪后,以中桩地面为后视点,以中桩两侧横断面方向变坡点为前视点,水准尺读数至cm,用皮尺分别量出各立尺点到中桩的水平距离,记录表格如表7-10所示。实测时,若仪器安置得当,一站可同时施测若干个横断面。

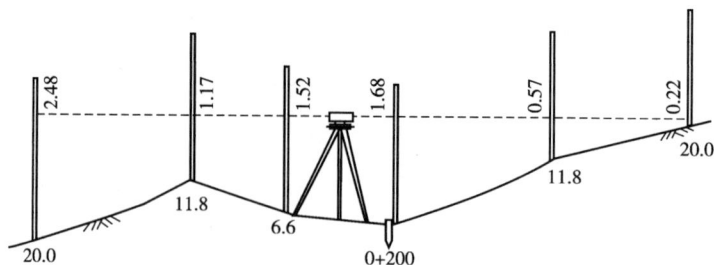

图7-25　水准仪皮尺法测横断面

水准仪皮尺法测横断面记录　　　　　　表 7-10

$\dfrac{\text{前视读数(m)}}{\text{距离(m)}}$（左侧）	后视读数(m) 桩号	$\dfrac{\text{前视读数(m)}}{\text{距离(m)}}$（右侧）
$\dfrac{2.48\quad 1.17\quad 1.52}{2.00\quad 11.8\quad 6.6}$	$\dfrac{1.68}{0+200}$	$\dfrac{0.57\quad 0.22}{11.8\quad 20.2}$

3. 经纬仪法

在地形复杂、横坡较陡的地段可采用此法。施测时，将经纬仪安置在中桩上，用视距法测出横断面方向上各变坡点至中桩的水平距离与高差。

三、横断面图的绘制

根据横断面测量成果，对距离和高程取同一比例尺（常取 1:200 或 1:100），在毫米方格纸上绘制横断面图。目前在公路测量中，一般是在野外边测边绘，这样便于及时对横断面图进行检核，也可按表 7-12、表 7-13 格式在野外记录、室内绘图。绘图时，先在图纸上标定好中桩位置，由中桩开始，分左、右两侧逐一按各测点间的水平距离和高差绘制于图上，并用细直线连接相邻各点，即得横断面地面线，如图 7-26 所示。

以道路工程为例，经路基断面设计，在透明图上按相同的比例尺分别绘出路堑、路堤和半填半挖的路基设计线，称为标准断面图。依据纵断面图上该中线桩的设计高程把标准断面图套绘到横断面图上，也可将路基断面设计的标准断面直接绘在横断面图上，绘制成路基断面图，这一工作俗称"戴帽子"，如图 7-27 所示的半填半挖的路基横断面图。根据横断面的填、挖面积及相邻中线桩的桩号，可以算出施工的土石方量。

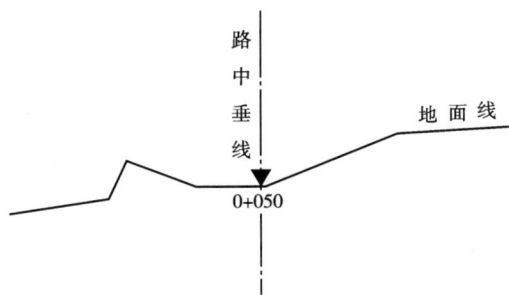

图 7-26　绘制横断面图　　　　　　图 7-27　标准断面和横断面套绘

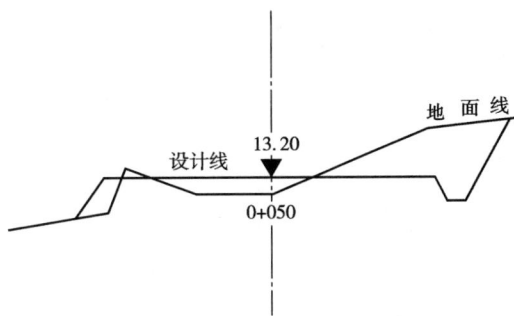

工作任务6 单项技能训练——公路纵、横断面测量

实训工单1

实训内容	公路纵断面测量				
仪器、工具					
班级		时间		地点	
实训内容及步骤					备注

实训工单 2

实训内容	公路横断面测量				
仪器、工具					
班级		时间		地点	
实训内容及步骤					备注

课后思考题

7-1 已知路线交点JD桩号为K2+215.14,圆曲线切线长为61.75m,圆曲线起点桩号应为多少?

7-2 圆曲线的主点是指哪些点?

7-3 传统测设路线曲线的方法有哪些?

7-4 路线加桩是指什么?

7-5 路线勘测设计测量一般分为哪两个阶段?

7-6 简述里程桩的概念。

7-7 简述基平测量和中平测量。

7-8 已知交点里程为K3+182.76,转角$\Delta_R 25°48'$,圆曲线半径$R=300m$,试计算曲线测设元素与主点里程。

项目7 课后思考题答案

参 考 文 献

[1] 中华人民共和国住房和城乡建设部. 工程测量标准:GB 50026—2020[S]. 北京:中国计划出版社,2020.

[2] 中华人民共和国交通部. 公路勘测规范:JTG C10—2007[S]. 北京:人民交通出版社,2007.

[3] 中华人民共和国交通部. 公路工程技术标准:JTG B01—2014[S]. 北京:人民交通出版社,2014.

[4] 中华人民共和国国家质量监督检验检疫总局,中国国家标准化管理委员会. 国家基本比例尺地图图式 第一部分:1∶500 1∶1000 1∶2000:GB/T 20257.1—2017[S]. 北京:中国标准出版社,2017.

[5] 周小安. 工程测量[M]. 成都:西南交通大学出版社,2007.

[6] 许娅娅,张碧琴. 公路施工测量百问[M]. 北京:人民交通出版社,2006.

[7] 李仕东. 工程测量[M]. 3版. 北京:人民交通出版社,2009.

[8] 田文,唐杰军. 工程测量技术[M]. 北京:人民交通出版社,2011.

[9] 胡伍生,潘庆林. 土木工程测量[M]. 5版. 南京:东南大学出版社,2016.

[10] 王劲松,鲁有柱. 土木工程测量[M]. 北京:中国计划出版社,2008.

[11] 王国辉. 土木工程测量[M]. 北京:中国建筑工业出版社,2011.

[12] 覃辉. 土木工程测量[M]. 重庆:重庆大学出版社,2011.

[13] 国家测绘局人事司,国家测绘局职业技能鉴定指导中心. 工程测量[M]. 哈尔滨:哈尔滨地图出版社,2007.